华中师范大学　全国扶贫宣传教育中心

"十三五"国家重点图书出版规划项目

中国减贫研究书系/**智库报告**
CHINA'S POVERTY ALLEVIATION SERIES

中国精准扶贫发展报告
（2019）

贫困边缘人口的致贫风险与规避对策

ANNUAL REPORT ON TARGETED POVERTY
ALLEVIATION IN CHINA

（2019）

Poverty Risk and Its Avoidance
for Population on the Cusp of Poverty

陆汉文　黄承伟 / 主编
刘晓山　周维第 / 副主编

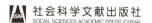

社会科学文献出版社
SOCIAL SCIENCES ACADEMIC PRESS (CHINA)

"中国减贫研究书系" 出版说明

消除贫困是人类自古以来的理想,是人类的共同使命,也是当今世界面临的最大全球性挑战。中国的消除贫困行动取得了举世瞩目的成就,为全球减贫事业作出了重大贡献。党的十八大以来,新一届中央领导集体高度重视扶贫开发工作,明确了"到 2020 年现行标准下农村贫困人口全部脱贫,贫困县全部摘帽,解决区域性整体贫困"的目标,召开中央扶贫开发工作会议,对打赢脱贫攻坚战进行了全面部署。目前,全国上下全面实施精准扶贫、精准脱贫方略,中国迎来了与贫困作战的新一轮浪潮。

在这种大背景下,社会科学文献出版社希望通过减贫与发展主题作品的出版,搭建减贫研究的资源共享和传播平台,向社会和政策界传递学界的思考和分析,探索和完善中国减贫和发展的模式,并通过学术成果"走出去",丰富国际减贫经验,为人类消除贫困贡献中国模式。

"中国减贫研究书系"和"中国减贫数据库"是社会科学文献出版社自主策划的出版项目,项目策划之初就获得了中国社会科学院李培林副院长、蔡昉副院长的肯定和支持。图书项目目前已被列入"十三五"国家重点图书出版规划。依托于该书系以及社会科学文献出版社历史上已出版图书的"中国减贫数据库"业已入选"十三五"重点电子出版物出版规划。

中文版书系将全面梳理新中国成立以来,特别是改革开放 40 多年来我国减贫政策的演变进程及历史经验;系统分析现阶段我国减贫工作所面临的突出问题并探索相应的解决方式与途径,为减贫工作提供理论资源和智识支持;总结政府、社会、市场协同推进的大扶贫格局,跨地

1

区、跨部门、跨单位、全社会共同参与的多元主体社会扶贫体系的优势；探索区域合作、国际合作在减贫问题上的实践路径，为全球减贫视野贡献中国智慧。

"中国减贫数据库"旨在全面整合社会科学文献出版社30多年来出版的减贫研究学术成果，数据库设有减贫理论、政府减贫、市场减贫、国际减贫、区域减贫、金融减贫、社会救助、城市减贫、减贫政策（战略）、社会减贫、减贫案例等栏目。我们希望以此为基点，全面整合国内外相关学术资源，为中国减贫事业的开展、学术研究、国际合作提供数据平台支持。

基于中文版书系及数据库资源而成的"走出去"项目，将以多语种展现中国学术界在贫困研究领域的最新成果，展现减贫领域的中国模式并为其他国家的减贫事业提供中国镜鉴，增强中国发展模式的国际话语权。

作为人文社会科学专业学术出版机构，社会科学文献出版社长期关注国内外贫困研究，致力于推动中外减贫研究领域的学术交流与对话，出版了大批以减贫与发展为主题的学术著作。在新时期中央有关减贫战略思想的指导下，我们希望通过"中国减贫研究书系"这个平台，多维度、多层次展现中国减贫研究的优秀学术成果和成功的中国经验，为中国减贫事业、为全面实现小康贡献出版界的力量。

《中国精准扶贫发展报告》 出版说明

《中国精准扶贫发展报告》拟于2016—2021年每年出版一卷，用以记录中国共产党带领全国各族人民贯彻落实精准扶贫精准脱贫方略、如期打赢脱贫攻坚战的伟大历程和光辉成就，是华中师范大学和全国扶贫宣传教育中心面向全面建成小康社会、实现第一个百年奋斗目标重大历史节点联合推出的研究工程。

《中国精准扶贫发展报告》每年选择一个最能够反映上一年度精准扶贫实践突出特征的主题展开研究，形成当年的发展报告，于当年年底正式对外发布。

《中国精准扶贫发展报告》设立由扶贫政策研究与制定领域相关专家组成的编委会，各年度的研究主题由主编研究提出并经编委会最终审定。主编根据年度主题组建研究团队，按时完成研究任务，并对研究成果负责。

《中国精准扶贫发展报告》编委会

2018 年 11 月 10 日

目 录

绪　论

一　研究背景与意义

（一）研究背景

"到 2020 年现行标准下农村贫困人口全部脱贫，贫困县全部摘帽，解决区域性整体贫困"是我们党对全国人民做出的庄严承诺。消除贫困、改善民生、逐步实现共同富裕，是社会主义的本质要求。党的十九大报告中提出，要以习近平新时代中国特色社会主义思想为指导，坚持推进精准扶贫、精准脱贫，充分发挥政治优势和制度优势，动员全部力量，确保如期完成脱贫攻坚任务，这是中国共产党作为一个有责任、有担当的执政党对世界所做的宣言。"十三五"规划也提出，要充分发挥政府、市场和社会协同作用，充分调动贫困地区干部群众的内生动力，大力推进实施脱贫攻坚工程，加快破解贫困地区发展瓶颈，不断增强贫困地区和贫困人口自我发展能力，确保与全国同步进入全面小康社会。截至2017 年年末，中国贫困人口已减少至 3046 万人，贫困发生率下降到3.1%，年均减贫超过 1000 万人。[①] 2018 年，农村贫困人口减少 1386 万人，易地扶贫搬迁 280 万人。目前中国的消除贫困行动取得了举世公认的成就，为全球减贫事业做出了重大贡献。各地涌现出一批各具特色的脱贫攻坚创新模式。在全国范围内，基本建立起了精准扶贫、精准脱贫

---

① 魏后凯、闫坤：《中国农村发展报告（2018）——新时代乡村全面振兴之路》，中国社会
　　科学出版社，2018，第 129 页。

的制度体系，在提升扶贫对象精准度的同时提高了帮扶资金和帮扶项目的精准度，基本构建了扶贫脱贫攻坚治理新型结构。

随着扶贫工作如火如荼地开展，建档立卡贫困户的生活在各项扶贫政策的支持之下日益改善，家庭的人均收入也慢慢达到了规定的标准线。虽然在部分偏远贫困地区仍然存在少量未脱贫人口，但在国家的帮助之下，这些困难家庭很快就会过上温饱的生活。在建档立卡贫困户的问题得到解决之后，新的问题也接踵而至，那就是人均收入在贫困线之上、生活水平比建档立卡贫困户略高一点、基本满足"两不愁三保障"要求的边缘户。他们没有享受到贫困户所享有的优惠政策以及补贴，收入也不是很稳定，一旦家中出现失业、重大疾病等突发状况，生活水平就会降至贫困线以下，困难程度可能更甚于建档立卡贫困户，靠自身的能力无法改变现状而渐渐滑入贫困户的队列之中，这同样也是扶贫工作中的一个难题。因此，了解边缘人口的生计模式，分析其致（返）贫风险，解决相关的问题并提出对策与建议，也是实现全面建成小康社会、实现共同富裕和促进国民经济健康发展的要求所在。

因此，调研组对全国不同省份的不同乡镇展开实地调研，以问卷和深入访谈的形式走访各个省份相对贫困的地区。对边缘人口的生计模式及其致（返）贫风险进行分析，为边缘人口存在的问题提出相应的对策和建议。这不仅事关脱贫攻坚整体成效，更事关全面建成小康社会的大局。

（二）研究意义

1. 能够使脱贫攻坚工作顺利进行

随着脱贫攻坚工作的展开，全国各地的贫困问题逐渐得到解决。在保障建档立卡贫困户生计的同时，也应关注边缘人口的生计问题。把边缘人口和贫困人口同时作为脱贫工作的重点关注对象，有利于巩固脱贫攻坚工作所取得的成果，同时也可以让后续脱贫攻坚工作更加顺利地进行下去。

2. 能够使乡村振兴与脱贫攻坚工作相互衔接

解决边缘人口生计问题是精准扶贫工作中比较重要的一步，它与当地经济发展和居民生活保障紧密相关。党的十九大报告中指出，农业农村农民问题是关系国计民生的根本性问题，必须始终把解决好"三农"问题作为全党工作的重中之重。解决边缘人口问题，把脱贫攻坚中取得的成效转化成为乡村振兴服务的体系，能够使乡村振兴战略与脱贫攻坚工作相互衔接。

二　概念界定

（一）边缘人口

关于边缘人口，学界使用较多的是"边缘人群"和"边缘群体"等概念。大部分学者将边缘群体（人群）定义为一些生存在主体人群周边或还未进入主体人群的特殊人群共同体①，他们游离于社会正规组织和政治、经济、文化制度以外②，无法通过社会正规组织表达其利益诉求，从而获得正常的社会地位和环境③。

学界对于边缘人口的研究总体分为以下两个方面。

从农村来看，朱冬亮认为，在精准识别过程中，被地方政府列入精准扶贫的贫困户家庭和没有被列入贫困户的低收入家庭总体上经济收入和生活水平差异不大，未被列入贫困户的低收入家庭属于贫困户"边缘"群体。④ 刘林认为贫困边缘户是年人均纯收入在国家脱贫线上下摆动、处于相对贫困状况的农户。贫困边缘户主要由三部分农户构成：一是在贫困户系统内且已脱贫但效果不明显的农户；二是本已稳定脱贫却

---

① 李尚敏、朱同丹：《边缘群体问题分析及对策建议》，《江南大学学报》（人文社会科学版）2003年第3期。
② 刘传江：《农民工生存状态的边缘化与市民化》，《人口与计划生育》2004年第11期。
③ 李万里：《论社会边缘人群的生存价值及其人生关照》，《宜春学院学报》2012年第3期。
④ 朱冬亮：《贫困"边缘户"的相对贫困处境与施治》，《人民论坛》2019年第7期。

因突发情况导致家庭经济再度陷入贫困、极易返贫的农户；三是在进行贫困户识别时，家庭人均纯收入略高于当年贫困线标准，但未被纳入贫困户的农户。①

从城市来看，刘伟忠认为城市边缘人口是指那些生活在城市却在物质文化、情感心理等方面与城市主流社会存在诸多缝隙，甚至常常遭受不公平对待的城市外来人群，即未能完成市民化的外来人口。他认为城市边缘人口主要包括两类：一类是举家从农村到城市长期谋生的群体，另一类是城郊失地农民。他们徘徊在城镇边缘，没有保障和依靠，成为我国最弱势、最边缘化的群体。② 韦宇红认为边缘人口的构成是一个动态的范畴，就现阶段而言，我国的边缘人口主要包括农民工、失地农民、流动儿童和低保边缘人口，他们具有生活质量低下、凭借自身力量很难改变所处的边缘地位、不等同于弱势群体和贫困人口的基本特征。③

借鉴学界对相关概念的研究，本书以农村群体为视角，将贫困边缘人口界定为收入水平及生存状况略高（好）于建档立卡贫困户的农村低收入群体，简称"边缘人口"。他们的整体生活水平与贫困户差距不大甚至可能没有差别，但处于贫困边缘的家庭不能享受到精准扶贫政策的红利。如果不加以重视，可能会影响整个贫困地区的发展和治理。研究其生计模式、存在的致贫风险及返贫风险对减少城乡差距及全面消除贫困有重大意义。

（二）生计模式

"生计"一词是国内外学者在研究农户问题时经常用到的一个概念。目前学术界普遍认为英国国际发展署（DFID）对于"生计"概念的界定最具代表性。DFID认为生计是建立在能力、资产和活动基础上

---

① 刘林：《精准扶贫别忽视了贫困边缘户》，《人民政协报》2019年9月23日，第6版。
② 刘伟忠：《化解城市边缘人口心理冲突的政策选择》，《贵州社会科学》2006年第6期。
③ 韦宇红：《我国社会阶层分化下的边缘人口内涵界定与特征探析》，《桂海论丛》2013年第6期。

的谋生方式。① 哈维兰给生计模式的定义是：当这些谋生的技术过程和社会关系具有相对稳定性并形成相对确定的内在结构时，就产生"生计模式"。② 我国学者将生计的概念主要应用于农村经济发展和自然资源可持续方面，更多地从研究贫困人群的角度出发，对人们的生计、生计类型和生计类型的选择进行研究。费孝通总结了长久以来中国农民家庭生计的基本特征，即主业和副业同时成为家庭收入的重要来源，二者相互支持、缺一不可。③ 黄宗智提出，中国农民的家庭生计模式是一种制度化了的"半工半耕"结构。④ 关于生计模式的研究是近年来人类学和民族学研究的热点与方向之一，学者们从不同角度来探讨生计模式的形态，取得了丰富的研究成果。赵文娟、崔明昆、沙建认为生计模式是指特定族群在与周围自然环境长期互动的过程中，逐步构建和完善的各种谋生手段和谋生方式的总和。⑤ 岳小国则从微观层面界定生计模式，认为它是人们用以谋生的基本手段，也就是人们收入的主要途径。生计模式是物质资料生产的重要内容，也就是人类适应自然与社会的一种生存方式。⑥ 他认为，在微观层面上，一个社会的生计模式影响或决定着当地的家庭经济状况。

鉴于相关学者对生计模式的界定，本书认为生计模式是指个人或家庭根据自身拥有的生计资本来选择适宜的生产、经营和谋生活动以实现生计目标的过程，是人们相对稳定的维持生活的策略或办法，它与人们的生产

---

① 〔英〕纳列什·辛格、乔纳森·吉尔曼：《让生计可持续》，《国际社会科学杂志》（中文版）2000 年第 4 期，第 123 ~ 129 页。

② 〔美〕威廉·A. 哈维兰：《文化人类学》，瞿铁鹏、张钰译，上海社会科学院出版社，2006。

③ 费孝通：《工农相辅　发展小城镇》，《江淮论坛》1984 年第 3 期，第 1 ~ 4 页。

④ 黄宗智：《制度化了的"半工半耕"过密型农业（上）》，《读书》2006 年第 2 期，第 31 ~ 35 页。

⑤ 赵文娟、崔明昆、沙建：《工程移民的生计变迁与文化适应——以泸沽湖机场移民为例》，《云南地理环境研究》2011 年第 3 期，第 7 ~ 12 页。

⑥ 岳小国：《分析族群冲突问题的新模式——试评 Ethnic Conflict：Commerce，Culture，and Contact Hypothesis》，《三峡论坛》（三峡文学·理论版）2012 年第 2 期。

生活息息相关。

根据文献和理论研究，本书构建了农户生计模式指标体系，指标体系构建的框架包括 1 个一级指标、3 个二级指标和 20 个三级指标（见表 0 - 1）。

表 0 - 1　农户生计模式指标体系

一级指标	二级指标	三级指标
生计模式	就业生产	就业培训
		公益性岗位
		再就业情况
		创业情况
		就业结构
		就业稳定性
		贷款情况
	收入消费	家庭经营性收入
		工资收入
		转移性收入
		其他收入
		教育支出
		医疗支出
		衣食住行支出
		其他支出
	社会保障	养老保障
		健康保障
		教育保障
		住房保障
		基础设施

1. 就业生产

就业生产指标主要考虑农户的就业情况，包括就业培训、就业结构、创业情况、再就业情况、就业稳定性、公益性岗位和贷款情况。就业是民生之本，就业与农民收入息息相关，良好的就业质量能够促进国家经济增长，维护社会稳定。

2. 收入消费

收入消费指标主要为农户的各项收入和支出，据此可以了解农户收入和消费结构的比例，探究其致贫风险的来源，这样才能提供相应的增收措施，逐步提高农户生活水平、缩小城乡差距。

3. 社会保障

社会保障是农户生计模式中基本生活水平的体现。社会保障指标包括养老保障、健康保障、教育保障、住房保障和基础设施。社会保障从经济、服务及精神上保障农民的生活，避免农户遭遇重大困难时没有经济来源、无法维持个人生活。

（三）致贫风险

在相关的对风险的定义中，最普遍的定义方式是"遭受损失的不确定性"。对于现阶段我国广大农民而言，风险首先表现在维持基本生活上的困难，即使在已经实现小康的地区，一旦发生灾害、家庭成员疾病，农民的基本生活就会受到严峻挑战。[①] 目前国内的研究中，并没有对致贫风险做一个规范的表述，一般对于农户所遇见的风险统称为生计风险。根据 2003 年联合国国际减灾战略中的定义，典型的生计风险是人类和自然在一定的自然环境中相互作用而受到伤害或承担可预见性损失（如死亡、人身伤害、个人财产、生计、经济活动中断或环境破坏）的概率。我国学者更多将生计风险应用到农户生存和脱贫方面的研究。例如，许汉石、乐章探讨了农户生计风险规避机制。[②] 马九杰和朱勇将农户的生计风险按照其来源划分为自然灾害、健康问题、社会问题、经济活动、资源破坏以及环境污染等。[③] 国内学者陈传波、丁士军在研究

---

① 乐章：《他们在担心什么：风险与保障视角中的农民问题》，《农业经济问题》2006 年第 2 期。
② 许汉石、乐章：《生计资本、生计风险与农户的生计策略》，《农业经济问题》2012 年第 10 期。
③ 马九杰、朱勇：《农户风险对策、社会风险管理和保险：相关研究概览》，载《第三届中国国际民间环境组织合作论坛论文集》，中国人民大学农业经济系，2003 年 11 月。

农户生计风险时采用开放式访谈的形式让农户自己描述风险并对这些风险的影响进行适当的排序，将农户在生计过程中的风险划分为养老难、医疗贵、收入低、子女学费负担重、自然灾害等13类主要风险。①

本书结合国内外学者对农户生计风险的表述，将致贫风险定义为：对农户不利的、容易使农户陷入贫困境地的相关因素的统称。

三 研究方法

（一） 文献研究法

本书主要从万方数据库、CNKI（中国学术期刊总库）下载有关农民生计、农业生计模式的论文。此外，还收集各地 2018 年政府扶贫工作报告，将获得的资料进行整理归纳总结，从而确定本书的研究角度和主要内容。

（二） 案例分析法

设计问卷并进行实地调查获得第一手资料，为本研究提供数据支撑。本次问卷调查采用入户访谈的形式，与当地干部进行了座谈会，对有代表性的农户则进行深入访谈并录音，形成典型案例，深入分析农户的生计模式。

对农户的调查问卷主要内容如下：①农户家庭的基本信息；②家庭耐用消费品拥有情况，如电视、手机、空调等；③土地种植情况，牲畜养殖情况和家庭收入等；④农户家庭消费和支出情况；⑤农户家庭的主要生计模式；⑥家庭社会保障状况；⑦农民的政策诉求。

（三） 统计分析法

将实地调研所获得的数据进行整理分类，运用统计分析软件对各地

---

① 陈传波、丁士军：《中国小农户的风险及风险管理研究》，中国财政经济出版社，2004。

边缘农户生计相关数据进行统计分析，了解各地边缘农户生计现状；对边缘农户可能存在的致贫风险进行探索研究，为全面建成小康社会提供对策建议。

四　研究思路

总体上，各章按照总—分、由宏观至微观以及由就业情况、收支情况到社会保障的关系排列。第一章讨论传统农区边缘人口的致贫风险与规避对策，第二章讨论自然环境恶劣地区边缘人口的致贫风险与规避对策，第三章讨论多民族聚居地区边缘人口的致贫风险与规避对策，第四章讨论农村空巢老人的致贫风险与规避对策，第五章讨论外出务工型边缘农户的致贫风险与规避对策，第六章讨论罹患职业病型边缘农户的致贫风险与规避对策，第七章讨论多因素叠加型边缘农户的致贫风险与规避对策，第八章讨论政策保障型边缘人口的致贫风险与规避对策。由于各章主题不是事先确定，而是根据实地调研考察结果确定，相关论述具有各自的独立性，因此对整个报告的结构严谨性存在一定影响。但总体而言，各章节的基本探讨点仍是稳定脱贫的制约因素和有效途径。相关叙事所发生的空间位于东部、中部及西部各个省份，其中多数属于深度贫困地区的村庄。这些村庄稳定脱贫的经验能够成为打赢脱贫攻坚战的鲜明旗帜，也是全国上下共同努力的一致方向。

大体上各章都是按照总—分的结构对案例村的情况进行深入的分析讨论。第一、二节主要介绍案例村基本情况和案例村脱贫攻坚的措施与成效，第三节从农户家庭的基本情况、生计来源、收支情况、基本公共服务情况等四个方面对边缘农户的生计模式进行全面的介绍，第四节根据生计模式分析各个地区边缘人口的致贫风险，第五节根据不同的致贫风险提出相应的对策建议。各节的主题都是根据实地调研的情况以及后续对调研问卷相关数据进行分析总结出各地边缘人口的致贫风险，相关论述具有各自的独立性和完整性。总的来说，边缘人口的生计模式、致贫风险和对策是贯穿各章节的基本线索。

这些村庄都是由当地扶贫部门推荐，同时也是相关部门认为能够较好地反映边缘人口现状的村庄。虽然没有对中国所有省份的典型村庄进行调研，但调研的这些省份的村庄具有典型意义，对这些村庄中的贫困边缘人口进行调研和分析，对于推进精准扶贫这一宏伟事业有重大意义。

五　研究内容

本报告共分为八章。每章都是基于 1~2 个典型村庄的调查研究结果，研究主题依各村边缘农户的具体现状及脱贫攻坚实践特点而定。各章具体情况如下。

第一章选取河南 M 县 S 村和 L 村作为调查点，分析了传统农区人口外流严重以及人口老龄化背景下边缘人口的生计特点，并对他们规避可能的致贫风险提出了可资借鉴的思路。

第二章选取贵州 C 县 W 村作为调查点，主要关注自然资源匮乏、生产条件恶劣地区贫困边缘人口的收入和支出结构状况，探讨了该类地区可能存在的多种致贫风险，并对这类深度贫困地区如何规避致贫风险进行了较为深入的探索。

第三章选取广西 RS 县 BY 乡 FM 村和 GL 村作为调查点，主要关注多民族聚居地区贫困边缘人口的生计模式与致贫风险，探讨如何通过发展特色产业、推进旅游扶贫来推动农户的经济增长，为防止我国多民族聚居贫困山区农户可能致贫提供了相应的思路与对策。

第四章选取福建 WP 县 DH 镇 DC 村作为调查点，主要关注经济相对较发达地区地理位置偏远的“空心村”中的农村空巢老人如何提高老年人收入和幸福感的问题。本章着重从“空心村”产业发展的角度研究了空巢老人可能存在的致贫风险并提出了规避致贫风险的相关对策与建议。

　　第五章选取湖北 XC 县 W 镇 MS 村作为调查点，主要关注中部地区外出务工型贫困边缘人口致贫风险问题。本章深入分析了外出务工人口的就业情况，从多方面解释了农民打工增收渠道较少及工资性收入较低的原因，对如何提高其收入及完善村庄基础设施、社会保障等诸多问题进行了分析探讨。

　　第六章选取陕西 S 县 J 镇 XL 村、G 镇 LSW 村和 J 镇 TZP 村作为调查点，主要关注罹患职业病群体出现因贫致病和因病致贫问题，探讨了这类群体规避风险的路径。

　　第七章选取江西 GC 县 YQ 镇 TX 村作为调查点，主要关注生计策略较为单一的农户在面临教育、疾病等多种致贫风险时如何有效抵御致贫风险的问题，强调地方政府应发挥主导作用，调动多方资源，以更有效地提高这类群体的生活水平。

　　第八章选取吉林 A 县 D 村作为调查点，主要关注政策保障型贫困边缘人口的生计问题和致贫风险，对如何帮助这类群体提升"造血功能"提出了对策与建议。

第一章 传统农区边缘人口的致贫风险
与规避对策

导　言

2020 年我国将实现全面脱贫的目标，随着精准扶贫战略的纵深推进，贫困地区相继摘帽，全面脱贫大局已定。随着贫困户相继脱贫，贫困边缘人群的问题愈发突出。精准扶贫初期解决的是绝对贫困，后期则要巩固现有成果，逐步将政策重心转移到解决相对贫困中来。

本章以劳动力输出大省河南省为例，着重分析传统农区边缘人口的生计模式以及潜在致贫风险。

本章的研究基于对河南省 M 县 S 村和 L 村两个村的实地调研走访，通过调研获得第一手数据。我们通过调研了解到传统农区贫困边缘人口的发展情况、生计模式和潜在致贫因素，结合自然、人文环境影响因素剖析这部分人群的致贫风险，提出相应的对策建议，为我国伟大的脱贫事业提供可参考借鉴的经验。

本章的研究以河南省 M 县县城周边的 S 村、与山东接壤的 L 村的边缘贫困户为研究对象，随机选取了两个村一共 50 户边缘贫困户（当地的扶贫工作较为细致，已经建立了边缘户的台账）为研究样本。研究方法采用访谈加入户调查，访谈对象主要是县扶贫办公室、村干部、村扶贫工作队，入户调查是对随机选取的边缘户进行问卷调查，若遇到特别案例则进行深度访谈。此外，在进行实地调研之前，调研组还阅读大量文献，对类似问题进行梳理，对当地人文、沿革、特色等进行了解。

一　案例村基本情况

（一）M县基本情况

M县县域面积1222平方公里，下辖17个乡镇2个街道办事处529个行政村，是全国粮食生产先进县、全国油料生产百强县、全国平原绿化高级达标县、全国休闲农业和乡村旅游示范县、全国优质苹果生产基地、中国森林体验基地、国家出口食品农产品质量安全示范区、国家全域旅游示范区、中国河蟹之乡、中国长寿之乡、中国健康小城。M县交通便捷，位于河南商丘、开封和山东菏泽两省三市接合部，310国道、陇海铁路、连霍高速、郑徐高铁及直通郑州航空港区的郑民高速横穿全境。M县生态优良，依托丰富的林水资源，着力构建大生态格局，构筑了防风固沙、涵养水源、改良土壤的生态屏障，呵护着M县北部几十万群众生产生活和40万亩农田免受风沙的侵袭，形成"三季有花、四季常绿"的景观效果，天蓝、地绿、水清，成为豫东地区生态建设的排头兵。M县产业鲜明，制冷作为M县高新区主导产业，已呈现集群发展之势，现有制冷整机装备企业42家、配件生产企业54家，制冷产品所需的160多个零部件基本实现全配套，拥有万宝、澳柯玛、香雪海、冰熊、华美、英泰、阿诗丹顿等20余个知名品牌。冰箱冷柜年产能达1800万台，占全国的1/10，全国冷柜销量前10名企业中，澳柯玛、万宝、华美、冰熊4家在M县落地生根。冷藏保温车生产企业增至5家，年产能达2万辆，实际产量1.2万辆，企业数量、产能和产量均占国内同行业的60%以上，龙头地位进一步巩固。成功举办三届河南M县制冷装备博览会，签订主导产业项目66个，签约金额147.7亿元，实现线上线下交易额达4.9亿元，取得了显著的经济效益和社会效益。高新区先后被评为河南省"十强""十先""十快"产业集聚区，并成功晋升为"二星级"产业集聚区，跻身全国五大制冷产业基地。此外，M县的历史文化积淀也十分深厚，M县是庄子、江淹故里，被授予"庄子文化之乡""中国长寿之乡""中国健康小城"等称号。该县有一个村被称为"中国画虎第一村"，形成画馆、直播、艺术节等一系列丰富的产业，画虎已经成为河南的文化名片。深厚的文化积淀不仅可以发展文化旅游，也可以极大丰富当地百姓的精神文化生活。在人口结构方面，M县总人口92.6万，其中劳动人口数量近70万，长期外出务工人数约15万，非农忙时，超过50%的劳动人口就近或外出打短工，务工地点遍布全国经济发达地区，主要务工方向为华东、华南地区。

（二）S村基本情况

S村位于河南省M县县城东北方向2公里处，西北邻国家级湿地公园，北依黄河故道大堤，具有发展渔业的良好基础和发展乡村旅游的优越区位条件。2015年被河南省定位为国家级旅游发展扶贫村。该村辖1个自然村4个村民组，耕地面积2500亩，水域面积3000亩。全村410户1758人，党员31人，其中困难户51户169人。已实现贫困户脱贫44户152人，未脱贫7户17人，贫困发生率降至0.9%。S村建立了贫困边缘户台账，对边缘户进行动态在档管理，其中，在档困难边缘户有27户。在人口结构方面，S村总人口1758人，劳动人口约1000人，其中外出务工人数约300人，在县城就近务工人数约300人，剩余的人在当地以农业或其他灵活就业方式为生。2018年，S村人均可支配收入达1.3万元，贫困户人均可支配收入也突破1万元大关。据统计，S村总体收入构成中，务工收入占比达55%，务农收入约占35%，是典型的以务工收入为主、以农业收入为辅的收入结构。S村被评为全国文明村，村里拥有两家传媒公司。该村文化培育、乡风文明建设等方面做得较为系统，每年都会进行文明家庭、庭院环境、后代教育、诚信勤勉等方面的全民评比，由村集体出资，给优异家庭颁发荣誉证书，并奖励粮油等生活常用物资，对表现不佳的家庭给予黄牌、红牌警告，在全村建立起"我文明，我光荣"的理念，并形成相互监督的机制。在教育投入方面，S 村设立教育奖励基金，对考取大学本科、硕士、博士的学子予以奖励，鼓励后代勤奋学习。综合相关数据和访谈资料，我们发现 S村的主要致贫原因可以分为以下几个方面：一是在全国都较为普遍的因病因残致贫，在该村也不例外且占比最高，达 40%；二是因缺技术导致特色种植养殖发展不起来，传统种植养殖利润较低，增收困难；三是青壮年劳动力外出务工，老人驻村留守现象较为普遍，老年户养老存在风险，儿女之间相互踢皮球；四是边缘群体的收支结构不合理，抵抗风险的能力很弱。

（三）L 村基本情况

L 村位于 ZZ 镇南 2 公里处，S211 公路穿村而过，地理位置优越，毗邻山东，交通优势明显，全村 2012 年率先完成土地小块并大块工作，并通过土地流转，种植大蒜、西瓜水果等经济作物共 600 余亩，传统种植小麦、玉米，养殖户 11 户。村办企业有大昱服装厂和楷宏电子厂。其中，大昱服装厂可提供就业岗位 90 个。L 村辖 2 个自然村，总户数334 户，总人口 1658 人，耕地面积 1440 亩。现有党员 48 人，群众代表35 人。全村共有贫困户 57 户 218 人（2018 年脱贫 49 户 189 人、未脱贫 8 户 29 人），2019 年拟脱贫 6 户 26 人、未脱贫 2 户 3 人，贫困户发生率 0.18%，低保贫困户 7 户 22 人，五保贫困户 7 户 8 人。L 村 2018年总人口 1658 人，其中劳动人口 900 余人，外出务工人数 400 余人，务工目的地主要集中于浙沪粤等地。据统计，L 村总体收入构成中，务工收入占比达 65%，务农收入约占 30%，是典型的以务工收入为主、以农业收入为辅的收入结构。L 村由于土地质量优良，除传统主要粮食作物小麦和玉米之外，还发展了较多特色种植养殖项目，例如阳光玫瑰葡萄、火龙果、辣椒等经济附加值较高的农产品。L 村是较早实现土地平整等惠及农业经营规模化措施的地方，率先探索土地流转以及土地规模化经营等模式，为农民在家门口增加收入做了很好的基础工作。L 村是庄子故里，具有浓厚的历史积淀，结合特色水果种植等发展起乡村旅游、水果采摘等体验式农业旅游项目。L村与S村整体情况类似，也是青壮年劳动力外出务工人数占绝大部分，老人驻村留守现象比较普遍。L村也建立了边缘户的台账信息，边缘户有33户。根据L村的建档立卡台账，主要致贫原因、户数和人数如下：因病致贫的有36户128人、缺技术致贫的有5户23人、因残致贫的有7户22人、因学致贫的有7户36人、缺资金的有2户9人。未被纳入统计但又要特别注意的一点是，人情往来支出在L村也是一项数字不小的支出，对于家庭状况并不是很好的家庭而言存在不小的压力，是潜在的致贫风险。

二 案例村脱贫攻坚工作情况

（一）S村脱贫攻坚工作情况

2019年是脱贫攻坚决战之年，S村始终把脱贫攻坚作为政治任务，坚决消除贫困、改善民生、逐步实现共同富裕，并创新工作举措，在把握"三个突出"、强化"四个着力"、落实"两个保障"上做文章，坚决打赢打好脱贫攻坚战，确保如期实现脱贫目标。2019年工作开展情况如下。

1. 思想扶贫

S村多次召开村干部大会传达国家、省、市、县脱贫攻坚精神，并组织村干部深入开展扶贫政策宣传400余次，重点宣讲政策方针、重大举措，进一步激发贫困户脱贫精神，打消群众顾虑，在贫困户中形成了高度统一的认识。

2. 产业扶贫

一是着力发展果树养殖业。S村有相当一部分土地位于"两园一廊"腹地，抓住这一有利条件发展水果观光采摘园，成立了S村果树种植家庭农场，采取贫困户土地入股、群众参与、政府鼓励等办法，土地流转350亩，其中种植梨50亩、葡萄300亩。同时，聘请专家进村指导，为产业扶持提供后续支撑和保障。二是着力发展水产养殖业。S村依据水资源丰富的优势，引导村民发展水产养殖，特别是河蟹、青虾、团鱼等稀有水产养殖，全村现有水产养殖面积2300余亩，水产养殖户87户，稀有水产养殖9家。三是着力发展旅游产业。S村有1800多年的历史，2016年又被评为全省18个旅游扶贫试点村之一，正努力打造成南采摘、北垂钓的旅游观光村，以旅游带动群众致富奔小康。四是产业扶贫。S村主要产业有4个。第一个是台鳅养殖项目。该项目总投资296万元，51户贫困户以每户8000元入股台鳅养殖场，每年年底进行分红。第二个是争取高校农业示范园到户增收项目。该项目资金158万元，涉及该村所在的街道办事处所有村的贫困户，其中S村5户贫困户每年分红800元。第三个是农贸市场项目，该项目总投资800万元，农贸市场总经理每年拿出5.1万元为S村51户贫困户分红1000元。第四个是光伏发电项目，主要为贫困户提供公益性岗位，增加家庭收入。

3. 教育扶贫

在全县中小学教师中遴选出529名"教育扶贫专干"，每人分包一个村，深入每村每户宣讲教育扶贫政策，发放资助政策明白卡，协助贫困家庭学生申请补助，劝返辍学学生，现已实现了贫困家庭义务教育学生"零辍学"，阻断了贫困发生的代际传递。在落实上级各类资助政策的同时，县财政对考入985、211高校的学生，每生每年给予4000元的补贴，对建档立卡学生每生每年给予5000元补贴，连续补助4年，对建档立卡的小学、初中、高中学生，每生每年分别发放600元、600元、1000元的教育补贴。在S村的入户访谈中了解到，全村共有23户贫困家庭35名在校生享受了教育扶贫政策，包括精准资助、落实营养改善计划、改善办学条件、提高师资队伍水平等。

4. 健康扶贫

村里有健康一体机、标准化卫生室和合格乡村医生或执业（助理）医师，实施新农合、大病保险、医疗救助等医疗保障，实现"先诊疗、后付费"，并保证了及时报销；同时为贫困户购买了团体健康险和人身意外伤害险，保障贫困户的人身安全，构筑了贫困家庭医疗费用支出不高于 2500 元兜底报销"红线"。村里建档立卡贫困人口参加城乡居民基本医疗参保率为 100%，贫困人口家庭医生签约服务率达到 100%。

5. 就业扶贫

县人社局依托 19 个乡镇（街道办）人力资源社会保障所，通过上门走访、电话联系、数据对比等方式，采集贫困劳动力的个人基本信息、转移就业意向和职业技能培训需求等相关信息，建立贫困劳动力资源数据库和实名制登记台账，积极开展公共就业服务活动，促进贫困劳动力转移就业。几年来，先后开展了"春风行动""就业援助月""民营企业招聘周""金秋招聘月""就业扶贫行动日""三送""四送""春季系列公益招聘活动"等专场招聘活动 100 余场，提供岗位信息 15000 多个，帮助 9550 名贫困劳动力转移就业。S 村部分贫困户通过这些招聘活动找到了在县城工作或外出务工的机会。现在 S 村已为 16 户家庭成员中有劳动能力的村民联系了工作，为贫困家庭提供 39 个村公益性岗位。在入户访谈过程中，村民介绍说村里经常开展果树种植、水产养殖等方面的指导性培训。

6. 生态扶贫

S 村将道路清洁员、公共厕所清洁员等公益性岗位提供给贫困户，既改善了村里的生态环境卫生，又增加了贫困家庭的收入。在扶贫的同时，还注重生态环境的保护，前期扶贫工作时进行的河道改造、植树造林等举措如今已经逐渐看到成效。

7. 兜底保障扶贫

低保、农村特困人员供养补助标准逐年提高，2019 年农村低保为月人均 166 元，集中和分散农村特困人员年补助分别为 5620 元和 5020 元。县里制定了"扶贫对象及时救助"制度，对贫困户遭遇突发事件、意外伤害、重大疾病或其他特殊原因导致基本生活陷入困境，其他社会救助制度暂时无法覆盖或救助之后基本生活暂时仍有严重困难的予以临时救助，发挥了临时救助的"救急难"作用，缓解了村民的暂时性生活困难；对贫困户中残疾人、孤儿、困境儿童予以社会福利保障，及时发放落实残疾人两项补贴①资金、孤儿救助金、困难儿童补助资金。为进一步减少因灾致贫返贫现象，针对因自然灾害、事故灾难造成家庭困难并纳入建档立卡贫困户的，通过及时给予灾害救助、帮助来保障他们的基本生活，提高村民抵御灾害风险的能力。同时，S村为51户贫困户进行了"六改一增"工程，通过对贫困户厨房、厕所、用电等进行整治，有效改善了村内贫困户脏乱差的居住环境，提高了贫困户的生活质量，增强了贫困户的幸福感。

8. 对边缘户的帮扶

除了帮扶建档立卡贫困户，对于边缘户等相对困难群众，S村很早就建立了贫困边缘户台账，对贫困边缘群体进行动态关注管理，并充分发挥17个网格作用，这17个网格分别由村里德高望重的群众和老党员担任网格长，每月对网格内的群众进行查访，重点排查边缘户，及时掌握他们的生产生活情况。S村还为边缘户购买医疗保险、种植保险等，有效降低了边缘户的各类风险。同时，为有劳动能力的边缘户提供公益性岗位，截至2019年6月，在帮扶的支持下，6户边缘户发展了特色种植业，3户边缘户在公益性岗位工作，6户边缘户发展起了特色养殖，12户边缘户就近在县城工业园转移就业。S村针对边缘户的帮扶做法在全县范围内得到推广。

（二）L村脱贫攻坚工作情况

L村为2017年脱贫村，近几年来，脱贫攻坚工作统揽各项工作，L村得到前所未有的发展机遇，上级政府加大扶持力度和资金投入，使村里的基础设施建设和基本公共服务等各项事业得到大发展，L村群众的生产生活条件得到改善和提高。

---

① 残疾人两项补贴是指困难残疾人生活补贴和重度残疾人护理补贴。

1. 基础设施建设

农业基础设施建设方面，近几年新打机井22眼，所有机井实施了井电配套，安装变压器2台，铺设地下线路16300米，覆盖耕地面积1500亩，开挖沟渠1000米，新建桥3座，农业生产条件明显改善，旱能灌，涝能排，旱涝保收的农业生产格局已形成，确保了农业增效、农民增收。农村基础设施建设方面，2016年完成了农村电网改造，居民用电得到保证；积极协调移动、电信和有线电视台，完成"三网合一"入户和有线电视入户，解决了群众信息获取和休闲娱乐问题；投入资金300万元，新修村内外道路3300米；投入资金80万元，新建了标准化卫生室、文化活动广场；投入资金200万元，完成了村内下水道铺设和人居环境综合整治，改善了群众的生活条件；利用上级危改资金，对贫困户的危房进行了改造，完成了危房清零；投入资金8.25万元，实施了"六改一增"工程项目，净化了贫困户家庭环境，达到了"五净一规范"的要求。"四通五达标"基本完成，基础设施建设完善，村内所有街道实现硬化，有客运班车停靠点，农村饮用水符合安全卫生评价指标体系要求，生产生活用电需求可以得到满足。基本公共服务实现广播电视户户通，有综合性文化服务中心，已经实现通宽带、通有线电视。

2. 产业扶贫方面

产业帮扶是贫困户实现内生脱贫的关键一环，L村在产业扶贫方面做足了功夫，根据当地的实际情况以及优势，对贫困户进行产业帮扶。自2016年以来，累计投入资金42.7万元，帮扶贫困户建起蔬菜大棚55座；投入资金215万元，建立光伏电站1座；同时，投入资金40万元，建设扶贫车间1座，吸纳有劳动能力的贫困户与边缘贫困户就业。根据当地蔬菜种植面积较大等情况，急大家之所急，满足大家之所需，投资205万元，建设500吨蔬菜保鲜库1座。

3. 金融扶贫

在金融扶贫方面，将所有贫困户纳入"三帮一扶"进行扶持，L村近几年累计发放300余万元贴息贷款，为80余户家庭提供产业资金支持，帮助贫困户发展特色种植业、养殖业和光伏产业等。金融政策在很大程度上缓解了贫困户想发展但启动资金不足的矛盾，为精准脱贫奠定了良好基础。

4. 健康扶贫

健康扶贫方面，对所有贫困户落实了"一免三提"政策和"六类保险两救助"保障，同时，建有标准化卫生室，配有合格乡村医生或执业（助理）医师。开展健康扶贫定病、定药、定量、定期"四定"工程，实现了建档立卡患病群众小病不出村、吃上放心药、药价有补贴、定期有诊疗的村级医药保障。

5. 教育扶贫

教育扶贫的最大意义，是为了斩断穷根，阻止贫困代际传递，L村特别重视教育扶贫。教育扶贫方面，实现义务教育阶段"零辍学"目标，对于就读高中以及考取大学的贫困学子全部落实了教育扶贫政策。村集体还设立教育帮扶奖励基金，对考取大学的困难学子给予金额不等的奖励，帮助其申请助学贷款，让考取高等院校却上不起学成为历史。此外，还积极推进幼儿园扩建及改造计划，让村民的孩子在家门口实现托管教育，从源头抓起，切实做到了教育精准施策、精准保障。

6. 思想扶贫

L村通过精准帮扶，实施了产业脱贫，采取因户施策，使措施到户精准，使脱贫成效显著。但是有些贫困户还存在"等靠要"的思想，为此，L村"治穷先治愚"，让老百姓从思想上找准穷根，依托扶贫政策，积极谋划产业，提升贫困户的造血功能，从根本上解决返贫现象发生。把发展二、三产业作为贫困群众增收脱贫的重要途径，通过转移就业和增设公益性岗位，让有劳动能力的贫困户积极参加劳动，增加收入。

7. 先进典型做法

L村率先建立起扶贫车间，不仅吸纳有劳动能力的建档立卡贫困户，规划设计时还留了一部分岗位给边缘贫困户。另外，与其他地方将当地全部保洁环卫工作设为公益性岗位的做法不同，L村将绝大部分保洁环卫工作打包进行招投标，由县里统筹进行，环卫企业中设立的公益性岗位不仅包含建档立卡贫困户以及边缘贫困户，还有社会专业人士入驻，既实现了市场化的目标，又达到了帮扶困难群众的目的。在帮扶举措方面，当地也做足了基础工作。L村集体经济也得到了很好的发展，为下一步帮扶奠定了很好的基础。2017年，L村建设了1000平方米的扶贫车间，村集体每年可增收2万元；建设了500吨的蔬菜保鲜库，村集体每年可增收6万元；建设了300千瓦时的光伏发电站，可增加集体收入20余万元。这样，L村每年可有30万元左右的集体经济收入。利用村集体经济，L村聘用5名贫困人员为保洁员，每月发放500元工资，使他们通过劳动脱贫，建立了美丽乡村的长效机制。

三　边缘人口的生计模式

本章以河南省M县县城周边的S村以及与山东接壤的L村的边缘贫困户为研究对象，随机选取了两个村一共50户边缘贫困户，通过对县、村扶贫干部的工作访谈、对50户边缘户的入户深度访谈及调研问卷，结合当地的人文、交通、气候等条件，全面分析两个案例村贫困边缘人口的生计模式。

（一）边缘户中独居老人现象普遍存在，劳动力缺失，收入来源较为单一

50户边缘户中共有28户边缘户家庭只有一位老人或者老两口独居，年龄集中于60～80岁，文化程度普遍为小学及以下，子女已与老人分户不在一起居住或者在外打工回家次数很少。独居老人现象普遍存在可能会造成如下四个方面的问题。一是家里缺乏劳动力。部分60岁以上老人的身体已经不允许他们继续在农田里干活。河南是一个农业大省，农村家庭基本上家家户户都有或多或少的土地。S村的边缘户LGX

家只有一位老人，现 71 岁，老伴儿前些年已经去世，子女都在县城安家，LGX 家现在还有 2 亩地，1 亩玉米，1 亩花生，老人种了一辈子地，尽管现在身体不允许继续下地干活，家里的子女也告诫老人不要再去地里，并且会定期给老人一些生活费或者带些生活用品去看望老人，但是老人还是经常跑到地里去干活，不想将土地流转出去收租金，更不想让地就这么荒废掉了，想着每年能收点家里人够吃的口粮就成。二是收入来源较为单一，主要依靠子女赡养和亲友接济。边缘户不同于建档立卡贫困户，政府的一些资助政策无法享受到，尽管 S 村和 L 村都有为边缘户提供一些公益性岗位，但是老人年龄较大、身体较弱，已无力承担起公益性岗位的工作，再加上有些老人已经无法靠农业生产来养活自己，这些独居老人的生活来源就只能依靠养老金和子女亲友的接济。L 村的边缘户 LZZ 家老两口在一起生活，一位 79 岁，一位 77 岁，共有三个子女，有一个女儿在本村定居，另外两个儿子都在外地定居了。他们家 2 亩地已经土地流转转租出去，每亩地的租金每年 800 元，一年共计 1600 元，加上老人的养老金，每年合计接近 4000 元，因为现在已经没地种植任何作物，很多吃的农产品都要自己去买，还加上其他的一些支出，老两口每年靠 4000 元的收入是较难生存下去的，必须依靠子女的赡养和亲友的救济，我们在和老两口聊天的时候得知，同样在本村定居的女儿经常会带些食物来看望老两口，在外地工作定居的两个儿子每年也都会给老两口生活费，接近 5000 元。在此次调研过程中，我们发现，有独居老人的土地流转出去后，所得租金是对方交付给其子女的，然后再由子女给老人赡养费，这就使得老人对子女的赡养、亲友的接济更为依赖。如果子女自身经济遇到困难或者与家里的老人关系闹僵后，子女可能会将赡养费的金额调小或者压根不给，或者几个兄弟姐妹之间相互踢皮球，谁都不想赡养老人，这样，农村的独居老人很可能会陷入贫困，基本生活难以得到保障。三是少部分独居老人认为自己在心理上缺少子女的关怀，子女长期在外面打工，一年回来一次，有时候忙起来一年都回不了家一次，尽管在物质生活上给家中老人提供了保障，但这些独居老人有时候也需要心理上的关怀，子女能常回家看看就是对老人心理上最好的慰藉。四是农村的独居老人大多都比较节省，很多时候不愿给子女增加负担，如果感觉身体不舒服，经常采取硬扛的方式，尽管都有医保，但仍觉得去医院体检或者看病会浪费钱。一些高龄老人发病有突发性，若抢救不及时，可能会造成严重的后果。村干部每月每周应该抽时间去看望村里的独居老人，若发现其身体状况不太好应劝其尽快就医，若发现其子女没有很好地履行赡养义务，应该对其子女批评教育，规劝子女履行赡养老人的义务。

（二）边缘户中青壮年劳动力以外出务工为主，以在家进行农业生产为辅

县人社局积极开展公共就业服务活动，促进贫困劳动力转移，多渠道为用人单位和城乡劳动者搭建双向选择平台，几年来开展了100余场专项公益招聘活动，提供了多个岗位信息，帮助多名贫困劳动力转移就业。我们访谈得知，截至2018年底，M县农村劳动力492144人，农村劳动力转移就业283218人，其中县内转移就业105017人，县外转移就业178201人。可见，在外务工的农村劳动力占农村总劳动力的58%，并且青壮年劳动力在外务工的比例更大，在农村老家进行农业生产的劳动力年龄普遍偏大。在调研的50户边缘户中有37人是年龄处在20～50岁的青壮年劳动力，其中有31人在本县或者县外务工。在与已外出务工的青壮年劳动力的家属的访谈中，我们了解到，之所以外出务工主要是因为家里田地不是很多，并且种植农作物不是很挣钱，在外面打工挣钱确实比在家里务农要挣得多一些，但是外出务工者文化程度普遍不是很高，有部分人参加了县里、村里组织的就业技能培训。L村的边缘户DHG一家四口人，户主和妻子年龄30多岁，两个小孩，一个上小学，一个上幼儿园，之前户主和妻子在家务农，共有6亩地，2亩玉米，4亩花生，户主在当地打零工，妻子在当地的小作坊做一些针线活，一年收入接近4万元，家庭人均年

收入 13000 元左右，人均年开支 10000 元左右。但是当第二个小孩出生后，人均年收入降低并且开支加大了许多，户主发现光靠在家里务农和做零工较难给两个小孩提供较好的物质生活条件，便去省会城市郑州学习厨师，学习半年后在一家大酒店做厨师，年薪差不多 8 万元，家里只留下了妻子和小孩，很难再有精力务农，所以将家里的 6 亩地通过土地流转租出去，一年租金 5000 元，配偶在农村老家带孩子读书，然后做些针线活挣些零用钱。经调研得知，少部分青壮年劳动力留在老家务农的原因主要有以下四点：一是家里有老人、小孩需要照顾。有一户边缘户就是夫妻俩 30 多岁，平时在家务农，闲暇时男人便在附近跑摩的拉客，全家年收入 5 万余元，但是有两个老人身体状况不是很好，平时需要有人照顾，小孩正在读职业学校，还有一年多毕业，毕业后也可以工作挣钱了。二是认为自身文化程度较低且缺少专业技术，就算外出打工也只能做一些最辛苦、最简单的体力活，非常累并且挣不了多少钱。三是自身身体有一些残疾，在外务工不是很方便。S 村的边缘户 GCH 与配偶承包了 4 亩地专门种植葡萄，GCH 腿脚不是很灵便，但善于言辞，待人热情，常年在马路边上摆摊卖葡萄，其配偶性格比较内敛，主要是在葡萄地里工作，夫妻二人搭配得不错，2018 年通过卖葡萄盈利 5 万余元，2019 年葡萄的价格行情还不错，预计可以盈利 7 万余元。据 GCH 介绍，村里经常会组织专门针对葡萄种植的培训，在刚开始购买树种时也提供了相应的帮助。四是村里的扶贫车间效益比较好，工资待遇比较好，有些青壮年劳动力愿意留在村里的扶贫车间工作，村里的扶贫车间除了给建档立卡贫困户提供工作岗位外，还给很多边缘户家庭提供工作岗位，有些青壮年劳动力在村里的扶贫车间内学到一些简单的专业技术后，现在一个月收入可达到 3000 元以上，还可以做一些家里的农活，照顾家里人。

青壮年劳动力大量外出务工缓解了本地区富余劳动力的就业压力，优化了农村劳动力资源的合理配置，大部分农民通过外出务工开阔了视野，增长了见识，学到了技能，综合素质普遍有所提高，再回乡后成为

农村经济的带头人或者本地用人单位中的技术能手。但通过对这 50 户
边缘户的调研发现，大部分外出务工的青壮年劳动力普遍文化程度不高
且缺乏专业技术，超过半数的外出务工者主要从事纯体力、技术含量较
低的职业。随着青壮年劳动力大量外出务工，农村的劳动力结构有了很
大的改变，留守在农村老家的多为老人或者小孩，大部分老人对于农业
生产中的专业技术推广和农业科技进步不太敏感，再加上土地流转和农
村劳动力不足的原因，较难实现规模经营，基本上都是每家 3～5 亩地，
分散种植农作物，这使得农业的发展比较缓慢。现在单纯从事农业生产
的农民收入相对来说比较低，由于农产品价格增长空间有限，受农资价
格、气候条件等因素影响，回报率较低，种植传统农作物如玉米、小
麦、花生等每亩的收益为 1000～2000 元，种植经济作物如西瓜、葡萄
等的收益高些，每亩的收益能到 10000 元左右。因为种植果树的收益率
比较高，现在村里经常给村民安排一些果树种植方法和技巧方面的讲
座，帮助村民提高收入。

（三）边缘户的恩格尔系数偏低，但人情往来开支较大

恩格尔系数是食品支出占个人消费支出总额的比重。在 S 村和 L
村，大部分农户家中都会至少种植 1 亩农作物作为口粮，并且会种一些
日常食用的蔬菜，所以食品支出占个人消费支出总额的比重较低，恩格
尔系数也就较低，调研发现农户的消费支出主要集中在四个方面，分别
是生产和消费性支出、医疗保健支出、文化和教育支出、人情往来支
出。大部分边缘户家庭的收支情况都是收入略微大于支出，每年的收入
除去支出后盈余较少。在调研的 50 户边缘户中，每年用于生产和消费
性支出的比例占总支出的 15%～25%，医疗保健支出的比例变动幅度
比较大，有的边缘户家庭成员身体都比较健康，这一部分的支出较少，
有的边缘户家庭成员中有重大疾病患者，对整个家庭造成的负担比较
重，不仅看病花钱，还需要家里的劳动力来照顾患者日常的生活起居。
边缘户 CGS 自身的身体状况不太好，养有一儿一女，之前儿子一直在

外地打工，每年的收入在 7 万元左右，在他患病生活不能自理时，儿子便辞去了在外地的工作，回到老家在家里务农和照顾父亲，加上有时在附近打些零工，一年的收入从之前的 7 万元减到了现在的 3 万元左右，户主的儿子说等父亲病好些后还是要外出务工，这样能让全家人生活得更好些。文化和教育支出也因家庭而异，有的家里有正在读书的小孩，这方面的开支会比较大，访谈时发现有一户家里两个小孩现在都在外地读大学，大儿子大学四年级，小儿子大学二年级，尽管申请了国家助学贷款和国家助学金，但小孩在大城市读书的日常开销还是比较大，户主为了让自己的小孩在城里可以过得好一些，自己在县城接了好几份零工同时在做，等大儿子大学毕业后工作了家庭的负担就会小很多了。最后一项较大的开支就是人情往来的支出。50 户边缘户的样本数据显示，每户每年人情往来的支出金额为 5000～6000 元，占家庭总支出的 1/6～1/5，这项支出今后会越来越大。L 村的 ZGS 65 岁，和老伴儿两人单独生活，两个儿子均已在北京定居。现在老两口种了两亩苹果树，2018 年的收益在 1 万元左右，子女也会经常寄衣服、寄食物、寄钱回家，再加上种果树的收益和养老金，老两口的人均年收入能达到 1 万元左右，老两口的身体都还比较健康，这两三年除了到医院做了几次体检外没有生过大病住过院，老两口在农村老家生活应该是没问题的，但是他们 2018 年的人均支出同样接近 10000 元左右，人情往来的支出对他们而言负担太重了，就婚丧嫁娶而言，邻居或者一般的朋友都是 200 元或者 300 元，有时候碍于面子还会多给点，关系要好的朋友或者亲戚可能要到 500 元乃至 1000 元，现在有些家庭办这种事特别频繁，有的家庭两年时间就要办四次酒席，把摆酒席当成了一个敛财的工具。据 ZGS 说，到 7 月人情支出已经到 3000 多元了，自己的积蓄已经没有多少了，再过半年到过年期间更是摆酒席的高峰期，基本上每天都在朋友家或者亲戚家里吃酒席，到那儿就要让在北京工作定居的子女寄一些钱回来了。对于 ZGS 老人而言，人情往来的支出确实给他造成了一定的负担，但是为了维护亲戚朋友间的关系或者有时碍于情面，每次只要有人请他，他都会去。对于有些家庭而言，自己家办一次事就把前几年的人情支出都挣回来了，可是对于 ZGS 一家而言，他们每年只是在支出，因为子女很早以前就在北京定居了，每年也就回来一次，家里就剩老两口，没有办事的由头，所以每年 5000～6000 元的人情往来开支属于完完全全的支出。

中国农村是一个熟人社会。熟人社会最主要的一个特征就是相互之间都很熟悉，这种熟悉，往往都是有千丝万缕的血缘关系，而这种血缘关系，现在很大程度上是靠人情关系来维护的。在调研中发现，很多村民之间是亲戚关系，随着社会和经济的发展，各种红白喜事增多，会让很多人感到随礼的压力在逐渐增大，人情关系成为一种负担。

（四）边缘户的"两不愁三保障"均能得到切实可行的保障

S 村和 L 村 50 户农户中大部分农户家里都有承包的田地，每一户都有 1～2 处安全住房，饮食、饮水、吃穿住都没有问题，处于义务教育阶段的小孩都在读书，城乡居民基本医疗保险和养老保险实现了全覆盖，家里若有重大疾病患者或者慢性病人都看得起病。S 村的 SYL 家只有老两口在一起生活，两人都 60 岁左右，子女均在外省务工。老两口身体都还比较健康，家里种植了 7 亩玉米，这 7 亩玉米在 2015 年的纯收入为 10000 元左右，2018 年的纯收入为 12000 元左右，未来三年随着国家对粮食种植扶持力度的加大，收入相应的也会增多一些。家里电视机、手机、空调、洗衣机、液化气炉具、电冰箱等家用电器一应俱全，平时的代步工具有一辆摩托车和一辆自行车，每年两个儿子都会给 10000 元左右，家庭人均收入在 11000 元左右，老两口平时的生活比较富足。2018 年衣着消费支出和食品消费支出在 3000 元左右，家里鸡蛋、肉类、牛奶等都有，日常的营养补充没有问题，子女寄过来的很多新衣服都还没来得及穿，交通支出主要是摩托车的油费，接近 1000 元，因为身体都还比较健康，医疗保健支出基本没有，老两口的电话费每年

1000 元左右，其他服务性支出包括购置一些生活必需品、购买或维修家用电器等，接近 5000 元，2018 年还结余了 1 万元左右，老两口说2019 年不要孩子们给的钱了，现在自己完全能自给自足。L 村 ZKC 一家六口人，三代人，ZKC 和自己的老伴儿均 50 多岁，一个儿子在本地成家，两个孙子，一个读初中，一个读小学，家里有 5 亩地，2 亩种玉米，3 亩种花生，去年挣了 7000 元左右，家里的儿子在县城做技术工，一年的收入在 6 万元左右，儿媳在家里的扶贫车间工作，一年的收入接近 2 万元，去年家庭人均年收入在 14000 元左右，人均支出在 12000 元左右。家里支出比较大的两个部分就是两个孙子教育培养的开支和两位老人医疗保健的开支，2018 年两个孙子教育培养的开支有 2 万余元，两位老人看病住院的花销有 1 万余元。

总的来说，从 S 村和 L 村随机抽取的 50 户边缘户的入户访谈和调查问卷的结果来看，实现"两不愁三保障"完全没有问题，家家户户的生活水平较前几年都有了很大的提高。

（五）依托优越自然风光条件，打造品质旅游服务业

S 村位于河南省 M 县县城东北方向 2 公里处，西邻国家级湿地公园，北依黄河故道大堤，具有发展渔业的良好基础和发展乡村旅游的优越区位条件。2015 年被河南省定位为国家级旅游发展扶贫村。县里十分重视水利风景区的开发建设工作，按照可持续发展理念，把恢复和保护水生态放在突出位置，采取切实可行的措施，做好水资源保护、开发、利用和水域环境治理等工作，增强水利旅游文化软实力，着力构建旅游度假、亲水养生、生态农业、休闲垂钓等特色风光，打造生态水文化、生态护坡、森林氧吧相辅相成的旅游品牌。在对边缘户 GCZ 走访时发现他们家正在热火朝天地盖一幢 4 层的楼房，因为自己本身就是瓦工，自己给自己家盖房子时相应的花销就小很多，其实自己家里平时就只有 4 个人住，自己和老伴儿、儿媳妇和孙女，儿子常年在外地打工，根本不用盖这么大的房子，一问才知 GCZ 现在盖房子就是准备打造食宿一体化的高品质

农家乐，给前来旅游的游客提供方便，GCZ认为村里的旅游资源十分丰富，自然风光条件十分优越，再加上政府对S村发展旅游事业的大力支持和在各种平台上的大力宣传，在以后肯定会有大批大批的游客前来旅游观光，到时候很多游客免不了要在当地找吃饭和住宿的地方，现在开始盖大房子也是提前做些准备。在走访了其他几户农户后发现，村民们对在该村大力发展旅游业都持有非常肯定的态度并且饱含热情投入这份事业中。等村里的旅游事业发展起来后，村民的致富之路就多了起来，可以应聘景区里的工作人员、在景区做导游、开农家乐饭馆等。重点是要深入挖掘旅游的各种经济附加值，在注重景点景区开发的同时，也注重各种旅游商品的开发。可以借助旅游契机发展当地农土特产品，引入一到两个企业对当地的农土特产品进行加工和包装，然后再实施有针对性、系列性的开发，争取形成自己的农土特产品品牌；同时，结合当地丰富的文化资源，开发纪念性、实用性或者是工艺性旅游商品。

在农村发展旅游事业，一方面可以使农民增收、村集体经济增收，另一方面可以使大众通过农村旅游走进自然、认识自然，进而意识到环境保护的重要价值。从整体上来看，农村旅游经济的发展有利于农村地区实现可持续发展。

（六）边缘户中独居老人对精神文明建设方面的帮扶需求较大

现在农村经济发展了，物质生活丰富了，大家都能吃饱穿暖，但村民的精神文化生活相对比较匮乏，特别是独居老人，平时生活中的娱乐方式相对单一，有些精神文化的诉求得不到满足。在S村和L村的走访调研中发现，两村均在村里修建有文化广场、小公园、图书馆等公共设施，配有一些简单的健身器材，有时也会在文化广场放映电影或者邀请戏剧班过来表演，尽管在一定程度上丰富了农村独居老人的精神文化生活，但是和城里完善的配套设施相比差距还是很大。在调研过程中有老人说自己喜欢下棋，但比较难找到棋友；有老人说自己有时候想出去旅游，但是子女都比较忙，没有时间，自己一个人在村里待久了对外面的环境不是很熟悉；等等。调研组在与独居老人们聊天时发现他们对精神文化的帮扶需求最为强烈。村里可以统计所有村民特别是独居老人的兴趣爱好，将村里的活动室开放给喜欢下象棋的村民，安排专业老师对喜欢晨练、运动、走路的老人进行专业上的指导，避免运动时弄伤自己，也可以定期组织一些体育锻炼活动，让老人们从家里走出来，走向街道、走向操场，这对老人的心理健康十分重要。

除了丰富日常的娱乐生活外，心理上的关怀也是必不可少的。S村SZX，73岁，老伴儿很早就去世了，子女长期在外地工作，但经常会往家里寄钱，他现在居住的房子经修缮后比较结实稳固，自己平时抽烟喝酒，在生活上吃穿不愁。当问及其平时的娱乐生活时，他说平时一般都在家里一个人看电视，不爱出门，他也知道现在村里修建了文化广场，有时也会放映一些电影或者在那里跳广场舞，但是常年的独居生活让他现在不太习惯与人打交道，一般都把自己关在家里看电视或者睡觉。访谈后发现SZX心理上还是渴望能够多与人聊天，渴望能够丰富自己日常的娱乐生活，有时只是迈不出那一步而已。村干部平时要多与这位老人敞开心扉交流或者发动他的邻居或者村里的老人多到他家里来进行关心和问候，让他体会到乡里乡亲带来的温暖。

针对老年痴呆症，村里也有所行动。L村的YQC平时一家四口人一起生活，他和他的老伴儿都60多岁，小儿媳在家带孩子，一家人吃穿不愁，身体都还比较健康，但是老伴儿在几年前患上了老年痴呆症，在入户访谈时发现老伴儿已经一个人出去遛弯儿去了，因为L村临靠大马路，让一位患有老年痴呆症的老人独自一人在马路上走还是有一些危险的。在与YQC交谈时发现村里还有好几位老人都有老年痴呆症，其实可以在村委会的发动下，建立一个关爱老年痴呆症的公益组织，日常带着患有老年痴呆症的老人做一些简单的活动，主要是在他们走出家门后起到一个看管和照顾的作用，可以设置一个公益性岗位，让村里一些有爱心的贫困户或者边缘户来担任。

四　边缘人口的致贫风险

调研发现，边缘人口由于家庭结构特殊、防范风险能力较弱，仍然存有潜在的致贫风险。为了方便分析陈述，本章将边缘户家庭分成一代户、二代户、三代户三类。一代户是指只有一代人在一起生活，本次调研的边缘户中多数是两个老人或者只有一个老人生活，孩子户口已经分离或迁出。两代户是指家里有两代人一起生活。三代户指家中有三代及三代人以上一起生活。本章的老年户是指狭义上的老年户，即家庭中只有年老一代独自生活。

（一）老年户普遍缺劳动力，摆脱现状能力较差或者容易陷入贫困

以一代户为典型代表的老年户，家中只有两个老人或者只有一个老人独自生活，家庭成员普遍无劳动能力或者劳动能力弱。60～68岁的老人，在身体硬朗的前提下，还可以种麦子与玉米，其余劳作均因为年龄以及身体原因有较大限制。身体条件不佳或者年龄偏大的老年户则基本丧失劳动能力，最直接的影响就是收入来源有限。M县S村LY一家只有两个老人在家生活，儿女已经分户到城镇定居，两个老人一个65岁，一个63岁，老两口身体还不错，这几年主要靠种植5亩地维持基本生活，上半年种植小麦，下半年种植玉米，非农忙时期，到周边的蔬菜大棚或者葡萄种植园打打零工，每年能有1万元左右的收入，在身体没有异样的情况下，基本可以维持老两口的开销。两代户家庭结构在本次调研中展现出较强的抗风险能力。最主要的原因是两代户家庭成员平均年龄相对较小。需要注意的是，在农村普遍的三代户却显现出较差的抗风险能力，依旧体现在劳动力短缺上。本次调研的三代户家庭普遍由老年人、两个中年人、两个孩子三代人构成。家中有两个青壮年劳动力，理应是这三类家庭中抗风险能力最强的，但为何实际情况有所偏

差？原来边缘三代户中存在老年人生活不能自理或者自理能力差以及有孩子处于义务教育阶段的情况，这种情况下往往是会留一个劳动力在家照顾老人和孩子，耕种部分土地，另一个劳动力外出打工以增加收入。与二代户相比，三代户的供养压力明显大很多。L 村的 ZLW 家中一共有六口人，两个老人，一个 69 岁，身体状况差，需要有人在家照顾，一个 68 岁，身体状况一般，两个孩子，一个男孩上高中，一个女孩上初中，孩子母亲留在家中耕种 3 亩土地，照顾老人孩子，孩子父亲到扬州打工，月工资 4000 元左右。家庭年收入虽可达 50000 元左右，但家里老人健康医疗开支和孩子教育支出较大，家庭供养压力较大。不管是一代老年户还是三代"准老年户"（称三代户为"准老年户"是因为这类家庭介于老年户与非老年户之间），由于家庭劳动力缺乏或因家庭实际限制而出现劳动力被动短缺的现象，这类家庭情况暂时还算稳定，在精准扶贫中被识别为边缘户，但实际上，这类家庭的稳定是一种相对平衡，是一种极其容易被意外打破的脆弱平衡，例如容易因为老人大病或者唯一劳动力劳动能力丧失而出现贫困的现象。

（二）老年户收入来源单一，收入结构存在风险

在被调研的老年户中，老人并非没有孩子，而是老人与孩子的户口已经分开，孩子已在城镇定居，因为经济条件限制或者老人自身意愿，老人留在村庄中养老。老年户的收入来源及其结构也是我们重点关注的一个方面。在被调查的老年户中，可大致分为有劳动能力与丧失劳动能力两大类。尚有劳动能力的老人一般都会耕种土地或者在村里提供的公益性岗位工作获取基本生活开支，这也是这部分边缘群体最主要的收入来源。另外，对于年满 60 岁的老年人，国家也会根据不同的年龄级别每月发放 80 元到 200 元不等的养老金，这部分养老金也是老年人收入构成的一个部分。丧失劳动能力的老年人情况则较为严峻。收入来源主要有三种，分别是孩子或亲友接济、土地流转租金收入、国家发放的养老金。其中孩子或亲友接济是这部分老年人最主要的收入来源。很多老人在与

孩子分户之时，会将土地使用权作为财产分给自己的孩子，因此有部分老年户并无土地流转租金收入这一项。当问到孩子每年给予多少赡养费用时，老人的回答普遍是按需或者孩子给多少花费多少，但通过老年户每年的消费数额可以大概得知儿女或亲友接济的收入占整年收入的比例基本稳定在70%以上。L村的老年户CTN一家只有两个老人生活在村子里，儿子、女儿已经在县城工作生活，两个老人的收入构成为：每人每月105元养老金，合计2520元；3亩土地已经分给儿子，老人的土地租金收入为0；两个孩子以及亲友在每年节假日、生日等给予老两口合计1万元左右的养老费用。老人收入来源中80%来自孩子的接济。对于类似老年户而言，儿女及亲友的接济占比最高，维持基本生活的收入来源结构单一，除了养老金较为稳定，接济收入占绝对主体。在正常情况下，接济收入不会有很大波动，但这部分收入主要受制于两个因素：一是老人随着年龄增大可能有看病吃药等突发性大额支出，二是接济的孩子一方可能因为经济紧张或者两代人家庭关系未协调好出现断供现象。收入结构单一造成老年户养老对孩子的依赖太大，且抗风险能力较差。人口老龄化带来的养老问题是一个社会难题，整个社会抚养比都在增大，这给边缘老年户的养老问题提出了新的挑战。

（三）边缘户的支出结构不合理，尤其是边缘老年户的支出结构存在风险

农村绝对贫困是因收入不足造成的，而农村相对贫困除了收入方面的原因，还包含支出方面的原因。收支结构最能反映一个家庭的经济状况，考察完收入结构之后，我们将目光转向支出结构。在调研的50户边缘户中，占总支出比例最大的有四项，分别是生产性支出、医疗保健支出、文化和教育支出、人情往来支出。其中，弹性最大的是医疗保健支出，弹性最小的是人情往来支出。这一支出结构中，有两个部分存在风险。第一个是弹性较大的医疗保健支出，随着老年人口年龄增大，身体健康状况每况愈下，虽然现在已经做到医保（新农合）全覆盖，但

在重大疾病面前作用有限，农村地区普遍对购买大病商业保险意识不强，家庭中因一人大病拖垮整个家庭的现象较为常见。在50户调研样本中，家庭医疗保健支出位居第二，老年户的医疗保健支出位居所有支出首位。第二个值得注意的现象是人情往来支出成为被调研边缘户支出结构中的主要部分，并且是上述提到的四项主要支出中弹性最小的，说明一段时间内，这类支出较为稳定。根据调研样本，户均人情往来达到6000元以上，占家庭总支出的20%左右。有62%的受访者表示对近几年的人情往来支出感到有一定的压力。究其原因，人情往来中的随份子以及重大节日走亲戚等支出其实是农村地区约定俗成的行为。走亲戚是维系感情的一种手段，随份子是农村地区形成的一种互助机制，原本是一种很好的互助策略，随着经济状况的好转以及受当前讲排场、攀比等不良风气影响，这种人情往来逐步演变成一种负担，已经超越原来互助的初心。这种支出虽然有压力，对于正常家庭而言可能尚不形成致贫风险，但对于低收入以及老年户而言，是一种不小的负担，根据人生不同阶段的特点，老年人在这种人情往来中"回收"途径受限，更多是一项单向付出。S村的XMY是典型的老年户，两个老人在家，孩子已经在南方城镇定居，平时收入依靠养老金、土地租金收益、亲友和孩子的接济，总收入达11000元左右，因为身体暂时不错，平时生活开支较少，但每年人情往来支出3000元到5000元不等，这给他们老两口造成了一定的压力。两个老人坦言，这几年大家随的份子水涨船高，份子钱涨幅较大，加上医疗保健支出变大，都会挤占基本生活开支，降低生活质量。老年人的风险承受能力在一定时期内呈现断崖式下跌的局面，收支结构不合理将直接影响老年群体的生活稳定。

（四）精神方面的贫困风险不容忽视

对于贫困的衡量已经从单一的经济贫困转变为多维的评价方式。[1]　在

---

[1]　邹薇、方迎风：《关于中国贫困的动态多维度研究》，《中国人口科学》2011年第6期，第49~59页。

劳动力输出大省河南，不仅存在留守儿童，也存在留守老人，随着人口大规模输出以及城镇化的加速推进，老年户现象会越来越普遍。老年人因为劳动能力衰退等原因，有了较多的空余时间，在"两不愁三保障"满足后，精神层面的需求日益增多。老年人本应该与儿孙一起其乐融融，但因为现实情况限制，只有两个老人在家，容易导致老年人心理孤寂。M县S村重点对公园广场等基本运动休憩场所进行规划修建，在村文化设施等方面做得比较好，老年人平日里运动休闲都有去处。但调研中发现，由于老年人普遍文化知识水平不高、参与积极性不高，农村地区的老年组织普遍不如城市健全。调研中，有些老人提到，无聊的时候也会去做一些打发时间的事情，比如去下象棋或者跑步，但活动的内容与形式都相对单一，且局限性较大。当前的困境是缺乏一个较大的平台，引导老人走出局限，丰富精神生活。

（五）非老年边缘户有发展受限的风险

要探究一个地方的生态，不能只看一个群体，本章我们将主要目光聚焦在老年户身上，非老年户的发展也是不能避开的话题，非老年户的发展会在某种程度上影响整个村庄的活力。例如非老年户大规模的种植养殖基地可以吸纳部分尚有劳动能力的老年人，同时，非老年户在村文化建设、乡村振兴等方面发挥着不可估量的作用。受访的非老年边缘户有一个较为明显的共同点，即这些家庭会成为边缘户往往不是因为缺乏劳动力或者因病因残导致家庭经济困难，更多是因为某些因素使得发展受限，难以改变现状。边缘户并不能像建档立卡贫困户一样，享受诸多保障和发展的政策，很多贫困户在得到帮扶之后家庭收入可能已经超过边缘户，这就导致边缘户成为相对贫困的群体。S村CMW家中有两个女儿上大学，其中一个为研究生在读，孩子的教育支出以及生产性支出所占比例较大。家里依靠种植五六亩葡萄为主要经济来源，由于种植的基地位于国道旁，顺势发展起葡萄采摘园，每年葡萄的销路基本不用愁，价格也不错。但由于技术限制，葡萄每年产量不高，虽然价格不错，但产量低导致利润低，增收遇到瓶颈，如果有一对一技术帮扶，可能会改变这个困境。L村的LGF是一个辣椒种植大户，此前因缺乏劳动力、收入较低被识别为边缘户，2019年种植了30亩辣椒，吸纳了当地较多村民到辣椒地里劳作。由于辣椒种植的品种受市场欢迎，辣椒销路较好，且辣椒收购商愿意签订未来几年的辣椒包销合同，所以欲在2020年将种植规模发展到100亩，一来摆脱边缘户的处境，二来可以吸纳当地很多劳动力，但由于土地难以连片流转以及贷款等限制而搁浅。如果扩大到100亩的面积，一旦有重大自然灾害，将面临大幅亏损。LGF背后的问题是农业种植方面的共性问题。一是难以流转到集中连片的土地（集中连片的土地可以显著降低用工管理等成本）。平原地区，除非全家外出或者丧失劳动能力无法耕种，一般都会自己耕种口粮田，土地分散依旧是一座横亘在规模化之前的大山。二是除主要经济作物之外，蔬菜以及特色养殖种植没有纳入农业保险范围，农业本身极易受自然环境影响，边缘户投资特色养殖种植具有较大风险。投资如果成功，可以摆脱贫困；如果失败，很容易一夜步入贫困之列。如果不投资，只能维持现状；如果维持现状，边缘户本身风险承受能力较弱，一旦出现意外，就可能陷入贫困。

五　结论与思考

（一）主要结论

河南省是典型的劳动力输出省份，地处大平原，农业发达，产生了典型的农忙大规模返乡与非农忙大规模外出的现象，这也造就了河南省农村地区普遍以务工收入为主、以农业收入为辅的生计模式。M县也是如此，边缘户中主要劳动力以外出务工为主，非主要劳动力留在家中耕种土地。城镇化让农村地区出现很多老年户，这部分群体是本章关注的重点。通过以上分析，传统农区边缘户存在四个直接致贫风险与一个间接风险，分别是：老年户普遍缺劳动力，摆脱现状能力较差或者容易陷入贫困；老年户收入来源单一，收入结构存在风险；边缘户的支出结构不合理，尤其是边缘老年户的支出结构存在风险；精神方面的贫困风险不容忽视；非老年边缘户有发展受限的风险。

（二）思考与对策

1. 赡养老人为法定义务，应加强宣传并建立赡养激励措施

《中华人民共和国宪法》第四十九条规定：成年子女有赡养扶助父母的义务。赡养父母是子女应尽的法定义务，任何人不得以任何方式加以改变，也不得附加任何条件进行限制。另外，《中华人民共和国婚姻法》以及《中华人民共和国老年人权益保障法》等也都规定子女对父母有赡养扶助的义务。不管是上位法还是下位法都对老年人赡养做了规定。边缘老年户的致贫风险中，由于老年户的家庭收入结构对子女或亲友依赖较强，如果子女不出现接济断供，老年户的收支风险将会大幅降低，实际上，只要老年人身体健康，不出现大病等意外支出较多的情形，子女的赡养压力不会很大。赡养老人是子女应尽的法定义务，社会各界要加强宣传，同时，也应从赡养光荣、推崇家庭养老等积极方向进行鼓励。例如，对老年人赡养表现突出的了女进行表扬，在条件允许的前提下进行经济或者物质上的奖励，形成我赡养我光荣、要我赡养转变成我要赡养的新风尚。当然，奖励机制也要慢慢探索并完善，防止敲竹杠以及套利现象出现。对于无子女的老人，要切实做好社会兜底式保障，让曾为国家发展做过贡献的建设者安度晚年。

2. 建立贫困等级制度，进行分类分级帮扶，扩大政策受惠面

当前还有很多边缘户挣扎在贫困线边缘，这部分群体并未被纳入政策帮扶体系，虽然可以在某种程度上享受部分政策支持，但力度与广度远不如建档立卡贫困户。政策需求与政策供给在当前阶段已经出现不匹配的迹象。目前，可以考虑建立贫困等级制度，进行分类分级帮扶，同时扩大政策受惠面。基本设想是，结合当前贫困户数据库，将现有建档立卡户的情

况进行分类分级，例如有很多家庭"两不愁"已经实现，但教育与医疗政策还有需求，就归为教育与医疗需求类别，如果产业帮扶政策有需求，就归为产业需求类别，其他情况以此类推，同时根据需求情况与贫困程度建立系统的贫困分级标准，此后政策根据贫困等级进行有侧重的供给。M县建立了边缘户的台账，对边缘户的情况进行动态关注管理，根据等级给予适当的政策支持，这个经验可以在有条件的地方推广。为提升该项举措的先进性，分级帮扶应在一定时期内进行动态调整，因为只要贫困标准存在边缘户就会一直存在，边缘户是一种相对贫困。

3. 探索社会资源参与扶贫模式

在精准扶贫战略铺开之后，有很多企业加入脱贫攻坚中，例如恒大投入110亿元对口帮扶贵州省毕节市，亿利资源集团有限公司打造生态富民模式助力精准扶贫，中国平安推出"三村工程"，共建美丽乡村。诸如此类的例子很多，各有各的特色。企业在市场上征战多年，积累了丰富经验，对市场真正需要什么以及如何利用市场化的手段扭转现有局面都胸有成竹，扶贫队伍对乡村有什么、哪里是短板也如数家珍，两者对接可以在很大程度上提高帮扶效率，发挥彼此的优势。企业对口支援精准扶贫实际上也是企业责任的体现，可以向社会展示企业的实力与品牌。为鼓励更多企业发挥自身优势加入精准扶贫队伍中，国家可以制定企业税收减免等奖励措施。此外，我们还要考虑将慈善与扶贫、养老和医疗结合起来，通过慈善的方式解决农村的困难与问题，以往的慈善资金以及其他资源更多偏向于教育以及特困群体，对于困难边缘群体关注较少。当然，社会资源除了企业与慈善团体，还包括高校、媒体、个人等，社会各界可以结合自身的优势在扶贫领域发光发热。

4. 加强农村养老服务供给，探索多元化养老模式

我国农村养老服务供给受诸多因素影响，具有层次多元化和地域差异化的特点，除经济条件等因素制约导致农村养老服务供给落后外，供给主体错位、供给模式单一和供给资金不足等问题使得农村养老服务面临严峻的挑战。在市场选择结果不理想的背景下，应更多从政策支持方

面入手，例如优化财政供给方式，开展政府购买服务，对农村养老服务予以重点倾斜。补助标准与评估结果相衔接、机构服务补贴与居家服务补贴相衔接等在城市地区推广的方法可以根据实际情况推介到乡村地区。农村地区相对贫困人口因经济条件受限，养老需求未被满足的程度更深，多元养老服务供给产生的联动效应能够产生更强的边际效应。除此之外，在服务跟上的同时也要探索农村地区的多元化养老模式，以适应多层次的需求。一是可以打造包含家庭养老但又超越家庭养老的"大社会化"养老模式，在老人自养、老伴互养、晚辈赡养的同时，积极探索将纯福利型、邻里互助型和有偿型社区服务有机结合起来，将"补缺式"打造成"普惠式"养老。二是推进公办托底、民办为主的养老产业结构改革，合理界定政府、企业、社会的责任，公办养老机构提供"托底式养老"，对于非基本的多样化养老需求，则充分发挥市场作用。

5. 注重乡村文明建设，跟进农村文化建设

乡村振兴战略不只是振兴农村的经济，而是要实现全面且可持续的发展。在实现乡村硬件发展之外，也要补足乡村一直处于弱势的软实力，要从"文化振兴"和"乡风文明"的角度，治理农村铺张浪费现象，积极引导农村居民养成合理、健康、绿色的消费习惯，形成乡村良风良俗。上文中提到的人情往来支出，以及如今争议颇多的"天价彩礼"等现象都是乡村中潜在的致贫风险，尤其是收入有限的边缘人群，应该思考其产生的根源，从根源入手才能治标治本，这就需要从乡村的乡风文明入手，改变乡村居民的传统观念。另外，不少乡村地区以前曾是优秀文化的发祥地，如今却成为文化的洼地，乡村振兴也要从文化振兴入手，缩小文化洼地与文化高地之间的差别，提升农村地区的文化认同感与幸福感。特别是人口老龄化的乡村，文化建设就显得更为重要，从多维贫困评价的角度，乡村精神层面的建设供给依旧是短板，需要提升居民幸福指数。不仅如此，乡村文化建设也要讲究科学性与长远性，乡村文化建设不能简单地"送下去"，更要思考如何"种下来"，让村民做主角，充分激发乡土文化发展的内生动力。

第二章 自然环境恶劣地区边缘人口的致贫风险与规避对策

导　言

2020 年全面建成小康社会，是我们党对全国人民庄严的承诺。消除贫困、改善民生、逐步实现共同富裕是社会主义的本质要求，对于维护社会稳定、经济发展和国家安全等方面具有重要作用。党的十九大报告中提出"坚决打赢脱贫攻坚战"的新任务、新要求，同样也是中国共产党作为一个有担当、负责任的执政党向世界所做的宣言。"十三五"规划中也提出以社会主义政治制度为根本保障，不断创新体制机制，充分发挥政府、市场和社会协同作用，充分调动贫困地区干部群众的内生动力，大力推进实施一批脱贫攻坚工程，加快破解贫困地区区域发展瓶颈制约，不断增强贫困地区和贫困人口自我发展能力，确保与全国同步进入全面小康社会。现如今，全国扶贫力度进一步加大，脱贫攻坚战全面展开，各项重点任务进展顺利。现阶段，我国以每年减贫1300 万人以上的成就，实现扶贫工作的重大突破。准确识别边缘人口群体，确定边缘人口的致贫（返贫）因素，解决边缘人口群体面临的困难和问题，是实现全面建成小康社会、实现共同富裕和促进国民经济健康发展的根本所在。

我们结合各省份的发展状况，并结合相关的指标体系，对各地区边缘人口群体进行识别。在本书中，我们选取贵州省 C 县 B 镇 W 村作为考察对象，来考察自然资源匮乏和交通条件落后地区边缘人口的生计模式、致贫风险与规避对策。

一 案例村基本情况

（一）贵州省扶贫政策概况

为解决边缘人口群体面临的困难问题，贵州省已经采取了如下相关政策。

拓展精准扶贫对象范围。将"精准识别"拓展到集中连片整体深度贫困地区的边缘人口，从中央和省级层面制定区域性精准扶贫基础设施建设、生态建设补偿、水电等资源开发特殊政策。在安全住房、劳务培训等方面，向边缘人口予以政策倾斜，构建建档立卡贫困户与边缘人口同步攻坚、同步脱贫的格局，确保集中连片整体深度贫困地区整体脱贫、稳定脱贫和持续健康发展。

加大财政政策支持力度。在中央与地方共同财权和支出责任划分改革中，免除或降低州县分担比例。加大均衡性转移支付、民族地区转移支付、县级基本财力保障奖补资金等财政转移支付补助力度，逐步提高贫困地区人均财力、人均财政支出水平，增强地方政府对边缘人口的扶持能力。

创新实施帮扶特惠政策。一是将扶贫小额信贷分险基金、产业扶持基金、教育扶贫救助基金、卫生扶贫救助基金"四项基金"向边缘人口覆盖。二是制定劳动就业、文明示范、计划生育等鼓励政策，支持边缘人口以土地、林地等生产资料参与产业扶贫，实现持续稳定增收。三是在下达易地扶贫搬迁项目时，将边缘人口作为随迁户一并纳入，给予适当低于建档立卡贫困户标准的资金补助。

健全完善社会动员机制。发挥集中力量办大事的政治优势和制度优势，统筹各方力量，充分发挥工商联、群众团体、高等院校、科研院所等在脱贫攻坚中的作用，鼓励引导社会组织、个人自愿采取定向或包干等方式加大对边缘人口的帮扶力度。

（二）C县基本情况

C县位于贵州省中南部，全县总面积1543平方公里，其中石漠化面积占总面积的77.9%，耕地破碎，资源匮乏，是贵州典型的石漠化重灾区。全县管辖5镇1乡1街道，共82个村（居）。全县总人口268744人，少数民族人口164297人，占总人口的61.1%，其中：布依族人口100978人，占少数民族人口的61.5%；苗族人口60782人，占少数民族人口的37.0%；其他民族人口2537人；占少数民族人口的1.5%。2014年，全县共识别贫困人口21717户83501人，贫困村39个（深度贫困村24个），贫困乡镇6个，省级极贫乡镇1个（代化镇），全县贫困发生率36.06%。2014~2018年脱贫7.04万人，27个贫困村出列，贫困发生率降为6.46%。截至2018年，仍有贫困村12个，全县贫困人口4740户，共14948人。

2018年，全县养殖绿壳蛋鸡和种植高钙苹果、优质核桃、紫王葡萄规模分别达到527万羽、7.3万亩、18.5万亩、3.56万亩。2018年，全县地区生产总值完成67.67亿元，同比增长11.8%；一般公共预算收入完成3.38亿元，同比增长10%；固定资产投资完成63.79亿元，同比增长19.7%；规模以上工业增加值完成15.87亿元，同比增长11.2%；社会消费品零售总额完成12.42亿元，同比增长8.8%；金融机构存贷款余额完成172.52亿元，同比增长12.6%；城镇常住居民人均可支配收入28724元，同比增长9.3%；农村常住居民人均可支配收入10172元，同比增长10.4%。

在扶贫攻坚方面，自然资源匮乏、土地资源稀缺、山区交通落后等原因，造成了C县农村贫困面广、贫困程度深的特点。C县在脱贫攻坚中，一方面，立足山区特色，因地制宜，积极探索农村脱贫道路；另一方面，通过易地扶贫搬迁政策，彻底让农民走出去，摆脱恶劣自然条件的束缚。"十三五"期间，C县完成易地扶贫搬迁21344人，其中建档立卡贫困人口 19309 人，占搬迁人口的 90.47%。全县"十三五"期间已建设完成 12 个易地扶贫安置点，其中：2016 年度新建安置点 7 个，主要以集镇安置为主，覆盖全县 5 镇 1 乡 1 街道；2017 年度新建安置点 3 个，安置方式调整为在县城（锦顺社区）、中心集镇（广顺镇南福新苑社区）、极贫乡镇（代化镇）进行安置；2018 年度新建安置点 2 个，主要在县城（顺兴社区）、中心集镇（广顺镇金竹花园社区）进行安置。目前 C 县扶贫攻坚主要围绕以下几点展开。

1. 聚焦扶贫机制建设，保障扶贫政策落实

首先，完善扶贫配套政策，从标准、方式、资金等方面细化措施，最大限度地为脱贫攻坚提供政策保障；其次，健全扶贫指挥体系，优化和调整县扶贫开发领导小组、县脱贫攻坚指挥部，健全县级领导干部和部门帮扶联系机制，县级领导和部门主要负责同志到所包村、组蹲点指导脱贫攻坚工作；最后，强化基层扶贫工作责任，明确驻村工作队的时间和工作职责，每月每阶段开具工作清单，压紧压实工作责任。

2. 聚焦农村产业扶贫，因地发展特色农业

因地制宜，通过大力调减玉米种植等传统产业，重点发展山地特色高效农业，补齐由于自然资源和交通落后所导致的农业短板。采取"一个坝区、一名县领导、一个责任单位、一个技术团队、一套方案"的"五个一"模式，重点发展绿壳蛋鸡、高钙苹果、紫王葡萄、优质核桃、蔬菜、烤烟、刺梨、生猪、食用菌、樱桃谷鸭 10 个特色产业，1 个产业由 1 位县委常委或副县长领衔推进工作，提高农户发展生产的积极性。

3. 聚焦群众工作，奠定"摘帽"坚实基础

因地制宜，探索出"一学二访三会四评五公示"的"五步"驻村工作法，即学政策学标准、逐户走访农户、召开组内群众会、召开村民代表评议会、评议结果进行公示公告，整体提升精准识别率和精准退出率。在"五步"驻村工作法基础上，探索精准脱贫"543"群众工作法。通过"五步"驻村工作法和"543"群众工作法，不断巩固提升群众认可度,进一步密切党群干群关系,为实现高质量"摘帽"奠定坚实基础。

4. 聚焦内生动力,实现物质和精神"双脱贫"

坚持志智双扶,助推群众实现物质和精神"双脱贫",探索"发展大计与人民共商、美丽家园与人民共建、社会事务与人民共管、发展成果与人民共享"的"四共"机制,并贯穿脱贫攻坚始终,注重调动群众的主动性、积极性和创造性,充分体现群众在脱贫攻坚中的主体地位。通过村举办评选活动,树立典型,倡导贫困群众用辛勤劳动实现脱贫致富,充分激发贫困群众内生动力。

(三) B 镇基本情况

B 镇位于 C 县中部偏西,海拔高度在 1200 米左右。B 镇总面积225.8 平方公里,辖 12 个村(社区)219 个村民组,总人口 41230 人。2014 年全镇建档立卡贫困户 4133 户 16388 人,贫困村 6 个,其中深度贫困村 2 个,贫困发生率为 39.75%。截至 2018 年底,全镇实现 4 个贫困村出列、3063 户 13076 人贫困人口脱贫,贫困发生率下降至 8.03%。就扶贫攻坚工作而言,B 镇抽派省、州、县部门干部 137 人,镇干部 84人,村干部 56 人,共 277 人,组成了各村脱贫攻坚队,并将全镇 219个村民组划分为 184 个网格,每个网格分派 1 名网格员具体负责扶贫工作的开展。

B 镇主要从以下六个方面进行扶贫攻坚工作。

在农村基础设施建设方面,B 镇完成组组通道路建设 57 条共 95547公里,覆盖群众 2900 户 12601 人;完成 89 个组的农村环境综合整治基础设施建设,覆盖群众 6660 户 26640 人;2019 年 B 镇实施四个农村饮水安全巩固提升工程,目前工程进度完成 90%,工程完成后将覆盖群众 6245 户 24979 人。

在易地扶贫搬迁方面,B 镇"十三五"期间搬迁任务为 3874 人,完成 3781 人,完成率 97.60%。

在产业扶贫方面，B镇围绕"藤缠树"产业扶贫模式，发展以生猪、肉牛、绿壳蛋鸡、紫王葡萄、蔬菜、中药材等为主的一批产业扶贫项目，2016～2019年共申报项目76个，涉及扶贫资金5325.06万元。648户贫困户通过"特惠贷"得到了直接扶持。2019年，全镇主要通过"三小工程"项目来覆盖全镇贫困户，"三小工程"到村项目4个，涉及扶贫资金108万元，"三小工程"到户项目12个，涉及扶贫资金439万元。

在社会保障方面，围绕义务教育、基本医疗、住房安全"三保障"，解决村民实际困难。2016年以来，911人（次）高中以上学生享受了共计300.9万元的教育补助，因贫辍学问题得到根本解决；医疗扶贫政策持续发力，全镇1.6万贫困人口共享受医疗补助160万元；2016年以来，共实施危改1830户，其中贫困户1310户。

在社会兜底方面，截至目前，农村低保享受632户1279人，城市低保享受213户447人。

在劳动力就业方面，围绕"培训一人、就业一人、脱贫一户"目标，充分依托紫王葡萄3A景区旅游业，广泛开展厨师、服务等农家乐培训和劳动力转移培训。

（四）W村基本情况

W村位于B镇东南部，距B镇政府所在地15公里，属于国家一类深度贫困村。全村共有13个村民组，345户，共1421人，多数为布依族，劳动力806人，初中以上在校生84人，低保户54户185人，五保户5户5人。2014年以来，W村建档立卡贫困户共242户1008人，2014年贫困发生率达70.94%，2014～2018年共脱贫127户575人，贫困发生率降至30.47%，目前仍有未实现脱贫115户433人。在入村调研后，我们发现W村有两大主要致贫特点：自然资源匮乏和交通条件落后。

在土地资源方面，W村总面积10.439平方公里，耕地面积1660亩，其中旱地1600亩，占总耕地面积的96.4%，稻田仅60亩，人均耕地面积 1.17 亩。W 村地处喀斯特地区和深山石山区，土地资源呈现裸岩遍地、土地零碎、土层浅薄、土壤贫瘠等特征，土地普遍存在喀斯特石漠化现象。喀斯特石漠化不仅破坏当地生态环境，使土地生产力衰减，而且因水土流失致使土地贫瘠化，严重影响当地农、林、牧业生产。在仅存的可耕种土地上，村民多以种植玉米为主，年亩产值不超过 800 元，仅仅相当于平原地区的 1/10。

在水资源方面，W 村属于石漠化严重、工程性缺水地区。石漠化导致植被稀少、土层变薄或基岩裸露，地表水水源涵养力低，保水力差，河溪径流减少，井泉干枯，土地出现非地带性干旱，人畜饮水困难。村民主要依靠屋顶蓄水和地窖蓄水，人畜饮水主要靠"望天水"。水资源较为匮乏，导致农民的农业产出效益低，无法形成规模化的农业生产。

在交通出行方面，W 村山岭成片，平均海拔在 1000 米以上，硬化水泥路全是依山而建的盘山公路，曲折狭窄，最多只能同时通行两辆小轿车，大型运输车辆通行存在困难，这直接导致 W 村农业发展的运输成本增加。在和村干部访谈中，村干部指出，由于交通运输问题，W 村规模化农业寸步难行。

二 案例村脱贫攻坚工作情况

（一）W 村脱贫攻坚部署情况

W 村 2019 年脱贫攻坚工作部署情况大致分为以下几个方面。

1. 就业扶贫

当地政府紧紧围绕贫困群众收入达标这一难题下足功夫，把就业创业当主抓手，千方百计地帮助贫困家庭劳动力实现就业增收，确保收入达到脱贫线以上。B 镇不仅充分利用 C 县人力资源和社会保障局帮扶单位资源优势，定期或不定期提供就业岗位信息，同时引导推荐就业，开发公益性岗位定岗就业，开展技能培训提升就业竞争力。

2. 产业扶贫

在产业扶贫方面，B 镇各个村紧紧围绕"藤缠树"产业扶贫模式，发展以生猪、肉牛、绿壳蛋鸡、紫王葡萄、蔬菜、中药材等为主的产业扶贫项目。

3. "三保障"

在基本的"三保障"这一块，当地政府全面开展住房、教育、医疗保障摸底排查，并建立台账，一户一策抓牢抓实"三保障"工作。

4. 基础设施

2019 年 4 月以来，W 村集中力量整合资源，针对未实施易地搬迁的 8 个组，全面补齐基础设施短板，最为重要的是解决"水短板"问题。

5. 环境治理

W 村村委会为环境整治开展了以下工作：一是利用扶贫专岗配齐各组主干道卫生保洁员，定期对主干道通组干道进行清扫保洁，确保室外整洁干净。二是以马咬组、石板井组两个组为示范，全面铺开剩余 8 个未搬迁组的志智双扶工作。充分发挥各组组管委作用，通过开展卫生评比活动、感恩教育活动等方式，以奖代补，不断激发群众内生动力。

6. 思想扶贫

消除思想贫困是打赢脱贫攻坚战的重要前提。唯有消除部分贫困群众的错误思想，让他们主动脱贫致富，才能做到脱真贫、真脱贫，扶贫政策才会真正落实，扶贫工作才能取得显著成效。当地政府除了实施各种具体的扶贫方案之外，在强化思想扶贫、提升群众满意度方面也做了大量工作。

（二）W 村脱贫攻坚取得的成效

1. 就业扶贫工作成效

2016～2018 年，搬迁农户 131 户 557 人，其中贫困户实现搬迁

110 户 473 人，小长冲组、冗降组、小米寨组等 5 个组整组易地扶贫搬迁。全村 242 户 1008 人建档立卡贫困人口中，有 224 户 389 人通过务工获得工资性收入。其中开发公益性岗位 13 个，促进 13 户 64 人家庭增收。

2. 产业扶贫工作成效

W 村 2019 年通过 "三小" 项目覆盖农户 105 户 439 人，其中贫困户人口 87 户 342 人，实现在村居住人口全覆盖。2016～2018 年，产业扶持政策落实情况如下：2016 年，500 亩钩藤种植项目 19.55 万元，覆盖贫困户 48 户；2017 年，生猪补偿项目 20 万元，覆盖贫困户 124 户；2018 年，省检察院帮扶 100 万元养牛项目，覆盖 50 户；2018 年，蔬菜种植项目 25 万元，覆盖贫困户 25 户；通过 "特惠贷" 得到直接扶持的有 67 户贫困户。

由于 W 村在地理位置和自然资源方面存在天然劣势，当地农作物始终无法形成规模化生产，村委会也做过一些尝试，例如种植烤烟、核桃等经济作物，但均以失败告终。后来，村委会尝试发展物流行业，但由于地处偏远，运输成本很高，无法让村民获利。

W 村做了许多努力，但是这里的地理环境对发展规模化生产十分不利。通过易地搬迁这种扶贫方式，让村民们来到一个更好的生存环境或许能从根本上改变规模产业无法发展起来的困境。但整个 B 镇搬迁形势都较为严峻。目前仍有 147 人的搬迁任务，难度较大。另外，一些中老年人文化程度较低，就业难度较大，搬得出但留不住这个问题也在一定程度上制约了搬迁工作。

3. "三保障" 工作成效

"三保障" 工作基本实现了住房安全保障全覆盖。全村 2009 年以来共实施危房改造 270 户，2019 年已无危房改造户，透风漏雨整治仅 10 户且已全部完工并通过验收。医疗扶贫政策持续发力，2019 年度全村贫困户 242 户 1008 人农村合作医疗保险缴费完成 100%。2016 年以来全村 1008 人贫困人口共享受合医补助 99800 元。在教育扶贫方面，

2016 年以来，109 人（次）高中以上学生享受了共计 268480 元的教育补助，因贫辍学问题得到根本解决，实现零辍学。W 村有低保户 54 户 185 人、五保户 5 户 5 人，大都是因病因残导致家中缺乏劳动力的农户，有几户是孤寡老人，没有子女照顾。政府通过社会救助、民政救助等一系列兜底措施，保障他们的收入，实现了应保尽保。同时开展摸底排查，建立"十全十美"台账，实施冬春救助粮、燃煤补助等惠民政策，对低保人员和特困群体跟踪管理，做好低保动态管理和临时救助申报工作，保障贫困人员吃饭不愁。

4. 基础设施工作成效

目前已完成组组通道路建设 5 条共 9 公里，覆盖群众 287 户 1186 人；完成 8 个组的基础设施"五个一""三个一"建设，覆盖群众 208 户 870 人。全村已实现水、电、路、信全覆盖，有效改善群众的居住环境。更为重要的是，村委会通过采取新建和维修两种方式解决饮水难问题。2019 年由县水利专班组织施工队在 W 村小坝院组、大坝院组、落窝组和瓦窑组四个组实施农村饮水安全巩固提升工程，工程投资 66.14 万元，覆盖群众 112 户 420 人，其中贫困户 53 户 182 人，目前工程进度完成 100%；由 B 镇组织施工队在石板井组新建混凝土结构蓄水池 100 立方米，共投入资金 14 万元，并对翁矮组原有供水系统进行维修处理。

5. 环境治理工作成效

抓环境整治不仅是为了让农村保持良好的卫生环境，一改农村以往"脏乱差"的面貌；更是要凝聚人心，不断激发群众内生动力。人心齐，泰山移，人心齐是打赢脱贫攻坚战的基础。

抵达 W 村的那天，正是村里的一个小组进行卫生评比颁奖的日子。这个小组的村民居住相对集中，组长在几户人家房前的一片空地上搭起了一个简易的颁奖台，台下摆好三排长凳，召集整个小组的男女老少都来参加。说是颁奖台，不过是三张桌子拼在一起，上面摆放着一些奖品以及一、二、三等奖的奖牌。村委会主任在台前坐下，示意大家安静，在随后几句简短的发言之中向村民传递了打好脱贫攻坚战的思想（小组组长说的是方言，没有完全听懂）。接下来便是颁发奖品奖牌的环节，颁奖以及领奖品倒是没有花费太多时间，不过村民的发言倒是不简短（由于是方言，听起来费力，自然对于我们来说不简短）。共有三位村民代表来到台前发言。前两位年纪偏长，发言的时候也略显局促，说的意思大概是感谢政府感谢国家。尽管都是一些直接的表达，但看得出来村民们脸上热情饱满的笑容不假。干了一辈子农活的人，如若说出一些文绉绉的话来，反而显得违和。第三位发言的村民代表是一个常年在外打工的年轻人，在外发展得还不错，得空便回来同村里的人谋划村里未来的发展。他的发言是拿着他自己写的稿子念的，我们坐在第一排能清楚地看到他发言稿上虽不工整却也写满整整一张纸的文字。这个卫生评比颁奖活动虽说进行得有些仓促，但过程中村民们展现出的精气神确实是让人充满希望的。

6. 思想扶贫工作成效

思想扶贫工作成效主要体现在以下三个方面：一是推进了以志智双扶为抓手的思想扶贫工作，贯彻落实了"543"群众工作法，群众的认可度不断提升。二是强化了宣传手段，营造了脱贫攻坚强烈氛围。各攻坚队在进村入户时必须穿戴脱贫攻坚队衣服，亮明身份，和群众认亲戚、拉家常，面对面交流。在进村入户开展走访过程中，加大脱贫攻坚政策宣传，在各村政策宣传栏制作固定的脱贫攻坚宣传标语，在冲锋阶段做到家喻户晓。三是激发了群众的内生动力，建立了正向激励机制。将帮扶政策措施与贫困群众参与挂钩，提高贫困群众发展生产和外出务工的基本能力。积极发挥组管委作用，用好"四共机制"，对各种问题进行汇总，逐一分析讨论，解决突出的矛盾问题、重点问题、遗留问题等，营造了干部群众齐心协力奔小康的良好氛围。

"目前脱贫攻坚已到了全面冲锋阶段，时间紧、任务重，我们将全力以赴，百倍用心、千倍用力，抢晴天、战雨天，根据目标要求和时间节点列出的清单，用好'网格化管理'模式，一个目标一个目标分解，一件任务一件任务落实，确保完成各阶段工作任务，全面打赢脱贫攻坚战！" B 镇脱贫攻坚队在脱贫攻坚汇报中这样说道。

三　边缘人口的生计模式

在调查初期，通过咨询 C 县扶贫办和实地调研，我们获取了 C 县贫困村与非贫困村名录，并在名录中根据贫困发生率对贫困村和非贫困村进行排序，考虑到调查样本的数量需要，结合村总人口数，我们最终选取了 W 村（一级深度贫困村）作为这次调研的案例村，进行边缘人口生计模式的入户调查。在入户调查中，我们根据 W 村村委会提供的贫困人口和非贫困人口清单，只选择非贫困人口且经济条件靠后的村民进行边缘人口生计模式的入户调查，调查方式以问卷和访谈为主。经过为期三天的入户调查，我们一共在 W 村走访调查了 55 户，最后得到 50 份有效问卷。根据对入户访谈的记录与有效问卷的分析，从家庭基本情况、财产构成情况、就业及生产经营状况、家庭收入来源情况、农户的家庭消费状况、对帮扶政策的需求及态度六个板块来分析 W 村边缘人口生计模式的特点。

（一）家庭基本情况

1. 人口状况

W 村边缘人口的家庭人口状况特征是家庭成员多，家庭人口负担重。根据对 W 村贫困边缘人口的调查问卷统计，边缘农户家庭全部成员共计 258 人，其中男性 141 人，女性 117 人，分别占成员总数的 54.7% 和 45.3%，男女性别比 100∶83。家庭成员平均年龄为 32.76 岁，14 岁以下的有 53 人，15 ~ 64 岁的有 167 人，65 岁及以上的有 38 人。

按户统计，一个边缘人口家庭平均有 5.2 人，92% 的家庭为四口及以上人口的大家庭，5 人户和 6 人户最多，分别占样本量的 42% 和 24%，4 人户和 6 人以上户次之，分别占样本量的 14% 和 12%，3 人及以下户占

8%，如表 2 - 1 所示。86% 的家庭有两个及两个以上的子女，10% 的家庭有四个子女；80% 的家庭至少有一名老人，有两名老人的家庭占 22.5%。

表 2 - 1　W 村边缘户家庭人口状况统计

家庭结构	户数（户）	比例（%）
3 人及以下户	4	8
4 人户	7	14
5 人户	21	42
6 人户	12	24
6 人以上户	6	12
合　　计	50	100

根据走访结果，导致 W 村农户大家庭现象的原因主要有三个：一是 W 村村民大部分为布依族，没有计划生育政策，普遍存在超生现象；二是当地重男轻女的现象较为严重，存在"没男孩就一直生"的现象；三是当地希望通过多生给家庭带来更多劳动力。在全国农村中，三口之家的劳动力比例高，这类家庭结构负担相对较小，且转变传统经营模式为现代经营方式的可能性更大。此类家庭具有参与非农业就业、从事非农业经营的优势，家庭收入增长的动力高于其他类型的家庭。W 村边缘人口家庭普遍规模较大，多为三代或三代以上人共同居住，家庭劳动力比例低，照顾老人、抚养孩子的成本大，家庭教育和医疗支出高，导致这些边缘人口陷入贫困的可能性增加。

2. 家庭成员健康状况

W 村生态环境优良，周围无工业污染源。根据走访和问卷调查的结果，W 村边缘人口整体上健康水平不差，很少存在先天性缺陷、癌症等大型疾病，但仍有 32% 的受访家庭存在患有慢性疾病的家庭成员，其中 84% 的人患有风湿性关节炎，这可能跟当地湿润多雨有关。慢性病及其所导致的经济负担是引起贫困的一个重要原因。访谈发现，这些患有慢性病的边缘人口平时很少吃药，很少主动去医院看门诊，主要是因为交通不便，另外，新农合没有有效解决风湿性关节炎产生的门诊和药品费用问题。我们在访谈中也发现不少村民存在乱投医、相信土偏方的现象。

3. 家庭成员文化程度状况

据第六次全国人口普查统计，农村人口小学文化程度的比例为38.1%，文盲率为7.3%，初中文化程度占44.9%，高中以上文化程度占9.8%。相比之下，W村边缘人口中文盲半文盲31人，占12%，拥有小学文化程度的有102人，占39.5%，拥有初中文化程度的有111人，占43.1%，拥有高中以上文化程度的有14人，占5.4%，如表2-2所示。

表2-2　W村边缘户家庭成员文化程度状况统计

文化水平	从业人数（人）	比例（%）
文盲半文盲	31	12.0
小学文化	102	39.5
初中文化	111	43.1
高中以上文化	14	5.4
合　计	258	100.0

可见，W村边缘人口的整体文化程度要低于全国农村水平。访谈发现，绝大部分外出务工的劳动人口只有初中文化水平，其中青年劳动者是因为没有考上好的高中，加上家庭经济条件差，所以直接外出务工。一方面，W村自然资源匮乏，地理位置偏远，边缘家庭的留村劳动力无法通过大规模农业生产增收，基本处于自给自足状态；另一方面，边缘家庭中外出务工的成员由于文化水平不高，缺乏相应的专业技能，角色转换能力差，在第二、第三产业就业屡屡受阻，只能干粗重、经济附加价值不高的工作，赚取微薄的工资，这使其难以从根本上改善家庭的经济状况。

（二）财产构成情况

农村居民家庭总资产主要涉及金融资产、房产、家庭耐用消费品和家庭生产经营资产。其中，金融资产主要包括现金、银行存款以及债券、股票、保险等；房产包括房屋自身价值和装修附加价值；家庭耐用消费品主要包括非经营性家用汽车和购买原值在 200 元以上、产品寿命一年以上的耐用消费品（主要包括手机、白电、黑电、床等），考虑耐用消费品贬值速度较快，采取 30% 的折旧率估计其现值；家庭生产经营资产主要包括农机设备现值（对其现值估计时也采取 30% 的折旧率）、生产用运输车、耕牛、经营性固定资产等。考虑到农村居民家庭财产被定义为总资产与总负债之差，在调研中也对农户的负债进行了调查。

1. 家庭总资产构成情况

本次调研以家庭为单位对财产进行调研。调查数据表明，W 村边缘人口家庭总资产户均 60389.7 元，82% 的边缘家庭的总资产为 5.5 万~7.5 万元。图 2-1 反映了 W 村边缘人口家庭总资产分布情况。调查显示，金融资产在边缘人口家庭总资产中比例最高，达 48.12%（金融资产中主要是活期存款和定期存款，保险、股票、债券、基金类的金融产品几乎是空白），其次是房产，为 44.76%；家庭耐用消费品现值占 4.85%，位列第三；家庭生产经营资产只占 2.27%，所占比例最少。

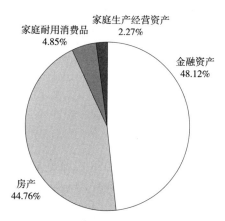

图 2-1　W 村边缘人口家庭总资产构成情况

W 村边缘家庭总资产主要集中在银行存款和自有房屋上，两者占 92.88%。原因有以下几方面：第一，大多数村民手中有了一定积蓄后，首先会建造房子改善居住条件。个别家庭会在规模较大的乡镇和县城买房，W村仅有6%的边缘家庭在县城买了商品房。第二，村民会积极储蓄以应对小孩教育支出、婚嫁费用、医疗支出、未来养老支出等（即预防动机的货币需求占主导地位）。第三，由于大多数村民财富的累积主要是依靠体力或外出务工赚取的血汗钱，挣钱不易，抗风险能力几乎为零，加上对现代新型金融资产相关知识和信息较为缺乏，村民不会轻易投资新型金融资产和高风险资产。第四，由于当地农业耕地零碎，无法形成规模化农业生产，村民基本没有大型农机设备和经营性固定资产。

2. 家庭负债情况

W村边缘户在日常消费中秉持"量入为出"的传统理念，对于大宗消费品不会借贷消费，绝大部分边缘户没有通常意义上的家庭负债。当前农民贷款需求主要有四个方面：一是建造自用住房；二是扩大家庭的生产经营规模；三是培养子女；四是医治疾病。调查结果显示，只有12%的边缘家庭贷过款，且贷款都低于5万元，绝大部分家庭是通过亲人借款，少部分家庭通过银行借款。贷款的边缘户基本上都是将贷款用于房屋自建，因为在农村住房是衡量一个家庭生活水准的主要标志，所以村民十分注重对房屋的建造和改造，特别是一些子女已成人、准备婚娶的家庭。

（三）就业及生产经营状况

1. 边缘人口就业状况

调研的50户贫困边缘农户共有258名家庭成员，其中劳动人口152人，平均一户有3.4个劳动人口。表2-3反映了W村边缘户劳动人口主要就业地区分布情况。其中：主要就业地区在村内的有35人，占比23%；在乡镇的有13人，占比8.6%；在县城就业的有18人，占比11.8%；在省内其他地区就业的有31人，占比20.4%；在外省就业的有55人，占比36.2%。

表 2 - 3　W 村边缘户劳动人口主要就业地区分布统计

就业地区	就业人数（人）	比例（%）
村内	35	23.0
乡镇	13	8.6
县城	18	11.8
省内其他地区	31	20.4
外省	55	36.2
合　计	152	100.0

进一步调查发现：18~45 岁的劳动人口中，58%的人选择去外省就业，且主要是去广东沿海一带；34%的人选择在省会贵阳、县城 C 就业；其余均为半工半农（农闲时外出打工）。大部分选择在外务工的劳动人口从事加工制造业（比如进富士康、鞋厂等）、劳力性行业（比如建筑工人），选择半工半农的主要是农闲时去镇上或县里做短工。由于文化水平以及就业信息的限制，W 村边缘人口的就业途径相对狭窄，且无专业技能。

2. 边缘人口生产经营状况

农户的生产经营主要有种植、养殖、手工业、经商四种方式。根据访谈和问卷数据，W 村农户主要种植玉米，玉米亩产值不到 1000 元，主要养殖猪、牛、鸡、鹅等，种植业和养殖业规模较小，主要是自给自足。W 村人均 1.17 亩地，但有近一半的边缘农户将土地交给别人耕种甚至荒着，将土地交给别人耕种的边缘农户反映，由于土地贫瘠，流转出去的耕地没有土地租金收入，相当于叫别个农户帮忙打理耕地，防止土地荒芜。留村的边缘农户大部分会在家养一两头年猪自家食用，也有少部分农户一年养四五头猪，自家吃一头，留下的会拿到镇上卖，一头猪可以卖到 1000~2000 元。在经商方面，W 村边缘农户由于没有足够的资金，很少从事经商，在调查的 50 户中，只有 5 户有家庭成员在外或在乡镇上经商的情况。总的来说，W 村边缘农户的生产经营主要有三大特点：第一，种植业和养殖业规模小，多为传统的农业模式，农业收益低；第二，土地贫瘠和碎片化，无法给农户带来稳定的土地租金，土地对边缘农户的收入贡献较低；第三，生产经营方式较为单一，大部分农户主要靠务工取得收入。

（四）家庭收入来源情况

随着经济的发展，农户的收入来源增多。目前，农户收入来源包括经营性收入、工资性收入、财产性收入和转移性收入。其中，农户家庭经营性收入包括种植业收入、养殖业收入、经商收入；工资性收入可分为务工收入和农户家庭成员在事业单位的工资收入；农户的财产性收入主要包括土地租金收入、征地收入、财政和信贷资金分红等；转移性收入主要包括政府补贴和亲友赠予这两类收入。由于 W 村自然资源匮乏和土地贫瘠，农户土地租金收入、征地收入等财产性收入很低，故在调研中将财产性收入、转移性收入和经营使用权转让收入三种收入合并为其他收入。

1. 家庭收入水平状况

从家庭收入水平来看，W 村边缘人口人均年总收入为 7246 元，不到 2018 年全国农村居民人均可支配收入 14617 元的一半，但高出贵州省 2019 年贫困标准线（农民年均纯收入 3050 元）1 倍多。表 2－4 反映了 W 村边缘人口人均收入情况，82% 的边缘农户的人均收入处在 5001～8000 元，人均收入在 5000 元以下的有 3 户人家，4% 的边缘农户人均收入在 9000 元以上，总体上 W 村边缘人口人均收入水平分布呈现两头窄小中间宽大的形态，内部收入差距相对不大，没有呈现严重的收入两极分化的情况。

表 2－4 W 村按户统计边缘人口人均收入情况

收　入	户数（户）	比例（%）
4000～5000 元	3	6
5001～6000 元	7	14
6001～7000 元	13	26
7001～8000 元	21	42
8001～9000 元	4	8
9000 元以上	2	4
总　　计	50	100

2. 家庭收入来源结构

W 村边缘人口人均收入来源情况具体如表 2 - 5 所示。从收入来源看，W 村边缘农户的收入来源结构有以下几点特征：第一，从各项收入比重看，工资性收入明显多于家庭经营性收入和其他收入，工资性收入占农户总收入的比例为 73.4%。第二，农户经营性收入对农户收入的贡献仅次于工资性收入，但比重远低于工资性收入，农户家庭经营性收入占比为 22.8%。第三，其他收入占比最小，仅占 3.8%。农户家庭经营性收入占比低，主要是因为 W 村耕地少，且大部分是旱地，水资源不充足，种植业产量收益不佳；由于 W 村地处山区，交通不便利，大规模的养殖业需要较高的运输成本，因此，W 村农户的养殖业多为自给自足型，养殖业收入较少。

表 2 - 5　W 村边缘人口人均收入来源统计

收入来源	金额（元）	比例（%）
家庭经营性收入	1652	22.8
种植业收入	725	10.0
养殖业收入	927	12.8
工资性收入	5317	73.4
其他收入	276	3.8
合　　计	7245	100.0

（五）农户的家庭消费状况

农户的家庭消费支出主要有食品消费支出、衣着消费支出、居住费用、交通通信支出、医疗保健支出、教育文化娱乐消费支出和其他用品及服务性消费支出。根据问卷数据，边缘人口年人均消费支出 6438 元，其中：人均食品支出 3258 元，占总支出的 50.6%，人均衣着消费 227 元，占比为 3.5%；人均交通通信消费 578 元，占比为 9%；人均居住费用人均 1248 元，占比为 19.4%；教育文化娱乐消费 478 元，占比为 7.4%；医疗保健消费 351 元，占比为 5.5%；其他用品及服务性消费

298 元，占比为 4.6%（见表 2－6）。

表 2－6　W 村边缘农户家庭消费状况

消费类型	W 村边缘农户		全国农村居民	
	支出金额（元）	占比（%）	支出金额（元）	占比（%）
食品	3258	50.6	3646	30.1
居住	1248	19.4	2661	21.9
交通通信	578	9.0	1690	13.9
教育文化娱乐	478	7.4	1302	10.7
医疗保健	351	5.5	1240	10.3
其他用品及服务性消费	298	4.6	938	7.7
衣着	227	3.5	648	5.4
总支出	6438	100.0	12125	100.0

　　将 W 村边缘人口消费数据和全国农村居民人均消费数据对比，可以看出 W 村边缘人口消费状况具有以下几方面特点。首先，从总支出来看，W 村边缘农户的人均消费支出只有全国农村居民人均消费支出的一半多，消费能力偏低。其次，从支出结构来看，食品消费和居住消费这两块支出占 W 村边缘农户总支出的 70%，50.6% 的支出花在了食品消费上，边缘农户的平均恩格尔系数为 50.6%。再次，从交通通信支出看，W 村边缘人口人均交通通信支出差不多是全国农村居民的 1/3，主要是因为交通不方便，外出务工的劳动人口一年回村里的次数较少，基本上一年回一次甚至几年回一次。最后，从教育文化娱乐支出来看，W 村边缘农户人均教育文化娱乐支出不超过 500 元，与全国农村居民人均支出存在较大差距，主要是因为边缘农户的子女读完义务教育能继续读高中的很少，大部分学生如果没有考上好高中就直接外出打工，赚钱补贴家用。

（六）对帮扶政策的需求及态度

　　调研问卷最后一部分主要调查边缘农户和村干部对帮扶政策的需求与态度，问卷中列举了易地搬迁政策、健康保障政策、精神扶贫政策、教育支持政策、基础设施政策、就业保障政策、干部帮扶政策等 14 种帮扶政策，并将访谈者对帮扶政策的需求程度划分为四个等级：不需要记为 0，需要记为 1，比较需要记为 2，非常需要记为 3。为了整体考察边缘农户和村干部对帮扶政策的需求情况，我们将调查的每一户对各种帮扶政策所打的分进行累计，并制成相应的条形图。图 2-2 和图 2-3 分别反映了 W 村边缘农户和村干部对帮扶政策的需求情况。

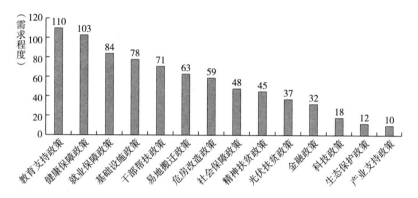

图 2-2 W 村边缘农户对帮扶政策的需求统计

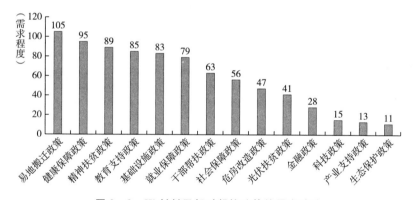

图 2-3 W 村村干部对帮扶政策的需求统计

从边缘农户角度看，W 村边缘农户需要程度靠前的帮扶政策为教育支持政策、健康保障政策、就业保障政策、基础设施政策和干部帮扶政策。首先，对于边缘农户来说，最需要的帮扶政策是教育支持政策。农户外出打工后发现文化程度直接影响他们的就业和收入，他们希望自己的子女能有更好的教育，通过教育彻底改变家庭的境地。其次，有不少边缘农户希望得到更实惠、更全面的医疗保障政策，对于他们来说，如果未来有一个家庭成员患大病，将给整个家庭带来巨大的经济压力。最后，在就业保障方面，由于村子地处偏远，就业信息相对闭塞，W 村的边缘农户希望得到更多、更全面、更及时的就业信息，不少农户希望得到相关的就业培训。

从村干部角度看，村干部认为 W 村农户最需要的帮扶政策依次为易地搬迁政策、健康保障政策、精神扶贫政策、教育支持政策和基础设施政策。在访谈中，村干部认为，易地搬迁政策不仅能够让 W 村村民彻底摆脱目前恶劣的自然条件，而且能够让 W 村村民走出大山，让后代享受更好的教育。但从图 2－2 可以看出，边缘农户自身对易地搬迁政策的需求程度相对来说要低很多。对于易地搬迁，农户大多持谨慎态度，对于他们来说，一旦搬离故土，意味着远离亲人和耕地，去到新的地方，意味着又要重新建立人脉，重新适应新的环境，家庭的生计也会受到影响。

四　边缘人口的致贫风险

本次实地调研共走访了 W 村的 50 户农户，这些农户都属于 W 村的非贫困户，满足边缘人口的基本条件——家庭人均年收入高于贫困线。每一户都是由村干部带领我们进入农户家中，与农户面对面详细交谈并以问卷的形式记录下农户家庭的情况，记录的内容比较接近 W 村的真实情况。

我们将 W 村的致贫风险总结为交通条件落后、水资源匮乏、耕地稀缺且贫瘠、缺乏青壮年劳动力、孩子未来的教育支出、因病因残、因灾七个方面。下面将详细叙述每一种致贫风险。

（一）交通条件落后

W 村所在的 C 县距离贵阳市 84 公里，虽然已经是黔南州距离省城较近的县城，但交通十分不便。我们第一天抵达 C 县后，开车去往 W 村的路上又花费了将近一个小时。一路上都是盘山路，越往里走，山路越陡。现在已经做到了村村通路，但 W 村的农户居住比较分散，大部分没有汽车，比较好的情况是骑摩托车出行，很多老人和小孩仍然需要步行很长的距离来完成一些日常活动。整个 C 县都是贵州石漠化重灾区，粮食并不能做到自给自足，交通不便对基本的吃饭都有一定的影响，更不用说对物资运输和村内产业发展的影响了。可以说，地处偏远、交通闭塞是造成 W 村深度贫困的最主要原因。

（二）水资源匮乏

初到 W 村时，我们十分好奇村里有好多老房子的屋顶都是做成平的，这样的话，下完雨后雨水都被贮存在了屋顶上。村干部解释说，这就是"望天水"。由于当地土地石漠化严重，开凿的地下水水源极易坍塌，挖井取水极其不便，山里边有时候会连着好些天不下雨，因此便用屋顶接水，以便缺水的时候使用。不过现在情况要好得多，水短板已经被补齐，家家户户都用上了干净的山泉水。在实地考察中，我们看到农户生活用水都比较方便，水质也没有任何问题，但耕地的灌溉水仍然是一个大问题。村主任介绍说，村里修好的自来水厂的供水量刚好能够全村的生活用水，耕地的灌溉水大部分时候只能靠天。很多没有外出务工的老村民，在村里的生活全仰仗着一亩三分地的收成，天上的水若是迟迟不落到地里滋润一下大地，那农户一年的收成怕是悬了。所以说，灌溉用水缺乏也是一个不小的致贫风险。

（三）耕地稀缺且贫瘠

W 村耕地稀缺且贫瘠，不仅不适合种植，在铺路时也会造成不小的麻烦。

以上三个因素是导致 W 村贫困的先天的自然条件。下面的四个风险则是长时间积累而形成的村情，有的甚至成为一种恶性循环。

（四）缺乏青壮年劳动力

W 村大部分农户家庭都是祖孙三代人共同生活。家中老人大多由于年纪大，无法外出打工，只能在家做点农活，但做农活的收入可以说是微乎其微，只能勉强支撑老人自己在家的生活支出。家中的两个核心劳动力，几乎都是男性外出打工，女性在家带孩子。这样的情况在整个W 村十分普遍，这就造成了农村中的留守老人现象。村民 LWM 家便是如此，一家五口人：儿子儿媳在贵阳租房住，儿子在城里打工，一个月工资 3000 元左右，儿媳随儿子在贵阳照顾刚满 3 岁的孙子，孙子开始读幼儿园了，一个月要缴 1500 元的学费。LWM 常年在家务农，好在身体健康，60 岁出头的年纪还是能干一些农活，LWM 一年的毛收入大概为 8000 元。妻子有风湿慢性病，一年光是吃药就要花费 3000 元左右。这样的五口之家情况其实要比很多家庭好得多，儿子有稳定工作，上了年纪的老两口尚且有一些收入，但两人年纪越来越大，身体也是每况愈下，儿子儿媳在贵阳居住，还要照顾孩子，压力已经不小，两位老人在农村基本处于无人照顾的状态。孩子们都已经成家，只有逢年过节才回来看望一下老人。许多老人的生活状态都这样，容易被忽视。

（五）孩子未来的教育支出

LWM 一家，孙子在贵阳读幼儿园，所以在教育支出方面是比较多的，但父母都想让孩子享有更好的教育资源。YZG 一家也是为了孩子的教育操碎了心，他的两个女儿都在读小学，最小的儿子也已经 4 岁，虽说义务教育阶段的费用国家已经减免了许多，但三个孩子的衣食住行也是一笔不小的开支。妻子全心全意照顾三个孩子的饮食起居，YZG 则是在城里打工，一年的收入还不到 2 万元。好在目前 YZG 的父亲身体不错，在医院做护工，能自己照顾自己。与 YZG 交谈时，我们问他养育三个孩子是不是压力比较大，他说的话让我们印象深刻：那也不能不让孩子读书。另外一户与 YZG 家不同，这一家只有两个小孩，而且都在读大学，每年也是一笔不小的开支。除此之外，这对年人均收入不到5000元的夫妻还赡养着一位老人。还有比较特殊的一户家庭，他们是一对夫妻，两人40岁才结婚，结婚四年仍然没有子女。这个家庭全靠丈夫在外打工，且收入比较低（1万元左右），家中起新房找亲戚朋友借了3万元，因为妻子心脏不好，丈夫需要经常回家带妻子看病，打工的时间也比以往少了许多。两人在一起生活本就已经捉襟见肘，将来如果有了孩子，孩子的养育费用、读书费用会给这个家庭带来更大的压力。

（六）因病因残

大部分的农村家庭只有一个核心劳动力，年轻的丈夫就是家里的顶梁柱。由于村民们大部分都没什么文化，外出务工一般只能去工地上或工厂里做一些体力劳动。这些行业都有一定的安全风险，有的甚至是高危行业。如果一个家庭唯一劳动力在打工时意外受伤，对这个家庭无疑是毁灭性的打击。我们走访中发现有一户家庭就遭遇了类似的情况。CL是这个家的户主，45岁，儿子13岁，在读初中，老母亲74岁，身体还算健康，家中就只有这三口人。原本CL这么多年外出打工，一人的收入足够撑起这个家庭。但不幸的是，由于CL长年累月在尘土飞扬的环境中做事，几年前被诊断罹患肺结核。好在目前情况没有恶化，但也无法根治。他是家里唯一的劳动力，一旦回家养病，一家三口如何谋生？于是CL只能继续在外打工，没有时间更没有积蓄去看病养病。即便是这样顶着肺病在外务工，一年吃药的钱也要花一两千元，真的很难想象如果他的病情恶化，这一家三口将如何生存下去。

（七）因灾

我们前往W村调研的前一个月，这里正遭受大雨的冲洗，山里的天气就是这样变幻莫测。雨下得大且久，村民们刚刚种的庄稼被雨水给冲垮。CQH就是受灾的村民之一。不过，据了解，遇到这种情况时，政府都会及时给农户们发放临时补助，尽量弥补农户们的损失。

五　结论与思考

（一）主要结论

W村2014年贫困发生率达70.93%，属于国家一类深度贫困村。我们选取W村作为典型案例村，来探讨自然资源匮乏和交通条件落后地区边缘人口的生计模式、潜在致贫风险，并基于调研和分析的结果，有针对性地提出对策建议。概括来看，W村边缘人口的生计模式具有以下几个特点。

1. 边缘户的农业生产规模小且产值低

由于处于自然条件恶劣和交通条件落后的地区，耕地资源稀缺，当地农业规模化受限。当地边缘户的农业规模小，产值效益低，主要是自养自用。交通条件落后带来的运输成本和营销成本增大也导致特色农业发展举步维艰。自然条件恶劣和交通条件落后导致W村农业发展较慢，农业附加值低，边缘户无法通过务农这个途径来提高家庭生活水平。

2. 收入来源窄，以外出务工收入为主，政府转移性收入很少

W村边缘户由务农带来的收入在总收入中占比较低，并且由于土地贫瘠，土地流转的租金基本是没有的。当地贫瘠的耕地无法给予边缘户足够的生计保障，外出务工便成为边缘户家庭最主要的收入来源。一般一个家庭有一个成员在外务工，这个家庭就可以达到"两不愁三保障"的标准。边缘户不能像建档立卡贫困户可以享受国家精准扶贫的政策红利，可以享受的政府转移性收入很少甚至没有。自然条件恶劣和交通条件落后地区的边缘户收入来源单一，缺乏其他收入，抗风险能力较低，需要当地政府给予一定的关注和政策支持。

3. 缺乏专业技能，转岗能力较差，务工收入不稳定

处于自然条件恶劣和交通条件落后地区的边缘人口普遍文化水平低，外出务工主要从事制造业、住宿餐饮业、运输仓储业和建筑业等低收入

低技能行业。然而,低技能岗位更容易受到宏观经济波动的影响,加上外出务工的边缘人口转岗能力较差,这些都造成外出务工的边缘人口工作的不稳定、不持续,无法获得稳定的务工收入,增加了返贫的风险。

4. 子女受教育水平普遍不高,受到多方面限制

俗话说"知识改变命运",教育不仅影响一个人未来的发展,也影响一个家庭未来的经济水平。子女享受高的教育能有效阻隔贫困在代际延续,但在处于贫困线之上的边缘人口家庭中,子女的受教育水平普遍不高,受到多方面的阻碍。首先,自然条件恶劣和交通条件落后的地区缺乏优质的教育资源,边缘人口的子女无法就近接受良好的教育,家庭的经济情况又难以负担子女去县城接受优质的教育;其次,边缘人口为维持家庭的生计,多数远赴他乡打工,很多留守儿童没有受到很好的家庭教育,教育起步较晚;最后,子女如果没有考上好的高中,边缘人口的家庭考虑到经济问题,会让子女跟着自己外出务工,以补贴家用,这导致边缘人口的子女教育水平普遍不高,大多数是初中文化水平。因此,边缘人口的子女大概率会继承其父母低教育程度的特征,并像其父母一样外出打工,从事类似工作,家庭贫困的状况依旧无法得到根本上的改变。

5. 赡养老人的压力大,负担重

我国农村传统的养老模式以家庭养老为主,"我养崽,崽养我"是农村代际间最基本的互惠法则,身处偏远山区的农村更是如此。由于交通落后,外出务工的边缘人口一年很少回老家甚至常年不回,这导致留守老人的现象很普遍。在南方和东北的农村留守老人只要有一定劳动力,基本上可以通过自家的一亩三分地加上一点养殖业自给自足;但在自然条件恶劣和交通条件落后的地区,农村里的老人通过贫瘠的土地来养活自己基本上很难,赡养老人的压力要大得多,养老问题更加严峻。

(二)思考与对策

1. 动态评估边缘人口,制作边缘人口清单

相关部门应摸清当地边缘人口的生计情况,制作当地边缘人口清

单，并定期动态评估。一方面可以了解当地边缘人口家庭经济水平的变动，主动识别边缘人口是否存在返贫现象；另一方面有助于边缘人口政策的制定和实施，从而更加精准、更加及时地给予边缘人口相应扶持。

2. 制定边缘人口临时补助制度，提高其抗突发事件的能力

建议制定边缘人口临时补助制度。一旦边缘人口或其家庭成员发生突发重病、重大事故等，便可以根据临时补助制度向当地政府提出补助申请。临时救助补贴可以通过均衡性转移支付、民族地区转移支付、县级基本财力保障奖补资金等财政性转移支付手段，增强当地政府对边缘人口的扶持能力，帮助边缘人口渡过难关，提高其抗突发事件的能力。

3. 提供就业技能培训，提高边缘人口的就业能力

自然条件恶劣和交通条件落后地区的边缘人口最主要的收入源于外出务工，当地政府可以通过定期向边缘人口提供就业技能培训，增加边缘人口的人力资本，让其更好地适应当前的就业形势。通过"授人以鱼，不如授人以渔"的方式，提高边缘人口的学习能力和就业积极性，从而增加其务工收入。

4. 提供就业信息，拓宽边缘人口的就业渠道

在偏远山区农村，由于交通条件落后，农民获取就业信息的渠道很窄，基本上是通过村民之间口耳相传，听村里人说哪里好赚钱就去哪里，没有自己的判断。当地政府可以通过定期在村子里张贴招聘广告、在乡镇举办招聘会、与招聘单位直接对接等方式向边缘人口提供就业信息，拓宽边缘人口的就业渠道。

5. 提供助学贷款，缓解边缘人口子女升学困难

在自然条件恶劣和交通条件落后的地区，子女完成义务教育之后，边缘人口家庭考虑到子女升学所带来的经济负担，会让子女跟着自己外出务工。在这种情况下，当地政府可以通过向边缘人口提供免息的助学贷款，缓解其子女升学压力。通过教育扶持，帮助边缘人口从根本上改变家庭状况，阻断贫困在代际延续。

第三章　多民族聚居地区边缘人口的致贫风险与规避对策

导　言

　　少数民族集聚地区由于历史、经济等多种因素制约，人力资本素质偏低，贫困人口比例大，是国家2020年实现全面建成小康社会、扶贫攻坚的重点地区之一。[①] 从反贫困的战略上来说，少数民族农户反贫困的任务更加艰巨，尤其是土家族、壮族和苗族等少数民族的反贫困，更成为湖南、贵州、广西农村反贫困的重中之重。[②] 民族地区扶贫一直是我国学术界研究的一个重要问题。荣莉指出，我国西南连片特困区农村扶贫面临基础设施薄弱、扶贫开发成本较高、相对贫困问题显现、市场体系建设不完善等主要困境和现实情况。[③] 叶开杏提出了广西扶贫开发的"三位一体"模式，即构建专项扶贫、行业扶贫和社会扶贫的大扶贫工作格局，并着力完善贫困地区基础设施建设、深化贫困人口的发展意识、加大劳动力转移就业培训的范围与力度、发展特色优势产业、提高资金使用效率、构建平等健全的社会保障制度，从而实现贫困人口增加收入，提高能力，

[①] 钟君：《西南地区贫困测度与益贫式增长研究——以贵、桂、川、渝为例》，华中师范大学博士学位论文，2016，第3~4页。

[②] 刘小珉：《民族视角下的农村居民贫困问题比较研究——以广西、贵州、湖南为例》，《民族研究》2013年第4期，第37~49页。

[③] 荣莉：《西南连片特困区的农村扶贫模式创新与思考》，《中国农业资源与区划》2015年第5期，第110~114页。

自我发展。① 黄城煜认为少数民族地区在开展扶贫开发的过程中，应关注生态环境的保护，注重生态资本的投资，确保少数民族地区的可持续发展。② 曲别金曲就中国少数民族地区扶贫政策的改进做了探讨与前景展望，主要从树立科学扶贫、整村推进及特色发展道路等方面对民族地区的发展前景做了展望。③ 江锦烽就广西集中连片特殊困难地区展开了扶贫的案例研究。④

近年来，随着精准扶贫政策的不断推进，少数民族聚居地区贯彻中央决策部署，切实把脱贫攻坚作为重大政治任务，全面落实脱贫攻坚责任，全面推进各项重点工作，贫困户脱贫步伐明显加速，脱贫效果有目共睹。

为了进一步增强贫困群众内生动力，提高脱贫攻坚工作满意度，贫困边缘户的呼声和诉求应当给予足够的重视，对于边缘户的脱贫解困应该提上议事日程。少数民族地区由于基础设施建设普遍落后、自然生产条件较差、人口素质较低，在脱贫中产生的边缘户比较多。本章以广西壮族自治区 RS 县 BY 乡 FM 村和 GL 村为例，深入探讨少数民族聚居地区贫困边缘户的生计模式和致贫风险，并对少数民族聚居地区边缘人口的贫困治理提出具体建议。

一　案例村基本情况

（一）RS 县基本情况

RS 县位于广西北部，距南宁市 350 公里。

① 叶开杏：《广西农村贫困测度及扶贫开发研究》，广西大学硕士学位论文，2013，第 15 ~ 34 页。

② 黄城煜：《广西壮族自治区德保县扶贫开发研究》，中央民族大学硕士学位论文，2015，第 32 ~ 65 页。

③ 曲别金曲：《改革开放以来中国少数民族地区扶贫问题研究》，西南财经大学硕士学位论文，2013，第 58 ~ 76 页。

④ 江锦烽：《广西集中连片特殊困难地区林业发展探讨》，《森林工程》2014 年第 5 期，第 30 ~ 35 页。

全县总面积4638平方公里，辖20个乡镇207个行政村（社区），居住着苗、瑶、侗、壮、汉等13个民族，总人口约52万人，少数民族人口占75.27%，其中苗族人口21.86万人。RS县山水秀丽，生态环境优美，竹木和旅游资源十分丰富，矿产资源丰富，境内已发现矿种40种，主要有钨、锡、铜、铅、锌、铁、铂、锑等。

RS县是国家扶贫工作重点县和广西全区20个深度贫困县之一，全县共有贫困村115个，其中深度贫困村73个，建档立卡贫困户2.86万户11.64万人。2016～2018年，全县累计45个贫困村出列，7.9万农村边缘人口脱贫，贫困发生率由2015年的28.53%下降到目前的10.7%。

（二）BY乡基本情况

BY乡位于广西RS县县城北隅，距县城91公里。BY乡地处元宝山北麓，属典型的"九山半水半分田"的少数民族山区乡，农业、林业、畜牧业是主要产业。

全乡总面积256平方公里，其中耕地面积1728.7公顷，水田面积851.4公顷，林地面积16598.81公顷，草场面积199.98公顷，水域面积278.61公顷。在产业发展方面，BY乡主要是发展传统产业——杉木种植，林下产业——林下食用菌、灵芝菌种植、林下养殖，稻田产业——优质稻种植、禾花鲤养殖。BY乡目前有6个产业基地，其中乡级示范基地1个（灵芝菌种植基地），村级示范基地5个（蓝莓种植基地2个、灵芝菌种植基地1个、猕猴桃种植基地1个、黑木耳种植基地1个）。

BY乡辖13个行政村76个自然屯191个村民小组，居住着苗、瑶、侗、壮、汉等9个民族，全乡共8402户36252人，其中苗族2.42万人，瑶族（红瑶）0.75万人。全乡建档立卡贫困户4071户17539人，2016～2018年，全乡共实现1854户8176人脱贫，截至2018年底尚有1353户5592人未脱贫。

（三）案例村基本情况

FM 村位于 BY 乡政府驻地东北 18 公里，距离 RS 县 91 公里，辖 6 个自然屯 22 个生产小组，全村 887 户 4213 人，外出务工劳动力 1320 人，是苗、壮、汉族人口聚居地区，耕地面积 2865 亩，林地面积 21376 亩。全村建档立卡边缘户 547 户 2547 人，2018 年底尚有边缘户 214 户 980 人，属于自治区级深度贫困村。2016～2018 年共脱贫 184 户 919 人，2020 年力争与全国全区同步实现整村脱贫摘帽。目前全村的产业发展以优质稻、禾花鲤、杉木、香猪养殖、红薯、螺蛳等为主。在教育保障方面，全村无辍学学生。在医疗保障方面，全村建档立卡边缘人口已实现 100% 参保。全村山坡环抱，坡高路弯，平均海拔 550 多米，地处高寒山区且较偏远，受自然环境条件约束，没有集体经济产业支柱，农民经济收入始终无法提升。

GL 村地处 BY 乡西面，距乡政府 22 公里，辖 4 个自然屯，全村总面积 19.23 平方公里。全村总人口 724 户 3212 人，主要居住着苗族和瑶族两个少数民族，苗族人口约占 80%，瑶族人口约占 20%，其中建档立卡边缘户 555 户 2378 人，与 FM 村一样，同属于自治区级深度贫困村。2014～2018 年，全村累计实现脱贫摘帽 298 户 1246 人，2020 年力争与全国全区同步实现全村脱贫摘帽。GL 村经济作物以种植杉木为主，每户均有种植，其他经济作物有优质稻、蓝莓，还有村民养鱼、养牛、养羊。GL 村现有产业基地 1 个——峰之蓝蓝莓种植基地，现种植规模达 1380 亩以上，每年能为 300 多名劳动力提供就近务工岗位。

二　案例村脱贫攻坚工作情况

（一）脱贫攻坚的具体措施

BY 乡 FM 村和 GL 村强化保障措施，夯实脱贫攻坚基础。一是调优补强帮扶力量，所有项目围绕脱贫攻坚布局，各类资金围绕脱贫攻坚集中，各方力量向脱贫攻坚聚合，县乡村步调一致、协同作战，各级扶贫干部下沉一线、真帮实扶。二是抓好扶贫业务全员培训，通过提升干部队伍扶贫理论水平和业务能力，推动脱贫攻坚高质量推进。三是抓好问题整改，全面提升脱贫攻坚质量全面自查自纠、举一反三，落实各项整改措施，脱贫攻坚质量进一步提高。

产业扶贫方面，FM 村和 GL 村围绕县级"5＋2"、村级"3＋1"特色产业发展，积极培育并充分发挥龙头企业带贫益贫作用，着力发展经济林木、乡村旅游等长效主导产业，大力发展特色养殖、林下经济等投入少、见效快的短平快特色产业，以短养长、长短结合。此外，两个样本村均整合资金，加快推进农村基础设施建设，村村通水泥路，20 户以上屯级硬化路达 95%，群众生产生活条件显著提高。饮水安全工程、农村电网、贫困村有线电视宽带网络基本实现全覆盖。目前，主要针对线路老化、灾害损毁等问题实施改造提升工程。

教育扶贫方面，FM 村和 GL 村均积极开展义务教育保障工作，补齐义务教育学校办学条件短板，确保乡村小规模学校（含教学点）达到基本办学条件，使学生"有学上"，教育资助政策落实到位，对贫困学生实现"应助尽助"。采取"自上而下、自下而上"方式摸清底数，精准掌握贫困学生数据。一方面，由班主任对能提供相关证明材料的学生予以确认并资助；另一方面，由学校或者资助中心将不能提供相关证明材料的学生名单交给各乡镇进行数据核查后反馈给县教育部门，县教育部门反馈给市资助中心再次比对，扩大核查范围，系统确认的予以资助，确保贫困有认定，资助有依据。精准掌握贫困学生在校情况和享受资助情况，实现教育助学"一个都不能少"的目标。目前，FM 村和GL 村建档立卡贫困户义务教育阶段的适龄儿童少年，除重度残疾、严重心理或精神疾病等特殊情形外，全部接受义务教育，无因贫失学辍学。

基本医疗保障方面，FM 村和 GL 村压实责任，加快推进基本医疗保障工作，保障贫困人口基本医疗需求，确保大病和慢性病得到有效救治，不因病返贫。一是实施"198"兜底保障政策，建档立卡贫困人口（包括贫困户、退出户、脱贫户）按规定就医的，住院医疗费用实际报销比例达90%；门诊特殊慢性病符合规定的，门诊医疗费用实际报销比例达80%。二是优化医疗保障服务，优化门诊特殊慢性病申办流程，指导医疗机构实行"先享受待遇后备案"制度。实现村卫生室医保报销，能安装医疗保险系统的村卫生室医疗费用通过系统直接结算，未能安装医疗保险系统的村卫生室，门诊就医采取先记账后结算的方式进行。三是落实基本医疗有保障便民措施。建档立卡贫困人口在县域内定点医疗机构住院治疗实行先诊疗后付费；家庭医生签约服务团队、医保经办机构工作人员和驻村扶贫工作队员进村入户集中宣传医保政策，并动员有慢性病症状人员及时到二级及以上定点医疗机构进行认定。规范医疗服务行为，定点医疗机构使用基本医保目录内医疗费用应占患者医疗总费用的90%以上，超出部分由定点医疗机构自行承担。

养老保险与社会保障方面，FM村和GL村积极开展综合保障性扶贫专项行动，建立健全城乡最低生活保障标准动态调整机制，继续发挥农村低保制度的兜底保障作用。进一步完善城乡居民基本养老保险制度，符合条件的贫困人口由县人民政府代缴城乡居民养老保险费。积极开展贫困残疾人专项行动，将符合条件的建档立卡贫困残疾人纳入农村低保、城乡医疗救助、基本康复服务、救助供养等保障范围，逐步提高补贴标准。

住房保障扶贫方面，统筹推进全村危房改造工作，整合各方资源，积极调动各部门力量，形成工作合力，力争实现农户住房安全有保障。出台相关文件，统筹农村危房改造政策，明确改造对象确定标准、危房鉴定标准、危房改造面积标准和危房改造补助标准，优先利用原宅基地、闲置宅基地和村内空闲地、荒坡地开展建设，引导群众适当集中建房，尽可能节约用地。从农村实际出发，量力而行，引导农户选用富有地方民族特色的农房设计标准图集和当地建筑材料，建设经济适用、安全节能、卫生美观的现代化新农居，形成各具特色的建筑风貌，避免大拆大建或盲目攀比建大房而致贫。

（二）脱贫攻坚取得的成效

脱贫攻坚工作开展以来，BY乡FM村和GL村严格对照脱贫摘帽标准，以拓宽贫困群众收入来源为重点，努力解决"两不愁三保障"问题，精准扶贫工作有效开展，全乡脱贫攻坚主要指标任务进展良好。充分发挥党建引领作用，抓好党建促脱贫，引导和带领贫困群众发展产业增收致富。目前，BY乡全乡创建"五面红旗村"1个，四星级党总支部1个，三星级党总支部3个。全乡38名创业致富带头人中共有15名农村党员，切实以实际行动带动贫困户脱贫致富。

BY乡按照缺什么补什么的原则，加快补齐水、电、路等基础设施短板。2019年共实施道路硬化项目5个，全乡20户以上的自然屯水泥路均已得到落实；2019年全乡共实施第一批安全饮水项目18个，进一步解决个别村屯存在的短时季节性缺水问题；全面实施农户电路升级改造项目，进一步提升群众用电安全系数。此外，不断夯实脱贫攻坚基础性工作，强化干部"一帮一联"，加强部门间信息整合共享，抓好扶贫系统数据的核实与清洗工作，不断提高帮扶成效和脱贫质量。

FM村和GL村积极发展村级集体经济，鼓励和支持村民合作社因地制宜、结合"3＋1"产业落实集体经济项目，产业扶贫成效显著。紧紧围绕县级"5＋2"（杉木、优质稻、鱼、猪、食用菌＋鸭、茄果类蔬菜）和贫困村"3＋1"特色主导产业科学规划产业发展，确保贫困户特色产业覆盖率达90%以上。目前BY乡每个村都成立有农民专业合作社并都建有相关产业示范基地，有力辐射带动贫困群众通过发展产业增加收入。同时，通过实施"以奖代补"等激励政策，引导群众参与特色主导产业发展，2018年全乡共发放产业扶持资金650多万元，惠及贫困户2196户9847人；2019年的产业奖补验收发放工作正在有条不紊地进行中，目前已发放第一批奖补资金181万元，惠及贫困户418户

1837人。GL村立足自身资源优势，确定了杉木、优质稻、禾花鲤+蓝莓的村级"3+1"特色产业，通过合作社引领、产业示范基地带动和产业奖补政策激励等方式，引导群众参与产业发展，全村特色产业覆盖率达98%以上。目前全村种植杉木9000亩，种植优质稻1030亩，养殖禾花鲤720亩，种植蓝莓1380亩，此外还积极探索发展食用菌、中草药种植等林下经济，不断拓宽老百姓的收入渠道，努力提高产业开发对脱贫摘帽的贡献率。

教育扶贫方面，BY乡积极落实各项教育资助政策，2019年春季学期"雨露计划"发放补助52.56万元，全乡共有366名贫困学生符合条件获得补助。此外，严格落实"两免一补"等义务教育阶段各项政策，加大对高中、中职等贫困学生的教育资助工作，进一步减轻贫困学生家庭的经济负担。同时强化控辍保学工作，加大对适龄儿童的监督管理和教育扶持力度。目前，FM村和GL村均无辍学学生。

就业扶贫方面，GL村和FM村强化就业创业指导服务工作，有序开展贫困人口实用技术和职业技能培训，举办系列专场招聘会，有效促进贫困人口就业，就业扶贫专项行动取得初步成效。此外，BY乡努力提高农村劳动力转移就业组织化程度，通过培育务工带头人、建立劳务信息平台、组织开展技术培训等措施，引导和鼓励贫困群众通过外出务工或就近创业就业来提高工资性收入。据统计，BY乡2018年实现转移就业近1.2万人次（其中贫困人口0.55万人次），2019年上半年已实现农村劳动力转移就业近1万人次（其中贫困人口5076人次）。

医疗保障方面，目前BY乡政府所在地设有乡镇中心卫生院1个，FM村和GL村均建有标准化村级卫生室，配备有基本药品并落实了有资质的村医坐诊，能满足群众基本的看病要求。此外，两个村贫困人口参加城乡基本医疗保险的覆盖率已达100%（由政府全额兜底），看病时均能享受先诊疗后付费政策，住院报销比例不低于90%，慢性病门诊报销比例不低于80%，很好地实现了群众基本医疗有保障的目标。

兜底保障扶贫方面，BY乡积极贯彻落实上级文件精神，用好低保兜底等惠民政策，助力脱贫攻坚。截至 2019 年 7 月，全乡共有 634 户 2011 人享受低保政策（其中建档立卡贫困户 544 户 1721 人），低保兜底政策覆盖率为 5.72%。其中，FM 村共有 60 户 182 人享受低保兜底政策（其中建档立卡贫困户 54 户 170 人），低保兜底政策覆盖率为 4.32%；GL 村共有 61 户 169 人享受低保兜底政策（其中建档立卡贫困户 52 户 152 人），低保兜底政策覆盖率为 5.26%。

截至 2019 年 7 月，BY 乡共有特困供养人口 91 户 97 人，其中建档立卡贫困人口 27 户 30 人。FM 村共有特困供养人口 9 户 9 人，其中建档立卡贫困人口 3 户 3 人；GL 村共有特困供养人口 10 户 11 人，其中建档立卡贫困人口 7 户 8 人。2019 年 6 月，BY 乡共发放临时救助 10 户 10 人，其中建档立卡贫困人口 3 户 3 人。FM 村共发放临时救助 2 户 2 人，其中建档立卡贫困人口 1 户 1 人。经调查，目前 FM 村和 GL 村适龄老人均享有新型农村养老保险，农村低保制度的兜底保障作用发挥良好，临时救助政策以及符合标准的"两保一孤"保险纳入工作也在有效开展。

住房保障扶贫工作有序推进，自 2009 年开始实施农村危旧房改造政策以来，BY 乡已累计实施农村危房改造 3131 户（其中新建 1868 户、维修 1263 户）。2016～2018 年，全乡共实施危房改造政策 850 户，其中 FM 村 111 户，GL 村 144 户。

三 边缘人口的生计模式

随着脱贫攻坚工作的不断深入，国家精准扶贫政策实施取得了很大的成效，不少贫困户在各级政府和社会各界的大力精准帮扶下，经济收入和生活水平大为提高，但是在此过程中，贫困边缘户的相对贫困问题日益凸显出来。我们对广西壮族自治区 RS 县 BY 乡 FM 村和 GL 村进行了实地调研，通过对生活比较困难的边缘户入户走访、问卷调查，深入了解贫困边缘户的生计模式。

（一）受访农户家庭成员基本情况

调研发现，生活比较困难的边缘户家庭以中老年人口居多，劳动力较少且年龄偏大。在我们走访的 50 户农户 206 人中，有 8 人为 80 岁以上的老人，61～80 岁的有 44 人，20 岁以下的有 68 人，这部分群体要么年迈多病，丧失劳动力，要么是在校学生，无法为家庭带来收入，占受访家庭成员的 58.3%。其余 41.7% 的受访群众包括 20～40 岁的青年 32 人和 41～60 岁的中年 54 人，这部分群体是边缘农户家庭的劳动力支柱。详见图 3－1。

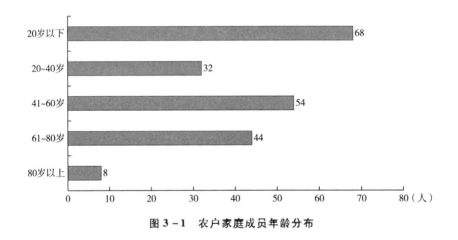

图 3－1　农户家庭成员年龄分布

从文化程度看，受访边缘户的文化程度普遍不高。学生有 64 人的文化程度为小学及以下；有 48 人的文化程度为初中；有 18 人读过高中或中专；大专及本科生仅 4 人。从学历调查可以看出，该地区劳动者的素质相对较低，这决定了他们只能从事科技含量较少、市场化程度较低的行业。劳动者素质的低下不仅不利于当地的农业生产，而且制约了少数民族地区劳动力就业结构的协调发展。

以前由于道路不通，山路崎岖，这里的村庄与外界脱节很严重，所以这里的农户文化程度普遍不高。精准扶贫工作开展以后，道路通畅了很多，农村的教育水平也搞上去了，现在每个村子都有小学，乡里有初中，孩子们上学方便了不少，但是大学生还是不多。我来这里工作几年，全村一共出了3个大学生，这在全乡还算不少的。可以说谁家要是出了个大学生，那在十里八方都是令人啧啧称赞的。但是对于我们这里的农户来说，家里出个大学生却是喜忧参半，孩子上大学意味着家里面临一笔不小的支出，这个时候亲戚朋友多多少少会帮助一把，但在巨大的开销面前也只是杯水车薪。（访谈资料，Q，GL村第一书记）

（二）农业生产经营状况

边缘贫困人群的发展，一是要依赖其生存环境，即区域要素资源的禀赋，二是发展的外部环境，即宏观的社会环境，包括国家扶持政策、法律法规、融资环境等。在不同的发展阶段，对生存环境与外部环境的依赖程度是不同的。在封闭条件下解决温饱需求，更多地是依赖于现有的耕地资源和劳动力。① FM村和GL村均是山坡环抱，坡高路弯，平均海拔550多米，地处高寒山区且较偏远。从耕地状况来看，人均耕地面积不到一亩，而且均是梯田，土地规模较小。从受访农户家庭反映的情况看，农作物种类比较单一，均为种植水稻以满足日常生活，没有形成规模化种植。因此，在现有的耕地资源条件下，边缘农户的农业生产只能满足自身的基本需求，无法带来额外的收入。

在走访中我们发现，虽然人均耕地面积很少，但是每户有10~20亩林地，主要种植杉木，这种木材具有很高的经济价值。杉木的价格因树龄不同而有所差异，树龄越大，长得越高大粗壮，卖出的价格也就越高。在我们调查的50户家庭中，21户家庭的杉木树龄为5年以下，占比为42%；16户家庭的杉木树龄为5~9年，占比为32%；9户家庭的杉木树龄为10~20年，占比为18%；仅有4户边缘户种植的杉木达到

---

① 钟君：《西南地区贫困测度与益贫式增长研究——以贵、桂、川、渝为例》，华中师范大学博士学位论文，2016，第38~39页。

了20年以上，占比8%。

杉木的价格因品种而异，我们这里种的主要是红杉，价格相较其他品种来说不是很高。不同树龄的红杉价格也不一样，而且差异很大。5年以下的杉木，人们几乎不会去砍伐它，因为价钱太低了，都不够支付伐木工人的工资；10年左右的杉木，每亩大概能卖到4000元；20~30年的杉木就比较值钱了，一亩能卖到10000元左右，但是把收入均摊到每年其实也没有多少了。所以老百姓种下的杉木其实就是他们的"绿色银行"，如果家里有急用钱的时候，人们才会砍掉几棵树，到县里的木材加工厂去卖，缓解燃眉之急。大多数情况下，人们会等杉木长成20多年的参天大树时卖掉一部分。即使卖，人们也卖得很少，这和当地的民居特色有很大关系。我们这里以苗族人口居多，家家户户住的都是木楼（又名"吊脚楼"，苗族大多居住在山区，山高坡陡，开挖地基极不容易，加上天气阴雨多变，潮湿多雾，砖屋不宜起居，因而构筑通风性能好的干爽的木楼）。有的农户家里兄弟姐妹多，等到20多岁需要成家的时候，家里人太多住不下，需要另起一座小木楼，这个时候就需要那些树龄比较大的杉木做建筑材料。可以这么说，家里如果生下了一个男孩子，那就必须要留足够的杉木，等到他20多岁娶媳妇的时候，正好杉木也成材了，可以用来盖新房子。而且相较砖瓦房，木楼的造价并不低，所需木材就得6万元左右，再加上由于建造过程中很难使用机器设备，人工费用很高，所以人们往往使用自家种的杉木，这样才能节省开支。（访谈资料，W，FM村第一书记）

除此之外，当地农户还进行一些特色种植，FM村有5户农户种植钩藤，这种植物常年生长于海拔较高的山坡、丘陵地带的疏生杂木林间或林缘向阳处，具有很高的药用价值。钩藤种植通常在三年后才能正常收割，在夏、秋二季采收，钩藤呈紫红色时，剪取带钩茎枝，除去叶片后卖出。据农户反映，钩藤的价格每年浮动很大，日照充足的情况下钩藤亩产能达到 160 斤左右。

GL 村是全乡的蓝莓种植示范基地，在我们走访的农户中，有 9 户种植亩数不等的蓝莓。蓝莓为灌木，从第二年开始开花结果，但产量较小，第三年有适当的产量，第五年进入丰产期，当地蓝莓植株寿命能达到 15 年左右。据当地农户估计，丰产期前每亩蓝莓收入为 1000～2000元，进入丰产期后亩产 200 斤，每亩收入达到 4000 元上下。

（三）资产资源资金状况

在我们所调查的 50 户边缘农户中，农户大都依靠自己的土地进行农业生产经营活动，没有发现土地流转与承包的现象。由于无法实现大规模的机械化种植，农户家里的农用机械数量很少。

> 我们这个地方，放眼望去都是连绵不绝的高山，而且坡度比较大。我们盖房子都是依山而建，农田更是这样，都是一小块一小块的梯田，放眼望去没有 10 亩以上的一块平整土地，怎么搞大规模机械化？有的地块甚至在半山腰、悬崖边，拖拉机也开不上去啊。我们当地的老百姓间流传着这样一个笑话形容这种耕地状况：有个老农户一共有 48 块稻田，有天早上他去田里插秧，他一个上午就完成了 47 块田，但是他实在想不起来还有哪一块田没有插秧。在他中午要回家的时候，他终于找到了，原来那块田被他的草帽遮住了。（访谈资料，Z，扶贫干部）

从住房情况来看，农户的住房基本满足"住房安全有保障"的标准，而且都属于传统的苗族民居——吊脚楼，建筑多为 2～3 层，第一层基本不住人，养鸡、鸭、猪等。与第一层相比，上面的楼层不论是通风还是采光都更好，适宜人们居住并且可以储存粮食。

从资金借贷的情况看，仅有 2 户贫困边缘家庭有银行借贷，均用于发展蓝莓种植。银行借贷少，一方面，是由于没有具体的生产经营性活动需要资金支持，农户对银行借贷的需求不够强烈；另一方面，受传统观念影响，当地边缘农户从心理上不愿意接受银行贷款。

（四）外出务工情况

外出务工一方面能够提高农民劳动生产率和收入，促进农业技术的改进和新生产技能的传播，实现农村和农业生产的全面发展；另一方面可以促进农村劳动力在当地向非农产业转换，进而推动农村地区的城市化和工业化进程。[①] 外出务工不仅能够帮助民族地区农村劳动力获得更多的就业机会，而且能够有效促进农村劳动力的能力发展，具体体现在就业选择的扩大、职业的转换，以及获取新技术能力的提高等。[②] 少数民族地区农村劳动力外出务工能够为其家乡经济注入新的活力，有利于振兴少数民族地区的乡村建设。劳动力外出务工决策的重要依据是劳动力本身所具有的人力资本状况、资源和条件，即个人禀赋。[③]

由于人均耕地面积较少，受访边缘农户大多会选择在农闲时节打零工维持生计。从务工地点看，周边村镇居多，有 24 户选择到 BY 乡以及附近村镇打零工；有 17 户家庭的青壮年选择去工资相对较高的 RS 县、融安县务工；有 7 户家庭中的年轻人选择去柳州等地级市务工；去沿海发达地区的仅有 2 户。

从务工类型看，在周边村镇务工的农户大多从事泥瓦匠、伐木工、建筑工人等工作，工资水平普遍不高且不稳定。选择在县城务工的农户大多是由于孩子在县城读书需要家长看护，闲暇之余从事快递、煤气工等工作。这种情况下往往是一人工作来满足全家人的日常生活，除此之

① 石智雷、杨云彦：《外出务工对农村劳动力能力发展的影响及政策含义》，《管理世界》2011 年第 12 期，第 40～54 页。
② 胡士华：《教育对中国农村劳动力流动影响研究》，《经济问题》2005 年第 10 期。
③ 李丽莎、杨芳：《个人禀赋对云南少数民族地区农村劳动力外出务工意愿的影响》，《贵州农业科学》2018 年第 12 期，第 159～162 页。

外还要承担租房等额外支出。少数农户家中的年轻人在柳州等地级市务工，由于从学校毕业后刚步入社会，工资水平也相对较低。

从调查结果看，该地区农民家庭的基本特征符合"以代际分工为基础的半工半耕"的劳动力再生产模式[①]，即农民家庭中年轻子女外出务工以获得务工收入，年龄比较大的父母留守在家务农以获取务农收入。这样的结构有利于家庭劳动收入的最大化，有利于提升家庭参与社会竞争的能力。对于农民家庭来讲，耕地面积实在太少了，年轻人外出务工经商，留守老年人务农，不仅大大提高了农业劳动生产率，而且几乎对农业总产出没有负面影响。

现实生活中，这种"半工半耕"的代际分工是不彻底的。不少村民的打工状态是"来来回回"，即在外面务工几个月，然后返回家中休息几个月，接着再出去务工。一方面是由于在农忙季节青壮年劳动力要回家帮助老人收割，另一方面与务工工作不够稳定有关。这样，留守家中的劳动力和外出务工的劳动力的潜能都没有得到充分释放。

（五）农户的消费状况

访谈发现，边缘户家庭除了满足日常生活需要的正常开支外，比较大的支出主要来自医疗保健支出和文化教育支出两个方面，尤其是医疗保健支出占农户每年消费支出的比例很高。有 42 人反映由于年龄增长，积劳成疾，患有腰椎间盘突出、骨质增生及其他退行性病变，占受访群众的 20.4%；有 47 人反映患有高血压、糖尿病等慢性疾病，占比为 22.8%，其中有 12 人较为严重，去医院看病次数较为频繁；大病重病患者有 3 人，占比为 1.5%。

统计发现：有 22.6% 的农户医疗保健方面的支出为 2000～4000 元；38.2% 的农户支出为 4001～6000 元；有 30.7% 的边缘户医疗保健支出

---

① 贺雪峰：《关于"中国式小农经济"的几点认识》，《南京农业大学学报》（社会科学版）2013 年第 6 期，第 1～6 页。

为 6001～8000 元；另有 8.5% 的农户由于重大疾病花销比较大，达到 8000 元以上（见图 3 – 2）。

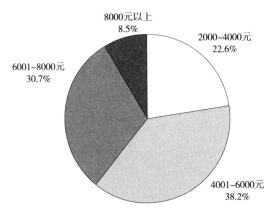

图 3 – 2　医疗保健支出情况

在教育支出方面，据贫困边缘农户反映，小学、初中阶段的学生由于享受到国家的义务教育政策，给家庭带来的负担较小，孩子读高中时，学费以及日常的生活费用会增加不少，如果子女考上大学或者更高的学府，特别是一个农户家庭中有几个子女都有机会接受高等教育时，学费和生活费用的增大会加重农户的家庭负担。高等教育费用支出在农户家庭支出中占有较高的比重，虽然学校能提供贷款等政策支持，但是不能从根本上解决问题。

在调查中我们发现，对于该地区的农民而言，家庭生命周期具有明显的时间节点。在不同的年龄阶段，对应着不同的人生任务。例如，结婚、建房、帮儿子娶媳妇等都是农民生命历程中的标志性事件。由于这些人生任务的存在，农民对自己在哪一个年龄阶段应该完成什么任务拥有比较清醒的认识。如果这些人生任务没有完成，那么农民的人生将失去意义；同时，他们也会遭到村庄舆论的非议。因此，为了完成这些人生任务，农民必须提前规划自己的家庭发展和家庭生活。[1] 在子女未长

---

① 田先红：《家计模式、贫困性质与精准扶贫政策创新——来自西南少数民族地区 S 乡的扶贫开发经验》，《求索》2018 年第 1 期，第 124～131 页。

大时，父母不仅要供养子女上学，而且要努力挣钱建房，还要为子女结婚做准备。因此，从边缘农户的消费来看，在这些家庭生命周期的时间节点，农户的消费就比较高，尤其集中在儿子刚刚成年时。一方面，需要建新房，不仅要砍伐杉木当作原材料，而且需要支付不少的人工费用；另一方面，儿子结婚需要一部分彩礼，还要花钱置办家具等。与华北、华南等地区相比，该地区结婚时的彩礼费用相对不高，但对于边缘农户家庭来说也是一笔不小的开支。

（六）对帮扶政策的需求态度

在入户调查过程中，我们发现当地贫困边缘户对于产业支持政策需求程度比较高，有29户反映需要更多的产业支持政策，特别是农副产品的生产与销售方面，希望能够拓宽贫困边缘户的收入渠道，解决耕地面积少、农业生产经营规模化低的难题。此外，有36户反映需要更全面的健康保障政策，医疗保健支出较大的农户家庭对这方面的政策需求更为强烈。不少边缘农户反映农村医疗卫生水平较低，医疗保障报销门槛高，很多家庭面临看病难、看病贵的情况，高昂的医疗费用让很多家庭难以承受。例如，在该地区患有风湿病的人为数不少，这种疾病却不在报销的范围，如果得不到及时根治，容易丧失劳动能力。

经过精准扶贫工作的努力，边缘农户对易地搬迁政策、危房改造政策、教育支持政策、生态保护政策等满意度很高。然而，边缘农户对金融政策、科技政策等很少提及，这与当地的民俗传统和受教育程度有一定关系。当地驻村干部对于上述帮扶政策的需求程度与贫困边缘户的呼声和诉求基本一致。

在贫困户的认定过程中，虽然国家有硬性的标准，但个体情况千差万别。因此，在贫困线上下的对象户，可认定可不认定的，在不同的村，纳入建档立卡的情况也不一样。比如我们村，有些2014年纳入，有些在2015～2018年整改过程中陆续被认定，有些经过自己努力，境况逐渐好转，还有些既没有改善境况也没有识别为建档立卡贫困户（原因是家庭生活水平与收入水平确实略高于贫困户标准）。第四种情况的人们，在教育、就业、医疗、社会保障等方面所享受的待遇，远不如第一、第二种情况，这种情况的家庭，部分会对政府对社会产生某些误解和怨念，并可能通过信息手段扩散，导致广大群众对脱贫攻坚工作的公正性、有效性产生怀疑，形成不利于社会稳定的因素。现在到农村去问，扶贫政策究竟好不好，建档立卡贫困户都说好，边缘户都说不好，建档立卡贫困户都赞成，边缘户都不赞成。其实对于基层的扶贫工作者而言，我们也希望能多多给予贫困边缘户帮扶和关怀，让扶贫政策的阳光雨露也部分洒向他们，从而防止顾此失彼，让扶贫工作更加公平、效果更加显著。（访谈资料，Q，GL村第一书记）

四　边缘人口的致贫风险

贫困边缘户的主要特点是收入不稳定、抵抗天灾人祸的能力不足。遇有失业、重大疾病、车祸、子女就学等事件，贫困边缘户的家庭收入急剧减少或者开支迅猛增加，困难程度可能甚于贫困户，但不能享受到建档立卡贫困户的各种待遇，生活水平就会降到贫困线下，靠自身能力也无法改变现状。经过对50户生活比较困难的边缘户的走访调查，我们发现广西RS县贫困边缘户的致贫风险主要源于以下几个方面。

（一）因基础设施落后致贫

"要致富，先修路。"基础设施建设尤其是交通条件对经济发展的影响是显而易见的，在农村地区这种影响更为明显。BY乡位于RS县北部，距县城91公里，沿途道路崎岖，山高路险，从县城到乡镇需要2小时的车程。FM村距BY乡政府18公里，GL村距BY乡政府22公里，由于路况较差、车速慢，仍需要40分钟的车程才能到达。相对封闭的交通条件，导致村庄与外界长期以来的经济封闭和文化隔离。这些地区基础设施开发成本高，难度大，短时间内很难得到根本性的解决。

交通条件不好，农产品运输成本高，严重制约着当地农村经济的发展，使得当地农户的生活水平得不到提高，从贫困发生率也可以看出，当地农户贫困程度较深。交通不便不仅使农户种植的蓝莓、杉木等特色农产品对外运输困难，成本过高，阻碍了农牧产品的销售，同时增加了农民生产生活的成本。一些村屯的农户在盖房子过程中，用于运输建筑材料（砂石和砖块）的开支要高于建筑材料（砂石和砖块）本身的价格，部分村屯的货物运输甚至只能靠人力和畜力来实现，效率低、成本高。长此以往，当地农户家庭收入越来越低，生活越来越困难。

过去我们这些贫困村的道路多为"断头路"，许多贫困村只能靠举债完成通村公路的修建，人畜饮水工程、支柱产业建设等只能靠有关方面帮扶才能解决。开展精准扶贫四年来，我们已经实现了全县全乡"村村通"公路的修建。但是由于历史原因和自然地理条件，我们的农村公路、农田水利等基础设施还比较薄弱，片区内主干道网络尚未形成，公路建设历史欠账较多，水利设施薄弱且严重老化，电力和通信设施落后。这对我们发展苗族特色旅游产业也产生了影响，如果道路能修得更加畅通，我想会有大批的游客前来感受我们当地的优美环境，感受我们苗族人民热情好客的民族风情。（访谈资料，Y，扶贫干部）

（二）因生产条件差致贫

在农村经济发展中，土地、气候、降水等自然条件对农业的影响较大。FM村和GL村气候条件较好，降水量较大，主要受限制因素为耕地条件。

FM村和GL村均位于海拔550米的高寒地带，耕地面积有限，耕地坡度较大，坡度在45度以上的耕地面积大于70%，不适合大面积粮食作物的生产，农作物产量较低。

恶劣的自然地理环境和农业生产条件不仅使大规模机械化种植无法实现，而且导致林下经济发展困难。每个受访贫困边缘户家庭都有10~20亩的杉木林，但大多分布在较深的林地，距离他们的住房很远，有很长的山路要走甚至要翻过几座大山，林下经济很难发展。

此外，山区滥砍滥伐现象屡禁不止，水土流失问题严重，可耕作的后备土地资源不足，生态环境保护意识薄弱，崩塌、滑坡、泥石流等自然灾害频繁发生，75%以上的山地耕种不便，肥力低、不耐旱，不仅对农业生产经营活动产生较大影响，而且威胁当地农户的生命财产安全。

（三）因特色产业发展困难致贫

产业扶贫是指以市场为导向、以经济效益为中心、以产业发展为杠杆的扶贫开发过程。产业扶贫是一种内生发展机制，目的在于促进贫困个体或家庭与贫困区域协同发展，根植发展基因，激活发展动力，阻断贫困发生的最终动因。[1] 产业扶贫是帮助贫困群众甩掉"穷帽子"、拔去"穷根子"的根本路径，是精准扶贫的关键所在。[2]

经调查，FM村和GL村的特色产业包括杉木种植、蓝莓种植、钩藤种植以及少数林下经济。不论杉木、蓝莓还是钩藤，种植达到一定年限后才能收获，前期人力成本较高，经济效益低，不少边缘户望而却步。以蓝莓种植为例，从第二年开始才开花结果，第三年有少许产量，从第五年才开始进入丰产期。钩藤作为一种中药材，药用价值很高，但同样需要两年时间的修剪和管理，第三年才能收获。杉木的价格因树龄不同差异很大，一般来说20年以上的杉木才能卖出较高的价格。

---

① 林鄂平：《产业扶贫再认识》，中国扶贫网，http://www.cnfpzz.com/column/lanmu4/jingyanjiaoliu/2014/1231/7085.htm，2014年12月31日。

② 汤绍灵：《浅析产业脱贫是精准扶贫的重要方式》，《进出口经理人》2017年第7期。

其实我们种蓝莓是需要足够耐心的，我家共有6亩蓝莓，今年是第四年，前三年总的来说是没有什么收入的，从去年开始才有点产量而且不多，在这三年里你需要管理啊，施肥啊，也是不能闲着。而且我们种蓝莓也有很高的风险，因为今年前半年下了一场冰雹，那会儿正是开花的季节，一场冰雹把刚开的蓝莓花都打掉了，所以总体上今年的蓝莓产量就不是很高。现在正是蓝莓结果的季节，由于蓝莓是长一茬收一茬，每天都要去蓝莓地，看到有能采的就得采，所以现在就几乎没有闲下来的时候。最重要的是，种蓝莓是需要花很多功夫的，以前在农闲时节我会出去打打零工，种蓝莓以后我就很少出去了，因为蓝莓地里的活就已经很多了。现在村里成立了蓝莓生产合作社，提供了一些技术上的支持，重要的是销售这块不用我们操心，有专人来村里收购，所以我才种蓝莓的，不然的话成本太高还不一定卖得出去，那还不如我平时打打零工了。（访谈资料，X，GL村蓝莓种植户）

案例村虽然初步形成了杉木、蓝莓等特色产业，但仍存在带动性不强、覆盖面不广等问题。主要表现在：第一，现有龙头加工企业少、规模小，经济合作组织层次低，带动能力较差，从业人员素质和管理水平较低。果品、木材、中药材等不能进行产品深加工，没有较长的产业链提高产业价值水平。第二，种植养殖示范基地标准不高，新技术推广缺乏力度，种植养殖大户、乡镇农技站工作人员对新兴产业技术掌握不够，病虫专业化统防统治覆盖面有待提高，综合防治水平有待提升。第三，特色产业带动性不强，部分农村集体经济只覆盖贫困户，对生活比较困难的边缘户群体涉及不够，不能有效带动这部分人群参与集体经济，共同致富。

（四）因人口素质低致贫

人口素质由人口的身体素质、文化素质、科技素质以及思想观念等内容组成。身体素质与人口的食物结构和营养搭配有关，且一个地区的医疗水平也能影响人口的身体素质；人口的文化素质与人口接受教育的机会有关，文化程度越高就能接受更好的教育，而且这种内在影响还具有一定的传承性；人口的科技素质是由生产技能和科学知识构成的，它与人口的文化素质密切相关，文化素质也能影响人口的科技素质；人口的思想观念是由各种不同来源的习俗和固有观念所构成的，这种思想观念具有一定的顽固性，不容易改变，而且具有一种扩张性，会潜移默化地影响周围的文化群体。通过调查发现，案例村贫困边缘农户的固有传统思想观念、较低的身体素质、较低的文化素质、落后的科技水平是导致农户贫困的主要因素。

首先，从人口组成结构来看，FM 村和 GL 村青壮年劳动力缺失情况比较严重，而且文化程度普遍较低。由于自身文化素质低，在接受劳动技能培训、农村技术推广、农业科技知识普及过程中能力提升较慢，对于农业市场信息的掌握和分析能力非常弱，在没有村集体或者致富能手带动的前提下只能选择外出务工维持生计，而且主要从事一些高风险职业。RS 县也有规模以上制糖、木材加工、化工、电力四大支柱产业。但在我们所调查的 50 户边缘农户中，仅有少数农户从事简单的木材加工工作，其余务工类型与当地的工业发展完全脱节，这导致边缘农户务工工资水平普遍不高。农户家庭收入不高，当无力承担子女的教育费用支出时，子女只能放弃接受高等教育的机会进入社会，由于这部分人缺乏必要的专业技能，工作机会同样不多，选择面狭窄，会重新走上父母的老路，形成一个相对贫困的恶性循环。

其次，受传统思想观念的影响，当地农业生产经营活动往往受制于资金条件而无法扩大生产规模。由于小农经济的规模小，农业产出一般不高，农户能得到的农业利润有限，且增长缓慢，这样必然会影响农户的农业再投入大小。如果一个农户家庭将几年所获得的农业利润投入再生产中，将承受一定的市场和自然风险，一旦这种风险变为经济损失且超过农户家庭所能承受的极限，那么该农户家庭就有可能陷入贫困的境地。

　　我们这里的农村家庭一般不愿意从银行贷款，可能是受到传统的比较保守的价值观的制约。人们利用贷款进行投资获取超额回报的观念比较淡薄，对银行贷款的需求没有那么强烈。即使遇到大的开销，人们宁愿去他们的"绿色银行"（杉木林）砍几棵树卖掉，或者向亲戚朋友借钱，也很少去银行贷款。作为基层工作者，我们希望老百姓能解放思想，解决融资难问题，拓宽收入渠道，但是老百姓的传统观念不是一天两天就能改变的。（访谈资料，W，FM村第一书记）

　　最后，受访边缘农户参与地方就业培训的积极性普遍不高。在问及农闲时参加地方政府组织的职业技能培训的意愿和频率时，FM村和GL村的50户农户中有21户表示没兴趣，15户表示有意愿去参加培训，14户已经参加过培训，即实际参加培训的农户还不到一半，且每年参加培训的平均次数不到2次。未参加培训的原因，排第一位的是没时间去，家里事情多，要利用农闲季节到城里打零工；排第二位的是觉得培训了也没用，因为缺乏配套资金；排第三位的是不识字或识字不多，听不懂培训内容。可见，脱贫户人力资本素质状况不容乐观，能力成长缓慢。

（五）支出型致贫

　　支出型贫困指因大重病、子女上学、突发事件等原因造成家庭刚性支出过大，远远超出家庭承受能力，实际生活水平处于绝对贫困状态的一种贫困类型。[①] 家庭生计中的大额支出和突发性支出是近年来边缘农户贫困现象增多和脱贫户生计难以持续的主要制约因素。

　　从访谈结果来看，在对家庭消费支出项目进行优先排序时，大多数

---

① 郑瑞强：《"支出型贫困"家庭社会救助模式设计与发展保障》，《农业经济》2016年第2期，第95~96页。

农户会依次选择医疗保健支出、文化和教育支出、食品消费支出、衣着消费支出、交通和通信支出、服务性支出。医疗支出位于总支出的第一位，主要原因是家庭中老年人、体弱多病者居多，且以慢性病为主，需要长期吃药、不间断住院治疗。有10户将子女教育支出放在首位，这主要是因为家里上学的孩子较多，特别是有子女上大学的情况。总的来看，因病支出、因学支出和人情支出仍然是影响贫困边缘家庭可持续发展的重要因素，若遭遇刚性支出叠加，很可能入不敷出，即使压缩必要开支，也有可能致贫，需要国家扶贫政策的特别关照。

五　结论与思考

（一）主要结论

通过对广西 RS 县 BY 乡 FM 村和 GL 村的 50 户贫困边缘家庭进行入户调查，我们发现该地区贫困边缘群体的生计模式以满足家庭消费需求的农业生产为主、以外出务工为辅。农业生产主要为种植水稻，人均耕地较少，林地较多且以杉木种植为主。此外，还发展了蓝莓等特色种植业以及林下产业。

当前我国脱贫攻坚工作已经进入聚焦深度贫困地区脱贫攻坚、注重脱贫质量和稳定脱贫的新阶段。总体来看，贫困边缘户的致贫风险主要源于地区基础设施落后、自然生产条件差、特色产业发展困难以及人口素质普遍不高四个方面。在脱贫攻坚过程中，一方面，要紧紧抓住脱贫攻坚的主要矛盾和中心工作，继续加大工作力度，争取 2020 年前现有建档立卡贫困户一户不落地实现精准脱贫，尽早全面建成小康社会；另一方面，要统筹兼顾，不忽视扶贫工作的次要矛盾，多多给予贫困边缘户帮扶和关怀，让扶贫政策的阳光雨露也洒向他们，防止顾此失彼，有效抑制贫困边缘户滑入贫困户行列，让扶贫工作更加公平、效果更加显著，让社会更加和谐稳定。

（二）思考与对策

FM 村和 GL 村边缘人口面临的致贫风险都是不易化解的深层次挑战，需要加大对边缘人口的扶持力度，因地制宜采取有效的解决方式。

1. 加大对边缘户的政策扶持力度

首先，要加大对生活比较困难的边缘户认定和后期跟踪扶持工作。对于已经在帮扶及自身努力下实现脱贫且情况稳定的贫困户，要及时"断奶"，有选择地逐步取消一些帮扶待遇，打消其"等、要、靠"依赖思想，真正从物质上、精神上实现脱贫。腾出宝贵的社会资源，以保证扶贫工作的精准性、科学性和公平性。对因失业、重大疾病、车祸、灾害、子女就学等事件而导致家庭收入急剧减少或者开支迅猛增加，确实面临吃、住、医疗、教育方面无法自己解决困难的边缘户，应主动纳入建档立卡贫困户，给予政策帮扶，尽早助推其实现脱贫。对生活暂时性困难或者暂时不符合贫困户识别标准的边缘户，可以根据实际情况，参照贫困户待遇，有针对性地灵活采取介绍就业、医疗救助、民政救济、助学贷款、社会保障等帮扶政策中的一项或者多项对其进行扶助救济，防止他们的生产自救能力和家庭生活水平持续下降而造成更大的帮扶困难和更多的社会资源投入。此外，应加强对边缘户家庭生产生活情况的动态监控，实时评估，做好备案，对可能出现的致贫因素进行研判和预防，防止边缘人口致贫。

2. 完善基础设施建设，改善边缘人口生产生活条件

应发挥集中力量办大事的制度优势，着力解决深度贫困地区发展的短板问题。一要补齐基础设施短板，继续加大贫困村农村道路、安全饮水、危房改造、易地搬迁的力度，改善边缘群众生产生活条件。二要补齐教育发展短板，坚持把教育扶贫作为长远的治本之策，构建完善的教育体系，改善贫困村教育办学条件，大力实施教育扶贫工程，让贫困边缘家庭子女都能接受公平有质量的教育。三要补齐基本医疗短板，大力实施健康扶贫工程，改善基层乡镇卫生院、村卫生室的医疗条件，提升

基层医疗技术水平，强化基本医疗保险、大病救助、临时救助等医疗保障措施，提高特困地区群众的健康水平。

3. 加强产业扶贫，拓宽边缘人口增收渠道

贫困边缘人口收入结构单一、抗风险能力弱，遇到自然灾害、重大疾病等突发情况，致贫的风险就比较高。从现实来看，促进特困群众持续增收、稳定脱贫，必须着力在培育增收产业上下功夫。一要因地制宜培育壮大特色产业，扶持发展龙头企业，不断做大主导产业、做强县域经济，努力夯实支撑脱贫攻坚、带动群众增收的基础。二要把生态优势转化为产业优势，牢固树立"绿水青山就是金山银山，保护生态环境就是保护生产力"的理念，大力发展生态旅游、林业经济、健康养生等绿色产业。三要因户施策发展增收产业，引导边缘户群体发展特色种植、畜牧养殖、乡村旅游、电子商务等富民增收产业，支持发展农业合作社、入股分红、家庭农场等新型经营模式，拓宽边缘农户持续稳定增收的渠道。

4. 激发边缘人口内生动力，强化脱贫主体意识

要激发脱贫攻坚内生动力，坚持扶贫先扶志、扶贫必扶智，加强对贫困群众的思想发动、政策宣传和教育引导，强化贫困边缘群众的脱贫主体意识，引导他们靠辛勤劳动改变贫困落后面貌。重视提升贫困边缘群众的能力素质，加强技能培训和文明新风建设，弘扬勤劳致富、勤俭节约、健康向上的社会风尚，提振边缘群众的精神面貌和脱贫致富的信心决心。

5. 旅游扶贫带动边缘人口

少数民族特色村寨的生态保护与可持续发展问题是我国农村贫困地区实现精准脱贫和乡村振兴的重中之重，各个少数民族地区结合村寨现状，探索一条集产业发展、生态保护、包容增长、安全建设和可持续发展于一体的生态旅游扶贫路径。RS县探索出"易地安置＋旅游"的发展模式。FM村和GL村都属于具有浓郁苗族风情的少数民族特色村寨，可推进"生态＋"战略，注重苗族特色村寨生态旅游产业的多元化，

避免单一的生态旅游产业发展结构陷阱。一是推行"生态＋农业""生态＋林业"等传统生态产业发展。充分利用自然资源，加强以生态资源为重要依托的传统农、林、牧、渔等产业融合，全面推广"水稻养鱼"等生态农业与渔业结合的优秀种植养殖经验。二是推进"生态＋民宿""生态＋文创""生态＋康养"等新兴生态旅游产业发展。大力开发新兴生态旅游产品项目，如生态民宿产品、生态康体保健品、生态研学体验项目等。三是打造生态文化 IP 主题品牌，拥有一套集供、产、销于一体的生态文化品牌体系，提高核心竞争力。四是充分发扬当地民族特色文化。少数民族特色村寨的文化包括以生产、饮食、服饰、建筑为主的物质文化，以民族语言、民间文学为主的语言文化，以民族信仰、艺术风情为主的精神文化，以节庆、祭祀和娱乐为主的社会文化，可通过非物质文化遗产传承人、民间精神领袖等对村寨年轻人和外来生态旅游者"言传身教"，挖掘培养乡土文化本土人才，传承和发扬本土文化，从而加强生态文化保护、民族认同感和精神文明建设。

第四章 农村空巢老人的致贫风险
与规避对策

导 言

当前，我国老龄化已经呈现速度快、规模大、形势严峻的特点。据国家统计局发布的老年人口统计数据，2017 年末，我国 60 岁及以上人口 24090 万人，占总人口的 17.3%，其中农村老年总人口约为1.08 亿人，农村空巢家庭中的老年人共 4742 万人，占农村老年总人口的 43.9%。预计到 2020 年，独居和空巢老年人将增加到 1.18 亿人左右，老年抚养比将提高到 28% 左右。空巢老人是老年人群体中较为特殊的一类群体。学术界的普遍观点认为，空巢老人家庭是指身边没有子女陪伴，老人自己独自居住或夫妻二人共同居住的家庭，处在这样家庭中的老人即为空巢老人。[①] 解决"空巢老人"问题，需要从政府、社会、家庭等多方面出发，共同为农村"空巢老人"筑起一道温暖的屏障。

相对于城镇社会保障制度建设而言，农村社会保障制度建设长期滞后，对全面建成小康社会目标的实现构成了较大的挑战。[②] 目前，在我国的大部分农村地区，家庭养老是最主要和普遍的方式，但这种传统的

---

① 李芳、李志宏：《新型城镇化进程中农村空巢老年人权益的保障策略》，《人口与经济》2014 年第 5 期。

② 李迎生：《农村社会保障制度改革：现状与出路》，《中国特色社会主义研究》2013 年第 4 期。

养老方式正在面临挑战，伴随着工业化和城镇化快速推进，一些偏远山区的农村人口（尤其是青壮年劳动力）大规模转移至城市务工，老人、孩子和妇女成为农村常住人口，人口外流动摇了农村养老的社会基础，给农村老年人家庭带来冲击。

针对当前我国"空心村"人口老龄化所带来的养老问题，我们深入 WP 县贫困村，深度访谈空巢老人的生计模式，将老年人的生存状态与困难放到村庄生活的整体格局中去探究其背后的原因。

WP 县位于闽粤赣三省接合部，是 23 个省级扶贫开发工作重点县之一。全县共有 5 个贫困乡镇 58 个贫困村，建档立卡贫困人口 6190 户 17799 人，现已实现 6181 户 17771 人脱贫，53 个贫困村实现脱贫退出，贫困发生率降至 0.007%。

一 案例村基本情况

（一）数据来源及调查方法

调研组通过问卷调查和深入访谈的形式走访 WP 县 DH 镇 DC 村，对村内空巢老人进行了调查。选取 WP 县展开对农村空巢老人供养模式的研究，是因为 WP 县是省级扶贫开发重点县，DH 镇是市扶贫开发重点贫困乡镇，大量劳动力外出务工，导致了空巢老人现象，对于研究农村地区空巢老人而言有一定的代表性。

调研组抽取贫困发生率由高至低排序前 30% 的村，优先挑选地理位置偏僻、经济条件落后、贫困发生率高的村民小组，然后请村干部协助抽取条件最差的 30 户空巢老人进行调查。

（二）案例村基本情况

DH 镇地处 WP 县西北部，距县城 58 公里，总面积 188 平方公里，耕地面积 1717.8 公顷，辖 13 个行政村 142 个村民小组，全镇总人口

1.92 万人。DH 镇为丘陵地形，属亚热带海洋性季风气候，适宜多种粮食和经济作物的生长。境内有丰富的林木资源，其中用材林 21.4 万亩，生态林 6 万余亩，总蓄积量 130 万立方米。森林覆盖率达 79.9%，是县级重点林业乡镇，并获评"省级生态乡"称号。蕴藏丰富的矿产资源，盛产优质笋干、香菇、红菇等土特产。

DC 村位于 DH 镇东部，距镇政府 4.5 公里，海拔高度 409 米。地势以山地、丘陵地为主。受地理条件的限制，农户的耕地连片面积较小，多数为旱地且土壤肥力较薄，水利条件较差。农业规模化程度也相对较低，地块零散，多数村在土地承包时按地力状况进行分地，每户家庭的地不连片，不集中，被分散到许多地方，为土地流转造成了困难。村内耕地没有大型机械进入田间的专用道路，农业机械化的推广较为有限，受地形和农民收入等因素的限制，小型农机具的推广也举步维艰。

全村现有 6 个村民小组，179 户 897 人，劳动力 521 人。有耕地面积 893 亩，山林面积 1.07 万亩。全村主要发展有脐橙、烤烟、仙草、花卉苗木等产业，2015 年农民人均收入约 7175 元。全村共有贫困户 19 户 75 人。经过调查了解，DC 村存在的主要致贫原因如下。一是农村青壮年劳动力大多外出打工，住在村里的大多是中老年人，发展意识不强，"等、靠、要"思想比较严重。群众文化素质较低，农业发展很难快速见成效。二是村内老年人居多，而且随着年龄的增长，老年人体质变弱，极易患病，需要较大的经济支出。三是村内经济基础薄弱，产业发育缓慢。种植业以水稻、仙草、烤烟等为主，养殖业以农户散养鸡、鸭、猪、鱼为主。基本没有村集体经济，尚未形成具有竞争力的主导产业。农副产品加工项目缺乏，自身造血功能欠缺，新技术新设备新工艺采用少，总体科技创新能力不强。

（三）DC 村发展优势及潜力分析

1. 自身优势

有较丰富的资源。DC 村竹林资源丰富，有 1 万余亩的竹林，山水秀丽、景色优美、气候宜人。

地理位置比较突出。DH 镇是出省通道之一，公路紧依村南而过。

民风比较淳朴。DC 村较好地传承了红军精神，吃苦耐劳、尊老爱幼，尊师重教氛围浓厚，村里几乎每年都有 3～5 名学生考入大学深造，目前有一批活跃在省内外的政府机关、企事业单位及军队院校，他们的奋斗经历，能时时为后辈传递"教育改变命运"的正能量。

2. 当前机遇

上级政策不断倾斜。中央、省、市、县在政策和资金投向上不断加大对贫困村的支持力度。

上级重视帮扶支持。2014 年 DC 村被确定为省级扶贫开发重点村，2016 年被列为"千村整治、百村示范"对象，并且有县工商联、县中行等县直部门挂钩帮扶指导。

二　案例村脱贫攻坚工作情况

（一）当地脱贫攻坚部署情况

1. 精准施策

按"四因三缺"（因灾、因病、因残、因学、缺资金、缺技术、缺劳力）分类法对建档立卡贫困对象进行分类汇总，针对致贫原因精准制定"一户一策"帮扶措施，积极推进"五个一批"脱贫项目，从就业、教育、医疗、就学等方面，逐户跟踪落实具体脱贫项目，推进贫困户真脱贫、脱真贫。

一是开发扶持脱贫一批。认真落实挂钩帮扶制度，实现每个贫困户有党员干部帮扶，每名党员干部结对联系建档立卡贫困户，做到每户贫困户都有帮扶责任人，不脱贫不脱钩。积极引导贫困户发展产业，2017 年以来先后实施了百香果种植、蛋鸡养殖、莲子种植、象洞鸡养殖、蜜蜂养殖、闽西南黑兔养殖、虫草参种植、林下仿野生灵芝种植等扶贫项目。同时，着力解决贫困户发展产业资金问题，严格安排各级产业扶持资金，落实小额信贷政策，扶持贫困户发展产业，扶持贫困户发展种养业、入股光伏发电产业。

二是助学扶智脱贫一批。着力解决贫困户子女职业教育及上大学负担重、就业难问题。积极开展教育扶贫，使贫困家庭子女都能接受公平的有质量的基础教育。此外，还积极利用社会力量结对帮扶贫困学生。积极抓好素质培训，大力开展技能培训，争取每户都能掌握一门以上就业创业技能，能有一项以上增收致富的主要来源。大力扶持就业创业，通过多种途径提供政策性创业服务，鼓励和帮助扶贫对象向工业园企业、服务业、现代农业产业等领域转移就业或以自主创业形式实现就业。大力开发公益性岗位，通过政府购买公益性岗位方式对部分扶贫对象实施就业援助。

三是低保兜底脱贫一批。分门别类开展贫困户脱贫帮扶，把年龄偏大的贫困户纳入低保等社会保障范畴进行帮扶，实现动态条件下应保尽保。此外，积极搭建政府救助、社会救助与贫困户需求相结合的救助信息平台，鼓励、引导和支持全社会参与扶贫救助。

四是易地搬迁安置一批。积极推进落实"挪穷窝脱穷根"思路，着力引导居住在偏远自然村等居住条件比较恶劣的贫困户搬迁至发展条件较好的地方，使贫困户在解决住房安全的同时，着力改善外部发展条件，提高自身发展的能力和水平。

五是医疗救助扶持一批。宣传落实"医疗叠加"扶贫政策，政府资助每个建档立卡贫困户参加扶贫健康保险，切实解决重特大疾病患者因病致贫问题。推进"救急难"工作，对因病、意外伤害、突发事件等特殊原因导致生活暂时陷入困境的家庭实施临时救助，并引导社会力量加大扶持救助力度，帮助他们渡过难关。2016年以来，全镇建档立卡贫困户均由政府补助参合参保，100%的贫困户完成了家庭医生签约工作。

2. 精准管理

（1）围绕政策落实，不断完善组织领导体系

强化脱贫攻坚领导机制。成立脱贫攻坚领导小组，由镇党委书记任

组长，镇长任常务副组长，分管领导任副组长，镇直有关单位负责人为成员，着力加强对脱贫攻坚战的组织领导。

落实脱贫攻坚责任机制。明确镇党委、政府对全镇脱贫攻坚的主体责任，明确各村主要干部为本村脱贫攻坚工程第一责任人，具体推进落实各村扶贫攻坚各项工作。制订年度工作计划，提出年度目标任务，落实推进措施责任。及时传达学习中央、省、市、县有关扶贫脱贫工作的重要会议精神、重要文件、领导批示精神，及时部署具体工作，并深入开展贫困户走访活动和贫困户户长会议。

（2）围绕管理精准，不断强化档案管理

一是进行业务培训。组织召开镇村干部进行脱贫攻坚业务培训会，进行脱贫攻坚纸质材料档案归类整理。成立由各挂村组人员选定的平台录入人员，不定期地组织平台录入的培训。二是按照"6＋X"的标准认真核对各类扶贫档案，务必做到线上线下一致。

（二）脱贫攻坚取得的成效

1. 脱贫完成情况

全镇紧紧围绕贫困户"两不愁四保障"（不愁吃、不愁穿，教育、医疗、住房、饮水安全有保障）脱贫要求，并通过民主评议、村公示、镇核查、村第二次公示和镇公示（公告）、脱贫对象签字确认等程序，2016 年全镇脱贫 187 户 593 人，2017 年全镇脱贫人数 185 户712 人。

2. 基础设施、公共服务等方面改善情况

一是着力推进富民强镇工程。结合产业基础、特色资源和区位条件，持续开展招商引资。着力发展光伏项目，在 2015 年建成 42 千瓦屋顶分布式太阳能光伏电站的基础上，整合镇、村两级扶贫专项资金，在全镇分片或统一选址建设太阳能光伏发电项目，使贫困村形成较为稳定的村财政收入，着力解决贫困村的造血功能问题，目前 10 个贫困村均建有 50 千瓦以上的光伏电站。

二是着力实施基础设施配套工程。组织实施 2017 年中央彩票公益金项目，完成道路拓宽工程及防洪堤建设工程。2018 年以来共拨付 149.5 万元用于贫困村发展小型公益性基础设施建设，大部分项目已完工。完善饮水安全工程，确保饮水安全。安排 2018 年县级激励性扶贫项目资金 15 万元和中央绩效奖励资金 20 万元，用于建设百香果基地及公园周边基础设施建设。除此之外，镇村还实施了农业综合开发高标准农田建设项目等惠民工程。

三　空巢老人的生计模式

（一）家庭基本情况

1. 人口、健康、文化等状况

调研组走访了 30 户农户，共有 35 位老人，20% 的农户家中没有老人，80% 的农户家中有 1 位或者 2 位老人。其中，男性有 17 人，占比 49%；女性 18 人，占比 51%。有 86% 在 60～80 岁，14% 在 80 岁以上。村里老人大多身体素质不差，子女不在身边也能自给自足。受教育程度方面，文化程度是小学及以下的最多，有 31 人，占比 89%；初中及以上的仅有 4 人，占比 11%。婚姻状况方面，已婚的有 24 人，占比 69%，丧偶的有 11 人，占比 31%，有好几户家中都只有 1 个孤苦伶仃的老人留在村里。家中没有孙子的有 3 户，占比 10%；有 1～2 个孙子的有 26 户，占比 87%；有 3 个及以上孙子的有 1 户，占比 3%（见表 4-1）。

表 4-1　空巢老人基本情况

基本情况	分类	人数（人）	占比（%）
年龄	60～80 岁	30	86
	80 岁以上	5	14

基本情况	分　类	人数（人）	占比（%）
文化程度	小学及以下	31	89
	初中及以上	4	11
性别	男	17	49
	女	18	51
婚姻状况	已婚	24	69
	丧偶	11	31
每户老人个数	0 个	6	20
	1～2 个	24	80
每户孙子个数	0 个	3	10
	1～2 个	26	87
	3 个及以上	1	3

　　健康状况方面，DC 村 35 位老人中 25 位身体都不大健康。年龄在 60～80 岁的 30 位老人中身体不健康的有 20 人，占比 66%。其中，有 16 位老人表示患有慢性疾病，占比 53%；有 1 位老人患有大病，占比 3%；还有 3 位老人为残疾人，占比 10%（见表 4 - 2）。年龄在 80 岁以上的老人中有 4 人患有慢性病。虽然目前 WP 县农村地区老人基本都已参加新型农村合作医疗，但大部分老人表示只有伤风感冒等小病能够实现医治自由，花费较高的大病还是难以负担。此外，由于无法自驾交通工具，乡村也没有公共交通工具，再加上子女不在身旁，去医院看病是空巢老人面临的一个大问题，多数时候只能选择距离居住地较近的村卫生室。

表 4 - 2　空巢老人身体健康状况

项　目	60～80 岁（人）	占比（%）	80 岁以上（人）	占比（%）
总人数	30		5	
患大病	1	3	0	
患慢性病	16	53	4	80
残疾	3	10	1	20
合　计	20	66	5	100

2. 家庭资源资产情况

通过访问30户农户得知，农户家中资产均价不高，大多数耐用品使用了好几年。手机和床的拥有率最高，每家每户都有2个（张）以上。其次是彩电，97%的农户家中有彩电，彩电户均价值1063元，有的农户家中的电视用得时间久了，价值较低。冰箱或冰柜、煤气或液化气炉具还未家家户户普及，有93%的农户拥有冰箱或冰柜，90%的农户拥有煤气或液化气炉具，有少数农户家中烧柴火做饭。有83%的农户拥有摩托车等交通工具，户均价值2170元。拥有洗衣机和空调的农户占比较少，有33%的农户有洗衣机，户均价值1410元，仅有2户农户拥有空调，户均价值3000元，这反映出农户生活水平不高，缺少洗衣机、空调这种生活耐用品。仅有10%的农户拥有农机具，有的农户买的是二手机械，户均价值1833元。仅有10%的农户家中有猪圈，户均价值2000元。30户中仅有1户家中养了耕牛，还是和另外两家共养。据了解，现在村内很少有人养牛，因养牛的周期较长，食量较大，需要定期放养，容易丢失与生病，不仅耗费成本高，且利润微薄。调查发现，农户家中都没有塑料大棚，说明当地农民还未形成规模化经营（见表4-3）。

表4-3　农户家庭资产价值及拥有率情况

资产类别	户均价值（元）	户数（户）	占比（%）
手机	2283	30	100
床	910	30	100
彩电	1063	29	97
冰箱或冰柜	2021	28	93
煤气或液化气炉具	293	27	90
摩托车及其他交通工具	2170	25	83
洗衣机	1410	10	33
农机具	1833	3	10
猪圈	2000	3	10
空调	3000	2	7
耕牛	6500	1	3
生产用运输车	40000	1	3
塑料大棚	0	0	0

（二）生产经营情况

DC 村林木资源丰富，村耕地面积仅为林地面积的 8%，村民们拥有土地不多，但几乎家家都有十几亩林地。从调查的农户来看，84% 的农户拥有的耕地面积相差无几，大概都是 2 亩或 3 亩，承包地最多的农户拥有 17 亩耕地。有 18 户农户参与了土地流转，占比 60%；12 户未流转土地，占比 40%。在参与土地流转的农户中，转出自己家土地的农户有 15 户，占比 83%；转入土地的有 3 户，占比 17%。

农户流转土地的规模不大，一般都是农户之间进行流转，即使用于商业流转也保持着原有的运作模式，产业结构没有明显变化。从转出土地的数量来看，3~4 亩为最多，有 7 户，占转出土地农户总数的 46%；其次是 1~2 亩，有 6 户（见图 4-1）。转入土地的 3 户中，有 2 户转入 1~3 亩土地，1 户转入 6 亩土地，种植烟叶。从农户转出土地数量占家庭耕地总数的比例来看，近半的农户将自己家的土地全部转出，40% 的农户转出了家里一半的土地（见表 4-4）。

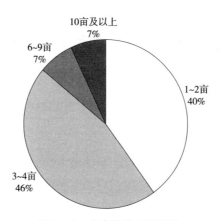

图 4-1　农户转出土地情况

表 4-4　农户转出土地数量占家庭耕地总数的比例

转出土地	三成左右	一半左右	八成左右	全部转出
户数（户）	1	6	1	7
占转出农户总数的比例（%）	7	40	7	46

调研组调查了 30 户农户 2015 年和 2018 年的种植养殖情况，其中有 23 户农户家中种植水稻等粮食作物，有 2 户农户减少了种植粮食作物的面积，有 21 户农户依然种植了和几年前相同的粮食作物面积。在种植经济作物方面，仅 1 户扩大了种植面积，其余农户没有改变种植经济作物的面积。在养殖方面，有 1 户减少了养猪的头数，1 户农户扩大了养猪的数量，其余的农户每家都养有十几只鸡。

（三）收入与支出情况

1. 农户收入情况

DC 村村民近几年家庭收入呈逐年上升趋势，90% 的农户表示近几年收入有明显增加，新增收入为务工的工资性收入，未来也会呈稳定小幅上涨趋势。从收入结构分析，农户家庭收入结构单一，近年来工资性收入是 DC 村村民收入的主要构成部分，占比平稳均衡，由 2015 年人均收入 8000 元增长到 2018 年人均收入 14625 元，占比由 84.3% 增长到 87.3%（见表 4 - 5）。可以看出，农民从事非农业工作的收入逐渐增加，且工资性收入上升速度很快，在农民收入中的比例越来越高。家庭经营性收入由 2015 年人均收入 650 元上涨到 2018 年的 1093 元，呈增长趋势，但是增长速度赶不上工资性收入。

表 4 - 5　2015 年和 2018 年农户家庭收入情况

各项收入	2015 年		2018 年	
	人均收入（元）	占比（%）	人均收入（元）	占比（%）
家庭经营性收入	650	6.9	1093	6.5
工资性收入	8000	84.3	14625	87.3
财产性收入	29	0.3	30	0.2
转移性收入	806	8.5	1000	6.0
合　　计	9485		16748	

DC 村的财产性收入相对较低，说明当地土地流转性较低。财产性收入不高还因为村庄地处偏僻，土地价值不高，租金仅 100 元每亩。土

地流转的经营管理机构设置不健全，乡镇级别的土地流转服务管理中心建设滞后，这样的发展环境下，土地流转很难顺利进行，出了问题也无人问津，打击了农民土地流转的积极性。流转后期对于盈利部分的分配，也是流转意愿减弱的制约因素。从分配角度看，农民出租土地可以获得租金，这是固定的财产性收入，但这取决于承包者的经营状况。当效益好时，经营者获得更多的利润，农民获利固定，并不会因为经营者经营利润的提高而提升农民分红标准。由于制度不健全，农民不能更好地获得土地的增值收益，导致当地村民财产性收入增长缓慢。

转移性收入小幅度上升，由 2015 年人均收入 806 元上涨到 2018 年人均收入 1000 元。近几年 WP 县通过实施形式多样的财政惠农政策，如提高农村居民最低生活保障标准、基础养老金最低标准，使得农民转移性收入提高。

问及农户对未来三年各项收入的预期，农户对于务工收入的预期比较乐观，所有农户均表示工资在之后的几年会小幅度增长。

2. 农户消费支出情况

DC 村村民支出主要有教育开支、医疗保健开支、日常生活开支、人情开支及其他（交通通信、农业生产等）几个方面。从表 4 - 6 可见，农民的消费支出随收入的增加而增加，2015 年的人均支出为 5027 元，2018 年增长到 7516 元。食品是保障人们生存的必需品，2015 年人均消费 1487 元，占比 30%，2018 年人均支出 1865 元，占比 25%，食品在消费支出中的比重减少，说明人民的生活水平提高了。根据联合国的标准，恩格尔系数（EC）和人民生活、消费水平之间的关系是：当 EC > 60% 时，人民处于贫困状态；当 50% < EC ≤ 60% 时，人民的生活水平刚刚达到温饱；当 40% < EC ≤ 50% 时，人民的生活水平已经达到了小康；当 EC ≤ 40% 时，人民的生活水平逐步趋向富裕。[①]

---

① 陈梦根：《恩格尔系数与居民收入——拓展 Working-Leser 模型研究》，《中国人口科学》2019 年第 4 期。

衣着消费和交通通信的支出近几年变化不大，占比也都在 10% 以内，老年人对自己的衣着没有要求，生活较为节俭，没有经常购置衣物的习惯。村子离镇上有一定距离，老人们有的腿脚不便，也不怎么出远门。所以这几方面开销不大。

近几年在人情方面开销变多，从 2015 年人均支出 438 元，占比 9%，上涨到 2018 年人均支出 1095 元，占比 15%，增长了 1.5 倍。随着人们生活水平的提高，送礼金的钱也逐年增多，这无疑加重了老年人的养老负担。

医疗开支占比最大，由 2015 年人均支出 1653 元，上涨到 2018 年人均花费 2309 元。近几年来，随着老人年龄的增长及药品价格的增长，医药费的开销也越来越大，问及未来三年该支出的变化趋势，大多数老人说以后身体会越来越差，看病的花销可能还会增加。

教育成本越来越高，教育支出从 2015 年人均支出 312 元，占比 6%，上涨到 2018 年人均花费 877 元，占比 12%。每个家里差不多都有 1～2 个孩子，义务教育阶段不缴学费，但要缴住宿费、生活费，高等教育的花费更高。

对于 2015 年以来家庭支出是否明显增加这个问题，77% 的家庭表示开销有明显增加，大部分农户表示新增的支出在教育和医疗方面。

表 4-6　2015 年和 2018 年农户家庭支出情况

各项支出	2015 年		2018 年	
	人均支出（元）	占比（%）	人均支出（元）	占比（%）
教育支出	312	6	877	12
医疗支出	1653	33	2309	31
食品支出	1487	30	1865	25
衣着支出	345	7	400	5
交通通信支出	526	10	629	8
人情支出	438	9	1095	15
其他支出	266	5	341	4
合　计	5027		7516	

问及农户对未来三年各项支出的预期,大部分农户认为各项支出会增加或者不变。衣着消费和通信消费方面,农户认为没有变化的占比较多,剩余一小半农户表示这两项支出未来几年也会小幅度上涨。

(四) 享受基本公共服务情况

在对农户家庭饮用水来源的调查中,有93.4%的农户吃水来源于自来水厂供水,6.6%的农户吃水来源于山泉水。调查的30户边缘户中,所有农户均常年有水喝且水质安全。在对农户取水便利程度的调查中发现,自来水取水的占93.4%;非自来水但单次取水往返时间在20分钟以内的占6.6%。

经过调查发现,所有农户都能达到吃穿不愁的水平,义务教育、基本医疗、住房安全都满足保障条件。

(五) 农户与村干部对政策的需求情况

从我们调查的30户农户对政策的需求程度来看,健康保障政策、教育保障政策和社会保障政策的需求迫切,有29户农户表示需要健康保障政策,其中有20户表示非常需要,22户需要教育保障政策,19户需要社会保障政策,需要就业保障政策的有9户,需要危房改造政策的有4户,仅有2户需要基础设施政策和产业支持政策(见表4-7)。对农民而言,医疗费用和教育费用是面临的最严重的问题,农村的医疗资源分配不均,导致很多贫困人口看不起病,不能到省城大医院看病,因为太远,有些重病根本就不适合在车上颠簸,所以只能就近医治,但是就近的医院医生水平和医疗设备有限,有的病症会被误诊。而且很多医院不能报销,即使有报销政策,但是药价提高,导致情况并没有出现好转。在教育方面,有的家长因学费太贵,会让孩子去学习技术,早点打工挣钱。

村干部对政策的需求程度由高至低分别是产业支持政策、基础设施政策和金融政策。村内投入经费不足,村级集体经济十分薄弱,农民收

表 4 – 7　农户对政策的需求程度

政策支持	户　数	需求程度			
		非常需要 （户）	比较需要 （户）	需要 （户）	不需要 （户）
健康保障	29	20	8	1	0
教育保障	22	7	12	3	0
社会保障	19	3	5	11	0
就业保障	9	1	3	5	0
危房改造	4	0	1	3	0
基础设施	2	0	0	2	0
产业支持	2	0	0	2	0

入偏低，难以形成上下联动的投资合力，无力进行大规模、大范围的农村基础设施建设，导致农村基础设施严重落后，村内排水灌溉设施一般，通村公路路面质量普遍偏低，部分群众饮水有一定的困难。很多农民群众不同程度地认为建设社会主义新农村是国家和政府的事，主动性和积极性明显不够，"等、靠、要"思想仍然存在。由于经济落后，财力不足，村级组织几乎没有集体经济收入，村干部待遇仍然偏低，部分村干部工作热情不高，带领群众进行基础设施建设的积极性也不高。

四　空巢老人的致贫风险

（一）经济基础薄弱导致老年人贫困

经济资源的多少直接决定了人们养老水平的好坏。农村留守老人的生活来源主要有子女赡养金、养老金、存款以及从事农业生产所得。除少数经济比较发达地区的农村外，我国大部分农村老人的养老金是年龄 60 岁以上每月仅有几十元，年龄 80 岁以上每月仅有 100 多元。按照"恩往下流"的农村养老伦理[①]，年老的父母为了能够让自

[①] 魏传光：《中国农村家庭"恩往下流"现象的因果链条分析》，《内蒙古社会科学》（汉文版）2011 年第 6 期。

己的子女（包括孙辈）得到更多的物质积累，不愿意加重子女的负担，对子女的赡养金要求不高，自身存款以及来自子女的赡养金并不多。有时还会出现子女与老人分家后不履行赡养义务的情况，这类老人既无法接受政府对贫困人口的财政补贴，又没有收入来源，年龄的增加使他们的劳动能力降低，在农业生产的收益不高等多种因素影响下，他们的经济资源非常匮乏，一旦发生天灾人祸，他们现有的生活就会陷入困境。

（二）老年人身体及心理状况差导致贫困

1. 人口老龄化日趋严重导致家庭贫困

如今的家庭结构模式大多数为"四二一"家庭，即四个老人，夫妻双方，一个孩子，意味着两个子女要承担赡养四个老人的义务，这无形中加重了家庭成员的养老负担，受西方文化的冲击，我国传统的家庭观念逐渐淡化，家庭养老功能也在弱化，老年人的物质和情感需求得不到相应的满足，这种现象在农村尤为严重，DC村大量中青年劳动力到经济发达的一线、二线城市发展，使家庭养老功能弱化，农村高龄老人养老问题严峻。

> 刘××，83岁，年事已高，行动不便，生活不能自理。有2个儿子、1个儿媳，还有3个孙子，老人身边离不开人，儿媳便辞去工作回家照料，一家子的生活全靠2个儿子打工支撑，每人月工资大概4500元。一个孙子16岁，每学期学费3000元，将来上大学后学费开销会大幅增加。1个孙子12岁，也在上学。小孙子5岁，正在上幼儿园。家里只种了2亩水稻，生活比较困难。（访谈资料，刘××，普通农户）

2. 因病导致贫困

（1）文化水平低，导致疾病治愈率较低

DC村村民多数文化水平较低。村内的慢性病老人遵守医嘱行为较差，有的老人忘性大，容易乱服药、服错药和漏服药，或者自行更改医生制定的服药标准，减少服用次数和剂量，导致病情恶化。很多老人为省钱，去非正规的诊所或者药店低价购买药品。与城市的老人相比，DC村的老人欠缺医疗知识，不懂如何预防疾病，获取健康知识和指导的途径少，不愿意主动寻求治疗，而是有病症再治疗，很少接触相关的健康知识刊物和电视节目，对慢性病发病的危害以及如何预防慢性病知之甚少，对现有的医疗政策不够了解，无法获取更多的健康服务。

（2）较高的合作医疗费用和高昂的医药费用导致农民贫困

高龄老人是老年人口中的脆弱群体，他们生病甚至卧床不起的概率最高。我国65～69岁、80～84岁、90～94岁与100～105岁老人生活不能自理的比例分别为5%、20%、40%与60%。平均每位80岁及以上高龄老人的照料与医疗成本开支约为65～74岁老人的14.4倍。老年人生病成为很多农村家庭难以承受之重，村里经济条件和基础设施较为落后，外出挣钱的孩子不得不回家照看老人，轮流照看老人不仅成为几个家庭的压力，还极易因为费用与分工等问题产生意见分歧，导致家庭矛盾。

> 农村合作医疗是为了解决农民看病贵看病难的问题，但药价从最初的10元涨到220元，翻了多少倍？可农民的收入和报销的标准又提高了多少？镇医院一般看小病，县医院看中病，如果患上大病，只能去省市医院，那里报销标准高不说，还要地方医院开转院证明。而且只有住院才能报销，门诊不能报。（访谈资料，普通农户）

3. 缺乏关爱导致农村老年人精神贫困

（1）空巢老人缺乏子女陪伴，导致心理健康问题严峻

DC村存在比较多的空巢老人家庭，空巢家庭分为单人空巢和夫妻空巢。相对于有老伴的老人来说，独居老人更易产生孤独感和负面情绪，老人最主要的精神支柱是其配偶，一旦丧偶，将会给老人带来沉重的心理负担和严重的精神创伤。平时得不到子女的关爱与陪伴，独处时

容易产生各种心理反应，不良情绪长期没有地方疏泄而心情郁闷，导致抑郁症发生率增加，或者患上"空巢综合征"，严重的甚至会引发老年痴呆。如果不加以改善，则会影响老人的性格，引起紧张、恐惧、焦躁不安等不良情绪。有的老人担心子女在外生活的情况，焦虑的程度更加明显。

农村的空巢老人长期缺乏情感慰藉，同时受经济基础和文化程度等因素的制约，幸福感相对较低，身体状况也相对较差，在遇到各种突发事件时应对能力较差，面对人生中遇到的挫折和不幸时无法理智看待，也不会利用周围的资源去适应环境，不懂如何保持心理健康。

（2）心理障碍引发身体疾病

空巢综合征的主要原因是缺少关爱，长期下去可能导致一系列的身体症状和疾病，如失眠、早醒、睡眠质量差、头痛、乏力、食欲不振、心慌气短、消化不良、心律失常等。① 如果不能对上述症状进行及时纠正，则会增加高血压、冠心病、胃溃疡等身体疾病的发生率，对老年人群产生较大影响。

> 我们去叶××婆婆（69岁）家访谈的时候，正碰上她从外面做农活回来，她身形伛偻地走来，看到我们拜访显得格外热情。家里就她一人居住，一双儿女在外地打工，一年只能逢年过节回来几次，老伴患高血压走了几年了，她说自己原来是一头黑发，在老伴走的那天一夜白了头，以前老伴还在的时候他们两个人好歹还有人陪着说说话，家里缺什么东西都靠老伴骑20分钟自行车去街上买。现在老伴不在了，她也不会骑车，每次要自己走路去采购，每天一个人在家里，没人说话，仿佛生活都失去了意义。晚上经常担惊受怕，整夜整夜地睡不着觉，久而久之，身体也不行了，天天要吃好几种药，去医院的次数也比以前多了。她表示："我现在就想有个

---

① 葛庆军：《空巢老人心理健康状况及影响因素探究》，《心理月刊》2019年第13期，第53页。

人陪陪我，老都老了，也不要什么吃的、喝的、玩的，能有个人听我说话，我就已经很开心了。"（访谈资料，叶××，普通农户）

（三）人情负担加重老年人交往贫困与经济贫困

在农村，人情参与广度是村民是否会做人的标尺。人情具有互助的功能，广泛的人情往来为参与者提供了可以利用的实际的或者潜在的资源，因此具有积累社会资本的功效。

打工经济兴起之后，村民收入多了，随着社会的分化与发展，"赶人情"成为农村的一项负担，原本密切的人情往来能够增进人们的社会性关联和社会资本，但当仪式性人情名实分离之后，人情却成了村庄的一种分离力量，缺少了原本的"人情味"，人情越来越功利化。对仅能维持温饱且剩余不多的农民来讲，实在是无力支付这种不断被推高的人情支出。对那些仍然有必要参与人情往来的老人来讲，负担就更重，他们被迫放弃了必要的人情往来，从而在某种意义上脱离了村庄生活，局限于家庭空间，结果是这部分老人自然而然地就被边缘化，形成了交往贫困。

以前在农村人情支出主要是婚丧嫁娶，现在花样百出，送礼名目越来越多，搬家、孩子满月、生日做寿、升学、开业典礼、生病住院、参军、乔迁等都要请客送礼，礼钱也越来越多，以前送 30 ~ 50 元，现在少于 100 元都拿不出手，所以每年在这方面都要花不少钱。

村民朱××（男，59 岁）说：我们家一年要送 4000 元的礼金，每个月都有几家结婚或者办满月酒，一次就要送几百元，关系好点的就要送上千元，我也想少送点，可别人送那么多我也不好意思只送几十块钱。家里只有一个儿子，还没结婚，不知道什么时候才能等到别人还礼呢，现在是只出钱不进钱。（访谈资料，朱××，普通农户）

（四）农村空心化导致农民贫困

农村空心化是农村劳动力特别是文化素质较高的青壮年劳动力大量流失造成的最直接后果，主要会出现农业生产发展劳动力补充不足、新技术推广困难、农业生产老年化和女性化等问题。

1. 村内人才短缺致使乡村发展后继乏人

大部分青壮年村民外出务工，导致农村务农人员严重缺乏，经济发展衰退，从而使得农村公共服务能力降低，公共活动减少，留守的老弱妇孺成为村民自治过程中最重要的成员，随之也衍生了人口老龄化和留守儿童等问题。

此外，青壮年农民承担乡村治理工作的积极性也明显下降，在空心化村庄的背景下，民主监督和民主管理难以执行。随着农村市场化程度的提高，相对于农村的发展，农民更加关注自身发展和家庭致富，担任村干部的收入相对于务工来说显得十分微薄，在此背景下，出于理性考虑，青壮年农民更愿意通过外出务工或在家发展生产来提高经济收入。有些年轻人认为做村干部晋升空间小且收入微薄，虽然说村干部大小在村里算是一个"官"，但这样的职位实在是太小了。这样一个小的职位，身兼各种繁重的任务和工作，一旦做不好，还可能遭到农民们的责怪，没有办法胜任，即使能够胜任，等到年老的时候又错过了外出打工的好机会，得不偿失，因此有些青壮年农民不愿意当村干部。对于农村党支部来说，在当前青壮年农民大量外出的情况下，寻找党组织发展对象也面临较大难题。随着城乡融合的加速，农村问题变得更加复杂，各种矛盾也明显增多。在此情况下，村干部的工作任务明显增多，各种事务都落在村干部头上，除了传达国家颁布的政策，村干部还要处理村中的一些事务，例如盖房、纠纷等，然而众口难调，很多时候没有办法照顾到方方面面，很容易被人埋怨攻击。此外，近年来农村因土地流转、低保等事项滋生了较多社会矛盾，在此背景下，青壮年农民不愿意去"得罪人"，自然不愿当村干部。以上这些因素，不仅使得青壮年农民更加青睐外出务工，而且留村的少数青壮年农民也不愿意承担乡村治理的重任。

2. 资金外流，农村产业发展乏力

从事农业生产活动未能带来足够的经济效益，农民为寻求具有更好经济效益的工作去往城市，对比之后发现城市的经济效益确实优于农村，因而多将发展规划的重心放在城市，不会在农村留下太多资金。在城市适应后，农民往往会将绝大多数的资金带入城市，资金回流农村的形式基本只有建设新宅。农村出现耕地抛荒现象，曾经一度对农民种粮产生积极作用的补贴并没有起到应有的激励作用，在一些农民看来，拿补贴不种地去打工比拿补贴种地更划算。人员外流、资本抽离使得农村基础设施建设进展缓慢，农村产业发展乏力。

五 结论与思考

（一）主要结论

1. 农村基础设施落后，产业发展单一

DC 村地理位置偏僻，村里年轻人大部分到沿海地区或经济发达地区务工，导致村内缺乏资金、技术、信息、人才等致富资源。虽然在林改后村子的大量林地资源都属于农户，但很少有人意识到"靠山吃山"，所以林地利用率较低。村内整体基础设施较为落后，产业发展单一，主要是自给自足的家庭生产模式，影响脱贫质量和乡村的进一步发展。

2. 文体设施陈旧，空巢老人生存状况堪忧

DC 村基础设施不健全还体现在文体设施不够丰富，器材老旧，没有专门的老年人活动中心，老人们除了去田里劳作，就是在家里担忧外出子女的生活状况，长此以往，老人的身体和心理或多或少都有些疾病，有些病情还会加重，对于部分收入微薄的老人而言，根本无力承担

买药和去医院看病的费用。如何提高老年人群收入、增加他们的幸福感，仍需要我们不断探索和研究。

3. 家庭教育缺失，未成年人缺少父母关爱与管教

大部分未成年人正在接受学校教育，每个月要支付生活费，所以不少父母外出务工赚钱，在未成年人教育方面，文化程度较低的老年人无法辅导他们做功课，不能提供良好的监护和照顾。

（二）思考与对策

1. 为返乡创业人员开辟绿色通道，将农村闲置资源转化为发展资本

在符合农村宅基地的管理规划下，允许返乡创业人员与当地农民合作改建自住房，为返乡人员的生活提供保障，支持返乡下乡人员依托自有和闲置农房院落发展农家乐。譬如 WP 县 YL 村由政府出资聘请专业绘画人员在全村农户房屋上绘画风景水彩画，打造特色旅游风景村。墙上绘画内容紧贴农户生活，一幅幅做农活的场景在墙上活灵活现，大公鸡、耕牛等动物画得栩栩如生，游客们纷纷在墙边合影留念。村子内还办有采摘园等观光农业，游客们不仅能吃到健康绿色的果蔬，还能体验乡村生活，引得周边游客慕名而来，渐渐带动了当地的经济发展，当地人称其为"别具一格的网红村"。

加强农村公共服务建设、改善农村道路交通条件、提高网络通信水平，让村内特色产品顺利搭上"互联网＋"快车。

完善创新土地流转机制，吸引龙头企业投资建设农产品加工基地，提高农产品附加值。健全农村增收机制，让老年人有赚钱渠道，让大学生有返乡创业平台，为新时代新农村发展注入新活力。

坚持因地制宜，在推动乡村旅游发展的过程中取得差异化优势，根据"空心村"的生态资源、区位特点、产业特色等，培育资源、区位、市场和产业依托型等发展模式，实行诸如"一村一品""一户一业态"的差异化发展策略。同时，坚持资源集约，吸引城市退休人员到"空心村"租用废弃地和闲置老宅，适当改造修缮，用于自身的居住养老，或者发展民宿经济，努力把闲置资源转化为发展资本。

2. 创新农村养老机制，提升老人养老保障能力

政府应充分发挥财政的再分配功能，增加养老补贴，加大对老年福利的投入。鼓励地方政府对经济困难老人和高龄老人给予适当的家庭补助和高龄津贴。同时，政府要支持社会力量成立养老服务机构，整合地方资源，积极引导社会资本向养老服务业投入。针对留守老人，可以建立养老院，留守老人缴纳较低的费用就可以入住养老院，由专门的人员提供照顾。养老院的建立可以行政村为单位，规模不必过大，因为有些老人更愿意住在家里。可以采取国家、集体、社会、个人等多渠道相结合的筹资模式，以各种方式建立养老服务机构，为老年人提供更加全面、便捷、高水准的养老服务。此外，要鼓励社会资本成立更多公益慈善养老基金，充分发挥慈善组织作用，发扬尊老、敬老、爱老、养老的传统美德，切实凝聚社会力量，提高老年群体的生命质量和生活品质。

3. 扩大医疗保险范围，提高医疗救助水平

一是不断扩大医疗保险的用药范围。对于一些价值高的专利创新药品，可以通过谈判的形式把它纳入医保药品目录，逐步扩大用药范围。二是不断提高保障水平。降低起付线，提高支付水平，让更多的人享受到大病保险，普遍提高群众的报销能力。加大对困难群众的倾斜，对建档立卡贫困户取消大病保险的封顶线。

4. 采取多种措施提高老年人收入

首先，提高家庭收入。其次，以地养老。农民的资源是土地，土地是农民赖以生存的基础，将土地引入社会化管理，依地养老就是社会养老的必要手段。土地以股份制的形式加入合作社，合作社再给予股民或社员每年租金和股份分红，农户可以利用有限的土地，发挥养老的功能。最后，参加养老保险。现在我国农村推行的养老政策为普惠型的养老保险政策，原则是"多缴多领，长缴多领，少缴少领，不缴不领"，按时缴纳养老保险，可以保证老有所依。针对不赡养老人的子女，村委会、居委会、爱心公益组织等应当出面教育、引导，让儿女尽到赡养义

务；或者通过亲属做儿女工作，合理分配养老事宜，例如，儿女多者，可以采取"有钱出钱，没钱出力，轮流照管"等方法，把老人的生活起居安排落实好。

5. 着重建立健全三项农村基本社会保障制度

现阶段，应着重建立农村最低生活保障制度、养老保险制度、合作医疗制度。一是优先建立最低生活保障制度。最低生活保障制度是社会保障体系中的最后一道"安全网"，是以保障公民基本生存权利为目的的社会救助制度。制定时应科学确定保障标准，依据不同地区的经济发展水平，可以有所不同，根据农村生活费低于城市的实际情况，同一地区农村标准应适当低于城市标准。二是逐渐建立灵活多样的养老保险制度。养老保险主要有基本养老保险、补充养老保险、商业养老保险等多种形式。全国各地普遍建立基本养老保险制度，经济发达地区在参加基本养老保险之外，鼓励农民按照自愿原则办理补充养老保险，购买商业养老保险。三是大力推行新型农村合作医疗制度，切实解决农民"因病致贫、因病返贫"问题。

第五章　外出务工型边缘农户的
致贫风险与规避对策

导　言

　　贫困问题是当今世界面临的重大挑战，完成 2020 年所有农村贫困人口稳定脱贫是我国迫在眉睫需要解决的事情。改革开放以来，农村人口进入城市务工，一方面填补了城镇劳动力供给的不足，另一方面也有效抑制了劳动成本的上升。农村劳动力流失在深刻改变中国城乡面貌的同时，也重新塑造着农户家庭的农业生产。一个显著的特点是，越来越多的农家呈现"半工半耕"特征，集中表现为农业副业化，非农收入成为家庭收入主要来源。①

　　当前我国进城务工的人数仍然在逐年增加，从 2014 年的 1.68 亿增加到 2018 年的 2.88 亿。② 在农村，大家普遍认为外出打工比在家辛苦种地挣钱快也挣得多，所以才会出现这种劳动力转移的现象。虽然劳动力大量流动能够促进农民增收以及城市与农村的发展，但也会引起农民生产积极性不高、土地撂荒等现象。与此同时，由于社会保障和劳动力市场的相关制度还不健全，我国农村目前劳动力转移的模式主要以家庭的部分成员个体迁移为主，正因为如此，在农村外出务工型生计模式的

---

① 钱龙、陈会广、叶俊焘：《成员外出务工、家庭人口结构与农户土地流转参与——基于 CFPS 的微观实证》，《中国农业大学学报》2019 年第 4 期。

② 国家统计局：《2018 年农民工监测调查报告》，国家统计局网站，http://www.stats.gov.cn/tjsj/zxfb/201904/t20190429_ 1662268.html，2019 年 4 月 29 日。

家庭也会出现子女教育、老人赡养等问题。针对当前农村人口外出务工这种现象所带来的问题，深入分析其现状并探究背后的原因，对解决贫困问题、发展农村经济都有积极的意义。

湖北省 XC 县 W 镇 MS 村即符合外出务工这种生计模式，调研组通过实地考察、抽样调查等方法，分析边缘人口的生计模式、致贫风险及规避对策。XC 县位于湖北省东北部，1993 年 6 月经国务院批准设立，是国家新一轮扶贫开发重点县。本章首先介绍 MS 村的现状和贫困基本特征，再介绍样本人口的生计模式、致贫风险，最终为解决边缘人口返贫问题提出相应的对策建议。

一　案例村基本情况

本次调研以问卷和深入访谈的形式走访了 XC 县 W 镇 MS 村 4 个自然湾的 32 户农户。调查的对象主要是边缘农户（比建档立卡贫困户状况稍微好一点的低收入群体），也有部分贫困户。抽样原则与前文相同。

XC 县位于湖北省东北部，地处大别山南麓、江汉平原北部。东与武汉市黄陂区接壤，西接云梦县、安陆市，南邻孝感市孝南区，北靠大悟县、随州广水市。XC 县交通发达，区位优势明显，京珠高速、107 国道、京广铁路纵贯南北，汉十高速、243 省道、安卫铁路连接东西，是鄂东北承启南北、连接东西的重要交通枢纽。

全县有耕地 46 万亩，林地 44 万亩，水面 10 万亩，初步形成了以太子米为主的优质米基地，以玉皇李、早蜜桃、凤凰茶、中药材为主体的多种经营基地，包括以凤凰山茶场为龙头的东部山区茶叶基地、以大悟山药材场为龙头的药材基地、以鹞子山林果场为龙头的林果基地、以水库塘堰养鱼为主体的水产基地、以华阳特种狗为龙头的畜禽养殖基地等。

W 镇位于 XC 县北部，土地面积 77.4 平方公里，36 个村（社区），总人口 48391 人。全镇现有重点贫困村 10 个，建档立卡贫困户 2839 户

9990 人，截至 2018 年底，已出列重点贫困村 8 个，已脱贫贫困人口 2152 户 8138 人，2018 年在全市精准扶贫考核中，W 镇被评为 A 类第二名乡镇。目前尚有 2 个重点贫困村未出列，687 户 1852 人未脱贫。2019 年计划脱贫贫困人口 636 户 1722 人。

W 镇 MS 村是湖北省列入建档立卡的重点贫困村，地处 W 镇南部，距 W 镇政府所在地 2 公里。该村辖有 4 个自然湾，10 个村民小组，326 户 1365 人。现有建档立卡贫困户 89 户 373 人，低保户 16 户 65 人（吃低保 27 人），特困供养户 4 户 4 人；已脱贫 82 户 350 人，未脱贫 7 户 23 人（其中，低保户 2 户 11 人，特困供养户 3 户 3 人，一般贫困户 2 户 9 人）。2016 年脱贫 19 户 92 人，2017 年脱贫 51 户 215 人（其中稳定脱贫 8 户 45 人），2018 年脱贫 12 户 43 人。2018 年综合贫困发生率为 1.78%。

致贫原因如下。缺技术：21 户 78 人；缺劳力：5 户 7 人；因病：43 户 190 人；因残：17 户 85 人；因学：3 户 13 人。享受扶贫小额贷款 3 户；种养补贴 44 户；土地流转 24 户；稻虾养殖 3 户；种植辣椒 1 户；生活保障 20 户；教育保障 48 户；易地扶贫搬迁 4 户 10 人；农村危房改造 2 户；残疾人补贴 15 户；医疗保障全部享受。

该村土地面积 5.1 平方公里，耕地面积 826 亩，其中水田面积 585 亩，山林面积 2100 亩，地属丘陵地带，有较丰富的山场和水利资源，交通便利，属亚热带季风气候，主要农作物以水稻、小麦和小杂粮为主，油料作物一般为花生、油菜，村民的经济收入以种植业和务工为主。

二 案例村脱贫攻坚工作情况

（一）脱贫攻坚部署情况

1. 全面聚焦"两不愁三保障"补短板工作

一是"补短"先找"短"。W 镇紧紧围绕"两不愁三保障"脱贫标准，采用"自下而上、自上而下、上下结合"的方式，对全镇2839户贫困人口开展全面普查，看有无"两不愁三保障"政策未落实的情况；对边缘户、存疑户、独居老年户进行重点排查，看"两不愁三保障"是否到位，有无漏评情况。镇村两级分类建立了"3+1+1"（义务教育、基本医疗、住房安全、饮水安全、稳定收入五个方面）台账，逐村逐户列出问题短板清单，真正把短板找"准"，把问题搞"清"。二是找"短"重补"短"。W镇对照标准补短板，坚持结果导向，既不拔高要求，也不降低标准，对查找出来的疑点问题进行了认真梳理分析，并把"补短"同中央巡视整改相结合，同历次检查考核、审计评估发现的问题整改相结合，进一步强化了各部门、村级攻坚组、驻村工作队责任。

2. 扎实推进"入户+开会+公开"三步工作法

一是真情实意入户悉民情。结合每月结对帮扶日，W镇积极统筹多方力量，号召村干部、驻村工作队员、包保责任人定期入户走访，面对面、一对一宣传扶贫政策。切实做到"两张明白卡"户户贴到，破损遗失的及时更换，加大政策宣传落实力度，加强对农户的思想沟通，提升群众满意度、政策知晓度。二是多种形式开会听民声。通过开展干部走亲结对活动，结合农民夜校、"支部主题党日"、家访谈话、屋场院子会等，搭建"三话一会"平台，用心用情帮助群众算好四本账（收入支出账、致贫成因账、政策措施落实账、帮扶成效账），切实转变给钱给物帮扶方式，教育和引导广大群众用自己的辛勤劳动实现脱贫致富。

3. 全面提升"三率一度"① 工作

一是摸清底数，做好精准识别。逐村逐户全力开展"拉网式"大排查，摸清贫困情况，并严格按照"一评议一比对两公示一公告"的

---

① "三率一度"指漏评率、错退率、综合贫困发生率和群众满意度。第三方评估将贫困户错退率、漏评率以及满意度作为主要考核指标，如果错退率高于调查样本的2%，漏评率高于调查样本的1%，满意度低于90%，贫困区县就不能摘帽。

识别程序开展 2019 年动态调整工作，确保将符合条件的对象户"应纳尽纳"，确保漏评率为 0。二是因户施策，做好精准退出。要求各攻坚组、结对帮扶干部对所有在家建档立卡贫困户做到见面商定、不在家的电话商定规划，严格按照贫困户家庭的实际情况，因户施策，落实稳定的帮扶措施，确保错退率为 0。三是脚踏实地，做好帮扶工作。在各项惠民政策落地生根的前提下，统筹贫困户与非贫困户思想工作，各村攻坚组积极开展入户走访活动，积极召开群众会议，积极收集群众意见，积极解决群众困难，确保件件有回应，提高群众对帮扶工作的认可度，切实增强群众获得感，确保综合贫困发生率在 2% 以下，群众满意度达到 90% 以上。

（二）脱贫攻坚取得的成效

1. 产业基地建设

W 镇紧紧围绕"每村一个产业基地、一个农民专业合作社、一套与贫困户利益联结机制、一个村级集体经济收入增收门路"目标，2019年上半年新增林果药茶规模产业基地 43 个，新注册农业合作社 16 家，新增产业基地面积 5000 余亩，通过土地流转、务工带动等方式累计带动贫困户 1320 人次。

2. 特色产业培育

结合自然资源条件，因地制宜，开拓出了以黄桃、艾叶、花椒、油茶、小龙虾等为代表的特色种植养殖产业。其中，小龙虾养殖产业已连片发展达 1000 亩，带动发展贫困户 30 余户；韵鹤生态农业工程有限公司、先强苗木、兴达种植等专业合作社新增流转土地 100 余亩用于发展苗木花卉产业，共带动贫困人口 260 人就业；民益艾叶合作社、陈巷拖把厂、齐岗家具厂、传祥柜子厂、官塘豆粉厂、杨岗苕粉厂、社区制衣厂、陈强旧书店等一批特色扶贫产业正在做大做强。

三　边缘农户的生计模式

本次调研以问卷和深入访谈的形式走访了 MS 村 4 个自然湾的 32 户农户，总人数 158 人。在这些农户中有 8 户建档立卡贫困户和 24 户一般农户。边缘户的家庭生计模式整体可划分为四个部分：家庭基本情况、家庭生计来源、家庭消费支出情况和基本公共服务情况。

（一）家庭基本情况

表 5 - 1 为所调查农户的年龄状况。将年龄划分为 18 岁以下、18 ~ 60 岁、60 岁以上三个区间。由表中数据可知，调查人群中年龄处于 18 岁以下的有 44 人，占比为 28%；年龄处于 18 ~ 60 岁的有 68 人，占比为 43%；年龄为 60 岁以上的有 46 人，占比为 29%。由表中数据可以看出，年龄处于 18 ~ 60 岁的农户，达到了 43% 的占比，近半数，说明农户人口年龄分布呈年轻化状态，但是需要进一步结合实际情况，大多数的年轻农户为了更好地满足家庭生活开支以及子女教育费用，会选择外出打工或者在就近的城镇工作，而不是选择在家务农；18 岁以下和 60 岁以上的人口占比相当，不难看出常年留守在农村的是儿童与老人。

表 5 - 1　MS 村农户年龄分布

年　龄	样本量（人）	均　值	最小值	最大值	占比（%）
18 岁以下	44	8	1	16	28
18 ~ 60 岁	68	38	22	57	43
60 岁以上	46	68	61	76	29

表 5 - 2 为所调查农户的健康状况。身体健康的农户人数为 72 人，占比达到 46%，说明大部分农户身体比较健康，可以结合表 5 - 1 分析原因，可能是因为其中有大部分是年轻人，毕竟年龄和健康状态

在某种程度上是成正比的。患慢性病的农户有 60 人，占比达到 38%，近四成的农户身体处于亚健康的状态，虽然不会突然耗费一大笔支出来就诊，但是慢性病是需要不断用药进行保守治疗的，对本来就不富裕的农户来说这是无形的负担。患大病的农户有 26 人，占比达到 16%，对于家庭收入不乐观的农户来说，可能没有存款来应对突如其来的大病。在调查过程中发现，无论是老年人还是中年人，或多或少都会有一些身体健康问题。至于为何出现这种情况，调查发现，中年人大多数是由于工作压力大、工作强度大，例如长时间从事搬砖、水泥等劳力活动，加上不注意休息，身体营养没能得到及时供应等一系列原因，然而这些现实问题是需要社会各界共同努力才能改变的。老年人是由于年纪大了，身体各方面的机能下降，生活水平较低，营养跟不上，自然而然患慢性病的概率就会增加。民众健康状况是衡量国家进步与发展的重要标志，贫困与疾病妨碍了人的自由与发展，影响了社会的公平正义。疾病是导致中国贫困家庭的首要致贫因素，这一现状在农村地区表现得尤为突出。

表 5 - 2　MS 村农户健康状况

健康状况	人数（人）	占比（%）
健康	72	46
慢性病	60	38
大病	26	16

　　健康扶贫是在脱贫攻坚背景下，国家为解决因病致贫、因病返贫的一个重要治理方案。健康扶贫是精准扶贫的一个重要分支，旨在通过提升贫困人群的医疗保障水平、提高贫困地区的医疗服务能力、保障贫困人口享有基本医疗卫生服务，切断疾病与贫困之间的恶性循环，解决贫困人口"因病致贫、因病返贫"的困境。医疗保障是社会保障的重要组成部分。医疗保障是指以法律和社会政策

为依据，建立政府保险、社会保险、互助保险、特殊人群保险、商业保险、医疗救助、公共卫生以及家庭保障等保险和非保险机制，以有效分散和转移社会所有成员因疾病而产生的收入风险，进而实现社会和家庭生活的充分保障的制度体系。因此，县政府对全县全部建档立卡贫困人口提供医疗服务，对贫困人口开展健康体检，实行家庭医生签约服务，健康体检率100%，贫困人口签约服务率100%；为住院患者提供县域内定点医院"先诊疗后付费"和"一站式"结算服务，服务模式覆盖全县所有定点医疗机构（12个乡镇卫生院、县一医院、县中医医院、县妇幼保健院）。主要有以下政策。

（1）贫困人口健康体检和签约服务：组织乡镇卫生院医生或村医对农村贫困家庭实行签约服务，对农村贫困人口每年开展一次免费健康体检。

（2）"先诊疗后付费"和"一站式"结算服务：农村贫困人口在县域内医疗机构住院，住院前和住院中无须缴纳任何费用，只需提供医疗卡、身份证即可享受诊疗服务，出院时按"四位一体"赔付后，支付个人自付部分。

（3）为保证医保政策落实，实行县域外定点医院诊疗机制、转诊控制机制（转诊率控制在10%以内）、基药控制机制（乡镇卫生院基本药使用率80%以上，县一医院、县中医医院药占比不超过30%，县妇幼保健院药占比不超过35%）。

（访谈资料，县领导，张××）

从所调查农户的文化程度来看，农户处于小学及以下文化程度的有82人，占比52%，说明大部分农户文化水平很低，与之相应的就是农户只能从事体力劳动来换取血汗钱；初中文化程度的有50人，占比31%；高中、中专文化程度的有14人，占比9%；大专及以上文化程度的有12人，占比8%（见表5-3）。可见，受过高中以上教育的农户人数不多，现在正处于知识时代，对于教育程度不高的农户来说是一种新的挑战。我国非常重视教育的发展，对于经济本就不发达的农村而言，义务教育的推动显得尤为重要。教育作为形成人力资本的最重要途径，具有正向作用。通过教育，可以提高个人的认知水平、提高掌握实用技能的能力、降低个人获得工作的机会成本；个体教育水平的提高也有利于全社会人力资本的积累，有利于提高全社会的劳动生产效率。

表 5 - 3　MS 村农户文化程度情况

文化程度	人数（人）	占比（%）
小学及以下	82	52
初中	50	31
高中、中专	14	9
大专及以上	12	8

从所调查农户的家庭资产状况来看，32 户农户都有的资产为彩电、手机、电冰箱或冰柜、床这四种资产（见表 5 - 4）。这些都属于生活中的耐用品，虽然调查的边缘农户家中都有这些资产，但是有的资产年限比较久远，价值远不如之前。例如有的农户家中的电视是十几年前买的，现在屏幕上的内容都看不清，并没有多少价值。手机成为现代社会必备的联络工具，就算家里再穷，每户也都会有手机，方便与家人联络。84% 的农户拥有摩托车及其他交通工具，当地农户从事农业生产也好，去县城买东西也罢，因为路途比较远，交通工具是必不可少的。其他那些家里没有交通工具的是因为家人岁数过大不能使用交通工具。洗衣机、煤气或液化气炉具，对于那些家境贫困的农户来讲是没有必要的。因为衣服可以自己手洗，做饭可以用烧柴。农机具只有极少数农户拥有，说明没有多少人从事大面积种植，或者觉得农机具可以租借没有必要买。综上所述，农户家庭生活水平处在基本温饱状态，有待提高。

表 5 - 4　MS 村农户资产情况

资产类别	户均资产价值（元）	户数（户）	占比（%）
彩电	1718	32	100
手机	3100	32	100
摩托车及其他交通工具	16344	27	84
空调	1219	25	78
洗衣机	981	27	84
煤气或液化气炉具	369	28	88
电冰箱或冰柜	1200	32	100
床	881	32	100
农机具	17500	2	6
塑料大棚	0	0	0
耕牛	1000	1	3
生产用运输车	4500	2	6
猪圈	2000	1	3

（二）家庭生计来源

从所调查农户的工作情况来看，在家务农的有 40 人，占比 25%（见表 5 - 5）。在家务农且兼职务工的有 16 人，占比 10%。在外务工的有 54 人，占比 34%。没有工作的有 48 人，占比 30%。在家务农的农户中，大部分是留在家里的老人，因为身体或者其他原因，只能在家里种田。在外务工的 54 名农户中，大部分是身体状况较好的中年人。没有工作的大多是正在读书的学生或丧失劳动能力的农户。农村人口进城务工弥补了城镇劳动力供给的结构性不足，有效地抑制了劳动力成本的上升速度，为发挥我国的劳动力资源优势、提高企业的竞争力做出了重要贡献。但与此同时，那些夫妻二人一起外出的家庭，孩子只能让老人照顾，或者是自己带在身边，这样一来虽然外出务工能够提高家庭收入，但是给孩子的教育带来了很大的隐患。

表 5 – 5　MS 村农户工作情况

工作情况	人数（人）	占比（%）
务农	40	25
务农 + 务工	16	10
务工	54	34
没有工作	48	30

从所调查农户的耕地情况来看，从 2015 年到 2018 年，被调查农户户均耕地面积由 6.1 亩减少到 4 亩，户均转出耕地从 2 亩增加到 3 亩（见表 5 – 6）。主要存在以下几点原因：① MS 村从事农业生产的劳动力以老人和妇女为主，接受现代农业新科技、新知识比较慢，劳动力结构和整体素质已越来越难以适应现代农业产业的发展需要。②农民种植存在盲目性。从调查结果看，由于受到市场行情的影响，农民对上年销售好、价格高的品种种植信心较高，如蔬菜、瓜类和经济作物品种，种植效益低、销售不畅的品种则受到冷遇，如粮食和传统种植品种。③目前我国农业现代化程度不高，大部分农民还是采取"靠天吃饭"的经营模式。由于农民缺乏应对气象灾害的强有力措施，政府发布的气象方面相关信息不够全面，难以满足农民对气象信息的诉求，致使很多农民由于畏惧气象灾害而放弃种地，选择外出务工。④农民种植结构仍较单一，应对市场风险的能力较弱。农资价格不断上涨，农业生产投入较大。虽然近几年党和政府出台了一系列惠农政策，对激发农户的积极性起到了一定的作用，但持续上涨的农资价格使种植成本不断加大，有些种植品种毛收入很高，但除去各项费用，纯收入增幅较小或和上年持平。以上因素，导致农民对种地的积极性越来越低。因为没人愿意种，有的农户甚至把自己家里的耕地无偿地转给关系较好的农户去种。

表5-6　MS村农户耕地情况

耕地情况	2015年户均耕地（亩）	2018年户均耕地（亩）
总耕地面积	6.1	4
转出土地面积	2	3

（三）家庭收入与支出情况

从所调查农户的收入情况来看，2015年家庭户均收入为56180元，2018家庭户均收入为61541元（见表5-7），呈现较为明显的上升趋势。农户的收入结构包括：①种植、养殖、经商等经营性收入；②务工、上班等工资性收入；③土地租金、征地、财政和信贷资金分红等财产性收入；④各类政府补贴、亲友给钱等转移性收入。2015年MS村户均种植、养殖、经商等经营性收入为6919元，占总收入的12.2%；2018年MS村户均种植、养殖、经商等经营性收入为4849元，占总收入的7.9%。在MS村，因为种地收入不高，农户种田的积极性不高，村里的年轻人大多选择外出务工，农户的家庭收入来源基本上都是靠工资性收入。2015年MS村户均工资性收入为46494元，占总收入的82.8%；2018年MS村户均工资性收入为53646元，占总收入的87.1%。MS村农户的财产性收入主要是土地租金的收入。在调研的过程中我们发现，很多农户没有种地，把地给别人种，但并没有收取租金。只有几家是把土地租给合作社，所以才能有财产性收入。2015年MS村户均财产性收入为156元，占总收入的0.3%；2018年MS村户均财产性收入为194元，占总收入的0.3%。MS村每户都会有粮食补贴、养老补贴和其他相关的政府补贴，贫困户会有社会救助补贴、就业创业补贴、健康扶贫补贴和产业扶持补贴，这些转移性收入加起来可以给那些生活有困难的贫困户提供很大的帮助。2015年MS村户均转移性收入为2611元，占总收入的4.7%；2018年MS村户均财产性收入为2852元，占总收入的4.7%。

表 5-7　MS 村农户收入情况

收入类型	2015 年		2018 年	
	户均收入（元）	占比（%）	户均收入（元）	占比（%）
经营性收入	6919	12.2	4849	7.9
工资性收入	46494	82.8	53646	87.1
财产性收入	156	0.3	194	0.3
转移性收入	2611	4.7	2852	4.7
合　　计	56180	100	61541	100

　　从所调查农户的消费支出情况来看（见表 5-8），2015 年家庭户均总消费为 23978 元，2018 年家庭户均总消费为 33119 元。农户支出分为以下几个方面：文化教育支出、医疗保健支出、衣着消费支出、食品消费支出、交通支出、通信支出、服务性支出和其他支出。其中，2015 年户均文化教育支出为 7036 元，占总支出的 29.3%；2018 年户均文化教育支出为 7533 元，占总支出的 22.7%。和 2015 年相比，2018 年户均文化教育支出有所上涨，但占总支出的占比有所下降，这是因为在文化教育支出上涨的同时，其他支出也有一定幅度的上涨，导致占比下降。2015 年户均医疗保健支出为 5306 元，占总支出的 22.1%；2018 年户均医疗保健支出为 11019 元，占总支出的 33.3%。与 2015 年相比，2018 年户均医疗保健支出无论是从金额方面还是从占比方面都有大幅度的增长，主要是因为随着岁数的增长，农户的身体状况也随之下降，导致在医疗保健方面的费用上涨。前文也提到过，身体健康是家庭创收的关键，当家里的一个劳动力生病之后，影响的不只是看病需要的花费，更重要的是收入会大幅减少，进而影响到整个家庭的生活质量。2015 年户均衣着消费支出为 1656 元，占总支出的 6.9%；2018 年户均衣着消费支出为 1894 元，占总支出的 5.7%。和 2015 年相比，2018 年户均衣着消费支出有所上涨，和文化教育支出一样占比下降。2015 年户均食品消费支出为 4975 元，占总支出的 20.8%；2018 年户均食品消费支出为 7169 元，占总支出的 21.6%。2015 年户均交通支出为 1241

元，占总支出的 5.2%；2018 年户均交通支出为 1341 元，占总支出的 4.0%。交通支出包括农户平时外出去县城看病或者去外地打工来回乘坐交通工具所需要花费的费用。2015 年户均通信支出为 1688 元，占总支出的 7.0%；2018 年户均通信支出为 1875 元，占总支出的 5.7%。从表 5 - 4 可以看出，家家都有手机，所以在通信支出方面都有所花费。年轻人较多的家庭在通信支出上的花费要比老人较多的家庭花费多，因为老人对手机的需求不是那么强烈，在话费方面的支出自然也较少。2015 年户均服务性支出为 88 元，占总支出的 0.4%；2018 年户均服务性支出为 38 元，占总支出的 0.1%。服务性支出是指用于支付社会提供的各种文化和生活方面的非商品性服务费用。2015 年户均其他支出为 1988 元，占总支出的 8.3%；2018 年户均其他支出为 2250 元，占总支出的 6.8%。其他支出包括人情支出和一些突发情况而产生的支出。

表 5 - 8　MS 村农户支出情况

支出类型	2015 年		2018 年	
	户均支出（元）	占比（%）	户均支出（元）	占比（%）
文化教育支出	7036	29.3	7533	22.7
医疗保健支出	5306	22.1	11019	33.3
衣着消费支出	1656	6.9	1894	5.7
食品消费支出	4975	20.8	7169	21.6
交通支出	1241	5.2	1341	4.0
通信支出	1688	7.0	1875	5.7
服务性支出	88	0.4	38	0.1
其他支出	1988	8.3	2250	6.8
合　　计	23978	100	33119	100

从所调查农户的收入增长情况来看，认为 2015 年以来家庭收入增长部分为种植、养殖、经商等经营性收入的有 2 户，占比 6%；认为 2015 年以来家庭收入增长部分为务工、上班等工资性收入的有 20 户，占比 63%；认为 2015 年以来家庭收入增长部分为各类政府补贴、亲友

给钱等转移性收入的有 2 户，占比 6%；认为 2015 年以来家庭收入没有增长的有 8 户，占比 25%（见图 5-1）。可以看出，在 MS 村，家庭的收入来源主要是靠务工收入，种植、养殖等经营性收入占比相对来说没有那么大。从事种植业的主要种植作物为水稻、花生等，水稻通常亩产1200 斤左右，市价约为 1.2 元/斤；花生亩产 300 斤左右，市价约为5 元/斤。一般农户家只有几亩地，所以一年下来种植业只能为家庭带来几千元收入。如果家里有务工人员，家庭收入就会得到不同程度的提升。如果是在家附近打零工，一天能收入 150 元左右，虽然有时候不稳定，但是一个月能有一半的时间去打零工，收入对于边缘农户来讲比较可观。如果是在外地打工，平均下来一个月有 3000~5000 元的收入，和在家务农相比，务工的收入要远大于务农收入。另外，对于家庭收入没有增长的农户来说，通常是家里的主要劳动力发生意外不能做事，导致家庭的主要收入来源中断，或者由于其他因素使得种植规模大幅减少，导致家庭的经营性收入没有增长。

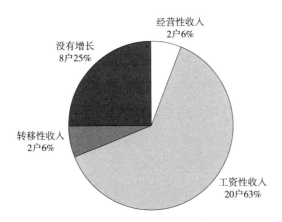

图 5-1　MS 村农户收入情况

从所调查农户的支出增长状况来看，32 户农户中认为文化教育支出花费较多的有 16 户，占比 50%；认为医疗支出花费较多的有 10 户，占比 31%；认为食品和其他消费支出较多的有 6 户，占比 19%。认为文化教育支出占比较大的农户，都是家里的孩子处于上学阶段，学杂费、生活费这类的费用相叠加，所以教育方面的消费支出也就增大了。通常上小学或初中的孩子一个月的开销为 500 元左右，读高中或大学，一个学期的学费为 8000~20000 元。加上其他补课费用，教育方面的支出会更大。认为医疗方面支出较大的农户，家里都有患慢性病的老人或生大病的人，需要持续住院或者吃药，所以医疗方面的支出不断在增大。另外，也有少部分农户反映家里的食品消费支出较大，这类农户收入略高于其他农户，且家里没有老人和在上学的孩子，因此生活质量相对来说高一点，在食品和其他生活消费方面支出较大。

（四）基本公共服务情况

从所调查农户享受的基本公共服务来看，主要涉及教育保障、医疗保障和养老保障等方面。对于边缘人口而言，基本公共服务也影响着他们家庭的生计状况。在教育保障层面，在调查的样本中，所有人都认为现有的学校数量能够满足需求；在医疗保障层面，所有人都参加了医保并且在镇（社区）卫生院取药可以按规定报销；在养老保障层面，有 20 户认为养老保险对于缓解养老压力有帮助，还有 12 户认为养老保险对于缓解养老压力没有多少帮助。

四　边缘农户的致贫风险

（一）因教育支出高导致贫困

农村家庭的收入决定了农村家庭对教育的消费能力，不同收入的家庭对子女的教育支出是不同的。义务教育阶段虽然学费能够减免，但是对于边缘农户来讲，除了学费以外，教育方面的费用还有很多。如前文所述，MS 村的边缘户中有 50% 的农户认为教育费用占比最大，从问卷的数据中也可以得出，18 户农户家里有 6 口人且大多数都有 2 个孩子，在孩子教育上的花费随之增大，特别是，有的农户家里的孩子读幼儿园或者想要读高中或者读大学，并非义务教育范围之内，花在子女教育上的费用对于农户来说是一笔不菲的支出。

> 我有三个兄妹，小的时候家里连饭都吃不起，哪里还有什么钱读书。读书的时候吃饭也要花钱，所以父母在我们读完初中之后就让我们出去打工了。现在不一样了，我家里有两个小孩，我跟老婆在家里种地和打零工，收入能够维持生计，但都吃了没有文化的亏，在外面学历没有别人高，工资自然也低人一等，我不希望我的小孩将来出去也跟我一样，所以在九年义务教育结束之后会让孩子继续读书。好在孩子的成绩都还算不错，会让他们继续读高中和大学。哪怕现在借钱也要让我的孩子受到好的教育，虽然现在的日子过得苦一点，但是将来家里的日子有盼头。（访谈资料，樊××，48岁，普通农户）

（二）因病致贫返贫

健康扶贫是脱贫攻坚战中的一场重要战役，事关贫困人口健康福祉，事关全面建设小康社会全局。新时代健康扶贫要始终坚持和贯彻以人民为中心的基本原则，并体现两大特征：一是提高医疗保障水平和控制医疗费用相结合，二是疾病救治与健康管理相结合。[1] 医保应兜底贫困人口因病致贫、因病返贫的风险。农民的收入水平与城镇居民的收入相比要低很多，乡村的财政资金较为薄弱，农民缴纳保险的能力有所不足，边缘人口的经济收入较低抵御疾病的能力非常脆弱，容易发生"因病致贫返贫"现象。农村边缘人口所处的环境相对封闭落后，医疗卫生资源也比较缺乏，经济发展滞后。调研中发现，有的边缘人口对生病、死亡等或多或少有些避讳，问他们感冒发烧等小病是否到定点医院

---

[1] 付玉联、谢来位：《健康中国战略背景下的健康扶贫政策研究》，《卫生经济研究》2019年第9期。

报销，答案基本上是不去，到药店买点药就好了。贫困人口受教育程度低，环境卫生较差，对自身的健康状况大多是"重治轻防"，健康意识差，小病拖延、大病硬抗，从而陷入"因病致贫、因病返贫"。农村贫困人口大多存在不健康的生活习惯和卫生行为（如饮食油脂偏高，不注重口腔卫生），缺乏健康教育和保健意识的宣传，没有形成健康的生活方式和良好的卫生习惯。调查数据显示，50%的中年人身体状况一般，且大多有高血压、糖尿病等慢性病。这与农户平时的饮食习惯相关。虽然 MS 村的医疗保障全面覆盖，但是在平时的生活中农户的健康意识没有跟上，很少进行定期体检。再加上有的农户常年在外打工，工作环境不是很好，久而久之由小病发展成为慢性病、大病。XC 县的健康扶贫项目中许多优惠政策以及大比例的报销范围都是给建档立卡贫困户的，对于边缘农户来讲，一旦主要劳动力生病，家里就失去了主要的收入来源，而且还要分出精力来照顾患者，给家庭生活增添了很大的压力。

> 我们家两口子身体状况都一般，我因为长期在工厂做工，灰尘比较多，所以有点轻微哮喘加尘肺病，后来实在没办法就回来种地，在家附近打零工，以维持家里的日常生计，就妻子一个人在外面打工，一个月也才 2000 多元。因为时不时地要去医院买药看病，所以家里医疗方面支出还是挺大的。家里的两位老人身体也不好，去年家里人看病加起来花了 10000 多元。多亏国家的医疗政策及时，给了我们很大的帮助。（访谈资料，齐××，43 岁，贫困户）

（三）农户缺乏相关技能，增收手段不多

促进家庭小规模经营向现代农业规模经营转变是发展现代农业的重要任务之一，而农业规模经营须以培养一批懂技术、会经营的现代农民作为前提。发展现代农业，离不开以农民为主体的农业实用技术培训。农村实用技术培训的目的是培育和促进特色产业发展，带动贫困人口增

收脱贫，培训内容要紧扣这一目的，结合脱贫规划和产业扶贫项目，重点选择有利于贫困户增收脱贫的农村实用技术开展培训，结合生产、服务、管理等环节和农时季节的需要，聘请专家或技术人员传授实用技术，破解产业发展中存在的技术、经营和管理难题。调研发现，当地政府很少对农户进行种地方面的技术培训或者就业相关的培训，开展的几次培训，有的农户反映时间太短，或者根本听不懂，培训效果不明显。在家务农的农户如果没有得到相关技术的培训，可能导致承包耕地的产量不尽如人意，从而影响农户收入，导致致贫风险。对于大部分外出务工的农户来讲，他们外出打工没有进行相关的就业培训，做的都是简单的手工活或者体力活。这种劳动力的可替代性太强，一旦农户因为身体或者其他方面的原因导致工作无法进行，就会马上失去工作。

> 王××，42岁，家里有6口人，夫妻二人从2010年起去广州打工，在流水线上工作，夫妻二人工资加起来一个月5000元左右。有两个老人在家务农，两个小孩在家上小学，勉强能够生活。但在2017年的时候，工厂突然裁员，妻子就在其中，然而一时间又找不到比较合适的工作，没有办法就只能回到老家种地，平时通过打零工来补贴生计。家里现在每个月的生活费将近1000元，老人的身体不算很好，加上妻子突然失业，家里的负担更重了。

（四）部分农户自身动力不足，"等靠要"思想严重

从本质上讲，"等靠要"是一种被动等待的消极状态，反映的是人在思想上虽然对自身面临的问题心知肚明，但依旧缺乏解决问题的内在动力和进取精神。在MS村调查的32户边缘农户中，有少数建档立卡贫困户除了政府的转移性收入之外没有任何收入，明明自己有能力种地却不愿意种地，长久下去只会让他们产生依赖感，永远也摆脱不了贫困。

五　结论与思考

（一）主要结论

经过调研和走访，我们发现，MS 村外出务工的人口较多，出现子女教育、技能不足等问题，对于这种情况我们总结得出以下几点结论：第一，由于农户家里父母双方都外出务工，所以子女的教育方面存在很大问题。有的家庭希望孩子多读书，家长又不在身边陪伴，只好让孩子多待在学校补课，这样一来就会导致教育费用增加。第二，有的农户外出务工时可能会染上相关的职业病。这样一来家里就会缺失劳动力，医疗方面的开销也会加大。第三，有些农户没有掌握相关的技能，很难在外地立足，这样会导致失业率增加，进而影响家庭的收入。第四，有些农户自身动力不足，只想依赖兜底保障生存，有劳动能力却不想出去工作。

（二）思考与对策

1. 加大教育支持力度，完善农村教育服务供给

教育是发展的基本保障。教育在人力资源潜能的发挥方面起到至关重要的作用，是斩断贫困代际传递的有效手段。教育支持是国家、社会对贫困人口在接受教育上提供的帮助和扶持，也是改变贫困家庭代际贫困的重要途径。[①] 在调研中我们发现，农户的受教育水平与其贫困状况成反比。

政策调控方面，为了能够更好地解决边缘农户在教育上存在的问题，国家应进一步完善农村义务教育政策，使得义务教育能够均衡发展，实现教育公平。建档立卡贫困户的子女有"雨露计划"等相关教

---

① 王行：《新时期农村教育扶贫与救助问题研究》，《产业与科技论坛》2018 年第 12 期。

育政策的支持，但不是建档立卡贫困户的家庭也需要类似的政策，以减少家庭在教育上的开支。

农村教育服务方面，对于一些教学资源较差的地区，可以通过资源共享、相互协调等方法有效提升薄弱学校的教学实力，缩小与其他地区农村学校教学质量的差异。农村学校教师的待遇、职称评定方面与城镇学校不同，会影响到乡村教师教学的积极性，应努力提升乡村教师的各项工资福利待遇，解决乡村教师的后顾之忧，这样才能提升他们教学的积极性，进而提高教学质量。对农村义务教育的单一培养模式也可以进行相应的改革，使教育内容和方法更加多元化。可以在农村义务教育中穿插一些职业教育，使学生在完成义务教育后更加方便地进入职业教育。职业教育的引入，能够有效改变现在农村基础教育以“应试教育”为主流的现象，这样不但可以抵消“应试教育”带来的负面影响，而且可以加强农村特定职业人才的培养，在建设社会主义新农村的同时培养高素质的新型农民。

2. 加强医疗保障，开展健康教育和服务

农村贫困人口的健康意识和疾病预防知识相对来说都比较薄弱，有些农户平时不注重健康和卫生，加上不规律的生活、不良的饮食习惯，最终引发疾病，甚至有人会用一些愚昧的方法来应对疾病，进而错过疾病的最佳治疗时机。

医疗保障方面，要想让农村医疗卫生事业得到更好的发展，首先应该增加对农村医疗相关的财政支出。应科学合理地建立相关的筹资机制，并且根据农民的实际生活状况以及对医疗服务需求程度的不同去设立相对应的筹资标准。扶贫资金，既是贫困群众的“保命钱”，也是精准扶贫的“助推剂”，承载着保基本、兜底线、保公平的重要使命。[1] 因此农村扶贫相关的专项基金也应该树立相应的准则，避免出

① 王前强、董秋红、黄李凤等：《可行能力理论视域下的贫困人群医疗保障现状及健康扶贫对策——以广西壮族自治区为例》，《中国医疗保险》2017 年第 7 期。

现贪污腐败的情况，从而确保扶贫相关的资金能够得到有效的利用和发放。

健康教育与服务方面，应该积极普及公共卫生、预防保健知识，宣传健康生活的思想理念，对农村居民进行合理膳食的讲解与引导；引导社会资本参与贫困地区的疾病宣传防治工作，为边缘农户提供相对完善便捷的体检诊断、健康管理和医疗卫生服务。对患有重大疾病、慢性病、地方病等疾病的患者，根据其健康状况制订相应的治疗方案。通过健康扶贫，提高边缘人口健康管理的效率和质量，对疾病实行精准识别，分级分类管理，加大对重大疾病和地方病的防治，对慢性病实行家庭签约服务，还可通过宣传栏、海报等方式，加强对贫困人口的健康教育，提升贫困人口对健康知识的知晓率，使其了解疾病带来的负面影响，督促其改变不良的生活习惯，从而形成健康的生活方式。

3. 完善基础设施建设，强化基层服务能力

基础设施的建设与完善目前仍是精准扶贫相对薄弱的环节，特别是对于偏远的贫困地区，落后的基础设施条件极大地限制了贫困地区的发展。首先，继续加大对农村基础设施建设的投入。完善的基础设施是地区发展的前提条件，它在改善贫困地区生活环境的同时，能够为该地区引进发展的动力源，引导社会力量参与贫困地区的经济发展，从而促进当地扶贫开发。其次，继续完善公共卫生服务设施，加强贫困地区医疗卫生与公共卫生服务体系建设。完善基层卫生服务设施，提升基层医疗服务能力，需从以下几方面做出精准化努力：一是加大向基层输送人才的力度，提升基层机构的服务能力和水平。二是加强贫困地区公共卫生服务网络建设，使每个贫困地区达到"三个一"目标，即每个县至少有一所县级公立医院，每个乡镇建设一所标准化的乡镇卫生院，每个行政村有一个卫生室。三是加强新型农村环境整治工作，提升农村生活环境。要按照美丽新农村建设和城镇化建设的基本要求，重新规划建设卫生基础设施。

4. 增加培训机会，提高培训质量

要扶贫，首先要扶智，要将对农民的培训和技术推广工作当作扶贫开发的基础性工作来做。现代农业发展需要依靠先进的农业科学技术，还要依赖强有力的推广和宣传。只有把农村实用技术培训与农业产业化进程有机结合在一起，将培训工作嵌入特色农业产业化发展实践，才能摆脱贫困人口能力建设的结构性困境。培训并不是将村民们集中在一起进行开会式培训，结束之后补贴一点培训费用，这对于农户而言并没有很好的效果。对于有些农户来讲，培训的内容可能有些帮助，但因为培训时间短、机会少，所以也没有很大的作用。

培训内容方面，政府应深入了解农民的需求，弄清楚他们现在最需要哪方面的技术培训。为了能够达到培训效果，政府可以把相关的农村实用技术培训规划与产业扶贫规划整合在一起，引导培训机构依托产业化扶贫项目或农业产业化进程开展技术培训，与适度规模经营和延伸产业链条形成相互促进关系，从而使技术培训不仅"有用"，而且"有效"。开展农村培训和技术推广，提高农民的职业素质，通过培训转移劳动力，通过先进农业技术的推广提升农业附加值，从而促进农民增收。

政策扶持方面，要加大对农民的技术培训，针对当地农民知识匮乏、技能不足等特点，开展专业培训、技术支持、帮扶补助。将先进的生产技术、优良品种带入农村，改变生产率过低的现状，促进农民提高生产技术，最终脱贫致富。

5. 从思想上改变"等靠要"

要教育引导贫困群众增强脱贫信心，靠辛勤劳动脱贫致富。运用群众都乐于接受的方式开展思想教育，用美好生活愿景去鼓舞那些对于生产生活没有动力的村民，用先进思想文化去教育那些依靠国家救助混日子的村民。让贫困群众心热起来、行动起来，增强脱贫信心决心，由"要我脱贫"向"我要脱贫"转变。要教育引导群众转变落后观念，抵制陈规陋习，大力弘扬传统美德，推动移风易俗，树立文明新风。发挥

村规民约作用，建立道德评议会、红白理事会等群众组织，举办道德讲堂，评选孝老敬亲、文明守纪、勤劳致富等身边典型，推进"厕所革命""垃圾革命""能源革命"，开展群众喜闻乐见、健康向上的活动，让子女不尽赡养义务、婚丧嫁娶大操大办、农闲时喝酒耍钱、坐在家里"等靠要"等陋习在村里没有市场。

第六章　罹患职业病型边缘农户的致贫风险与规避对策

导　言

因病因残在致贫原因中占比极高。对于基本脱离农业生产,以务工为主要生计模式的务工型农户而言,如果在务工中致病致残,特别是罹患各种职业病,不仅丧失劳动力,导致家庭收入来源枯竭,为治疗职业病及相关并发症的相关费用大幅增加,即便是曾经比较富裕的农户家庭,也可能沦入贫困边缘。

根据调研目标,调研组在对调研县 S 县扶贫开发局开展访谈后,结合贫困发生率指标,分别选取了 J 镇 XL 村 (深度贫困村)、G 镇 LSW 村 (一般贫困村) 和 J 镇 TZP 村 (非贫困村),走访调研了 50 户边缘农户,根据调查中获得的第一手资料,结合该县、乡镇和村访谈资料以及脱贫攻坚的工作材料,完成了本报告的调研内容。

在走访调查中,调研组发现,因病因残是该县贫困边缘农户致贫风险较高的因素。该县非建档立卡农户居留在本地从事农副业的家庭占比不高,绝大多数农户家庭的主要生计模式以务工为主。在务工型农户家庭中,罹患职业病特别是尘肺病的情况非常突出。50 户受访农户的总样本中,罹患职业病、丧失劳动能力、面临高昂治疗费用甚至死亡威胁的病例,高达 8 例之多。这些农户具有显著的共性特征,如过去几年有过长期在金矿、煤矿工作经历,工作中基本没有必要的劳动保护措施,没有相关的劳动保护知识和维权意识,害怕病情被雇主知道而被辞退,多数人都会坚持到病情严重、无法工作的状态，才悄悄返乡治疗。尘肺、呼吸道疾病或者其他并发症使患者在病情发展的中后期非常痛苦，依现有的医疗技术条件，治愈概率非常渺茫。由于大多人和雇主没有正式的劳动雇佣合同，难以证明他们和雇主的劳动雇佣关系，因而无法办理伤残证明，无法享受国家劳动法中规定的职业病赔偿和后续治疗的政策待遇。

一 案例县基本情况

（一）S县基本情况

S县位于陕西省东南部，全县总面积2307平方公里，耕地19.5万亩，总人口24.6万人，其中农业人口20.94万人。

S县于1985年被国务院确定为重点扶持贫困县，1994年又被确定为"八七"扶贫攻坚县，1999年底全县整体越过温饱线，2011年被国务院确定为新阶段国家扶贫开发工作重点县和秦巴山片区区域发展与扶贫攻坚县。

按照陕西省定农民人均纯收入3015元贫困标准，S县有贫困村69个，占全县行政村（社区）总数的55.65%；深度贫困村21个，占贫困村（社区）总数的30.43%；截至2018年底47个贫困村脱贫退出，占贫困村（社区）总数的68.11%。2019年全县计划脱贫退出贫困村22个，其中深度贫困村18个、贫困人口6912人。计划到2020年，全县10个镇贫困人口全部稳定脱贫，贫困村实现全部摘帽，S县贫困县摘帽；全县贫困人口人均可支配收入增长幅度高于全县平均水平，基本公共服务主要领域指标接近全县平均水平，所有贫困人口实现"两不愁三保障"；确保现行省级贫困线标准下农村4.36万贫困人口全部脱贫，全县69个贫困村全部实现摘帽。

（二）S县贫困原因分析

1. S县贫困人口致贫原因分布

S县贫困人口致贫原因中，因残致贫总户数1495户，人数2604人，占比33.79%；因病致贫总户数1251户，人数2787人，占比28.27%；缺乏劳动力致贫总户数820户，总人数1076人，占比18.53%；缺技术、缺资金、交通条件落后致贫、因学致贫等占比分别为6.73%、4.56%、3.07%、2.62%，其他致贫原因包括因灾、自身动力不足等，占比均不到1%（见表6-1）。

表6-1 S县贫困人口致贫原因分布

贫困原因	因 残	因 病	缺劳力	缺技术	缺资金	交通落后	因 学	其 他
户数（户）	1495	1251	820	298	203	137	116	106
人数（人）	2604	2787	1076	801	696	415	436	187
占比（%）	33.79	28.27	18.53	6.73	4.56	3.07	2.62	2.43

注：其他贫困原因包括因灾（35户、98人）、自身发展动力不足（21户、31人）、缺乏土地（3户、4人）、其他（47户、54人），合计106户187人。

资料来源：S县扶贫开发局统计数据。

从致贫原因占比可以看出，S县致贫的主要原因是因残因病，两项累计占比高达62%。占比排位第三的为缺乏劳动力，这类贫困户大多是单人户或老年户，很多属于政策兜底人群。

2.S县残疾人情况

S县因残致贫在各种致贫原因中高居榜首。S县残疾人联合会2019年登记在案的残疾人总数为10384人（见表6-2），全县总人口24.6万人，残疾人在全县总人口中的占比为4.2%。这个比例和全国的统计数据大致相当。

表6-2 2019年S县残疾等级分布情况

残疾等级		一 级	二 级	三 级	四 级	合 计
全 县	人数（人）	2455	3839	2233	1857	10384
贫困户	人数（人）	1325	2103	1028	721	5177
	占比（%）	54.0	54.8	46.0	38.8	49.9
非贫困户	人数（人）	1159	1721	1196	1126	5202
	占比（%）	47.2	44.8	53.6	60.6	50.1

资料来源：S县残疾人联合会。

S县建档立卡贫困人口17468户56818人，建档立卡贫困人口占全县人口的23.1%。从全县残疾人的分布来看，建档立卡贫困户中的残疾人在全部残疾人中的占比为49.9%，伤残等级较高的一级、二级更是高达54%和54.8%。非贫困户中的残疾人总数为5202人，但是在伤残等级上，高级别的残疾等级占比略低于贫困户。

3.S县慢性病情况

据S县疾病预防控制中心提供的数据，2019年第二季度报表显示，该县患慢性病的总人数为23747人，其中贫困户7059人、非贫困户16688人。具体情况见表6-3。在各种病情分布中，高血压人数最高，其他依次为糖尿病、严重精神障碍、肺结核病和地方性碘缺乏病。作为中老年人常见的高发病种，高血压和糖尿病要注意饮食习惯、注意锻炼身体，适度依靠药物控制病情，这两类病控制得当的话，对于患者及家庭造成的影响尚在可控范围以内。需要引起高度重视的是严重精神障碍和肺结核这两类疾病。

表6-3　S县慢性病统计（2019年第二季度）

病　　种	总数（人）	贫困（人）	占比（%）	非贫困（人）	占比（%）
高血压	18636	5141	27.6	13495	72.4
糖尿病	3741	995	26.6	2746	73.4
严重精神障碍	1158	878	75.8	280	24.2
肺结核	140	31	22.1	109	77.9
地方性碘缺乏病	72	14	19.4	58	80.6
合　　计	23747	7059	29.7	16688	70.3

资料来源：S县疾病预防控制中心。

（1）严重精神障碍

严重精神障碍的贫困户人数明显高于非贫困户人数。在住院治疗费用方面，该病种的治疗费用也显著高于其他病种。贫困户中的严重精神障碍人数为878人，基本上这类人群100%都必须依赖医院治疗。而非贫困户中，有严重精神障碍的人数为280人，但是住院报销人数为147

人，可能是因为非贫困户中的严重精神障碍的病患疾病程度略轻，更有可能是因为医疗政策的差异，导致非贫困户选择居家保守治疗。患者丧失正常社会交往能力，无法融入社会，这类疾病造成的贫困基本上无法依靠自主发展脱离贫困，只能由家庭或地方政府承担。

如果家中有严重精神障碍患者，家庭面临的致贫风险远远高于当地其他普通农户家庭。降低严重精神障碍的发生率，必须彻底破除近亲结婚等愚昧落后的旧习俗。

（2）肺结核

肺结核的绝对人数和占比均不算太高，但作为职业病尘肺病的并发症，该类病种的患者具有高度的集中性和类同性。肺结核的发病率，特别是尘肺病导致的肺结核的患者，主要是中壮年外出务工农民工，在周边省份矿场有过长达数年的工作经历。这个群体的年龄普遍在 35～45 岁，是家庭中的主要经济支柱。在尚未发病期间，他们的务工收入比较丰厚，月收入在 5000～7000 元。但是患病后返乡治病，多年积蓄基本耗尽，如果并发症不断发展，未来需要持续治疗。这个群体是当地新增的具有极高致贫风险的一类人群，在未来的脱贫攻坚战中，需要特别关注。

4. S 县医疗资源分布情况

门诊的报销比例方面，贫困户与非贫困户的合作医疗报销比例没有显著差异。慢性病的医疗费用，主要是日常吃药，这方面的合作医疗政策，贫困户和非贫困户没有显著差异。

但是合作医疗在住院报销方面的政策，对于贫困户的政策福利支持力度明显高于非贫困户。根据 S 县医疗保障局 2019 年 1～6 月的统计数据，几个常见病种中，治疗总费用中，合作医疗的报销比例，和贫困户相比，非贫困户的平均自担比例，精神病高出 18 个百分点，糖尿病高出 11 个百分点，尘肺病高出 9 个百分点。具体数据见表 6-4、表 6-5。

表 6-4 2019 年 1~6 月 S 县慢性病及住院报销人数统计

项目		高血压		糖尿病		精神病		肺结核		尘肺病	
		门诊报销	住院报销	门诊报销	住院报销	门诊报销	住院报销	门诊报销	住院报销	门诊报销	住院报销
全县	人数（人次）	0	1636	3789	860	94	1028	135	95	273	192
贫困	人数（人次）	0	478	708	209	47	881	41	30	148	124
	占比（%）	—	29.2	18.7	24.3	50	85.7	30.4	31.6	54.2	64.6
非贫困	人数（人次）	0	1158	3081	651	47	147	94	65	125	68
	占比（%）	—	70.8	81.3	75.7	50	14.3	69.6	68.4	45.8	35.4

资料来源：S 县医疗保障局。

表 6-5 2019 年 1~6 月 S 县慢性病及住院报销费用统计

项目		高血压		糖尿病		精神病		肺结核		尘肺病	
		门诊报销	住院报销	门诊报销	住院报销	门诊报销	住院报销	门诊报销	住院报销	门诊报销	住院报销
全县	总费用（万元）	0	716.08	158.7	353.54	11.18	400.32	7.67	167.41	12.33	67.97
	合作医疗报销额（元）	0	416.63	113.53	192.58	5.88	255.43	5.18	105.39	8.39	40.94
	合作医疗报销率（%）	—	58.2	71.5	54.5	52.6	63.8	67.5	63.0	68.1	60.2
非贫困	总费用（元）	0	532.1	129.99	277.88	6.21	72.24	5.46	130.61	6.02	27.18
	合作医疗报销额（元）	0	291.27	92.83	144.93	3.27	35.53	3.64	82.12	4.07	14.91
	合作医疗报销率（%）	—	54.7	71.4	52.2	52.7	49.2	66.7	62.9	67.6	54.9
贫困	总费用（元）	0	183.98	28.71	75.66	4.97	328.08	2.21	36.8	6.31	40.79
	合作医疗报销额（元）	0	125.36	20.7	47.65	2.61	219.9	1.54	23.27	4.32	26.03
	合作医疗报销率（%）	—	68.1	72.1	63.0	52.5	67.0	69.7	63.2	68.5	63.8

资料来源：S 县医疗保障局。

在影响劳动力能力的精神病、肺结核和尘肺病等几项疾病中，在报销人数和报销金额占比方面，建档立卡贫困户都显著高于非建档立卡户。究其原因，可能是在医疗政策方面，贫困户可以先治疗、后付费，且报销比例也显著高于非贫困户，因此大多数的贫困户采取了更为积极的治疗态度；对于非贫困户而言，先付费、后报销，费用需要预先垫付，报销存在时间周期，很多目录外的医药和治疗项目属于自费性质，非贫困户在治疗中的实际报销比例远远低于贫困户，所以在治疗态度上非贫困户可能采取相对较为消极的态度。有些非贫困户可能会因为小病没有得到及时有效的治疗，演化为重大疾病，这也是贫困边缘农户致贫的一个潜在风险点。

（三）三个调查村的基本情况

1. J 镇 XL 村基本情况

J 镇总面积 298.3 平方公里，现有农户 7595 户 25048 人，建档立卡贫困户 1838 户 6335 人，截至 2018 年底已脱贫 1476 户 5674 人。2019 年以来，J 镇党委、政府全面"过筛子"核查，在贫困户脱贫方面，2019 年该镇计划脱贫的 306 户 516 人，均已达到脱贫标准；该镇行政村通沥青（水泥）路、电力入户率、贫困人口参合参保率均达 100%，无义务教育阶段辍学学生，农村自来水普及率达 99%，有安全住房农户达到 97%。

XL 村地处 J 镇政府以西 4 公里，XL 村在 2017 年初贫困发生率高达 29.77%，是该镇唯一一个深度贫困村。该村现有耕地 1020 亩，林地 2.3 万亩。全村辖 8 个村民小组，共 288 户 968 人，全村建档立卡贫困户 109 户 381 人。其中，2016 年已脱贫 22 户 87 人，2017 年已脱贫 16 户 65 人，2018 年脱贫 57 户 206 人，2019 年计划脱贫 13 户 19 人，2020 年计划脱贫 1 户 4 人。2016 年全村人均可支配收入 4450 元，2017 年人均可支配收入 6000 元，2018 年达到 7500 元。

2018 年以来，该村修复河堤 1800 米，修建入户联户水泥路

3000 米，通组路 980 米；新建 50 立方米的蓄水池一座，铺设 2000 米的自来水管道；新建标准化卫生室和党员活动中心；新建文化广场 300 平方米；完善互助院设施，新增篮球架 1 座、健身器材 12 套；进行了庭院美化亮化、改圈改厕等环境卫生综合整治行动，清理河道垃圾 7 公里，治理"三堆" 80 余处；修建花池 38 个，美白房屋 120 户，对 60 多个厕所、猪圈进行提升改造；基本实现全村三网信号全覆盖。

自开展脱贫攻坚工作以来，XL 村把产业扶贫作为脱贫致富的根本，结合村情，突出药、漆、茶、果、菌、花六大产业，着力发展长期产业生漆、油茶、五味子、猕猴桃，短期见效的葛根、香菇、菊花，实现长短产业无缝隙结合，提高产业脱贫成效。同时村里还成立了集体经济合作组织，采用"股份 + 合作社 + 基地 + 农户"的模式，建成 60 亩葛根基地、90 亩菊花基地，扶持带动贫困户 20 户；10 万袋反季节香菇基地，带动 58 户；20 亩生漆育苗基地，扶持带动 20 户；苏陕协作项目，扶持带动 20 户；粉条加工厂，带动 5 户；全村交叉带动贫困户 123 户，户均增收 1000 元以上。

XL 村在 2018 年度工作中全面落实"八个一批"政策。产业扶持 82 户 324 人；就业创业扶持 65 户 256 人；生态扶持 7 户 31 人；全村危房改造 40 户；全村移民搬迁 24 户，其中 2018 年易地搬迁脱贫 15 户 66 人；医疗救助 37 户 139 人；教育扶持 39 户 167 人；全村低保 15 户 53 人，五保 11 户 12 人；社会保障兜底 15 户 18 人。

2. G 镇 LSW 村基本情况

G 镇位于 S 县城西南 18 公里，全镇辖 12 个行政村和 2 个社区，共 235 个村民小组，6413 户 22437 人，总面积 239 平方公里，耕地 3.185 万亩，林地 36.77 万亩。全镇村组间均已通公路，西合高速、郭山公路穿境而过；小城镇建设初具规模，初步形成了"丁"字形的城镇框架；每年农历四月十五日、五月初五、六月初六和十月十一日为该镇的古会集市，集市氛围十分活跃。该镇自然资源富饶，"劳、畜、茶、油、药"是支撑镇域经济发展的五大支柱农业，是农民收入的主要来源。

LSW 村地处丹江河畔，距 S 县城 30 公里，沪陕高速和郭山公路穿境而过，交通便利，经济繁荣，民风淳朴。全村共 25 个村民小组，832 户 2651 人，共有党员 98 人。辖区总面积 12.5 平方公里，耕地 3883.7 亩，林地面积 22098 亩，2018 年农民人均收入 10326 元。在册贫困户 189 户 656 人，2016 年脱贫 74 户 274 人，2017 年脱贫 30 户 123 人，2018 年脱贫 61 户 221 人，累计脱贫 165 户 618 人，未脱贫 24 户 38 人。2019 年计划脱贫 15 户 20 人。

近年来，该村积极推行"党支部 + 集体经济 + 龙头企业 + '三变'改革 + 贫困户"模式，根据村情实际，按照"特色农业 + 旅游观光"的思路，围绕"一心三区"发展村集体经济，以特色农业产业园为中心，辐射带动周边经济区，实现经济效益、社会效益、生态效益的统一。2018 年，该村农业产业园区流转给陕西果业某公司，种植 520 亩优质猕猴桃，建设村企联营的丹水田园综合体，企业负责运营销售，村集体负责环境保障和劳动力组织。一方面，以 100 万元财政扶持资金入股企业，村集体将收入的 60% 平均分红给 189 户贫困户，每户分红 380 元，实现了企业、村集体和农户三方共同受益。另一方面，强化园区基础设施建设，提升园区整体形象，在产业园四周及中间修建"四横三纵"产业路，在莲菜池周围修建游步道。计划利用 2~3 年时间将园区打造成集旅游观光、特色种植、农事体验、餐饮娱乐、休闲垂钓为一体的高效特色农业产业示范园。该村依托食用菌合作社和养猪合作社，进一步扩大种植养殖规模：食用菌合作社种植达到 60 万袋，2019 年已种植 20 万袋，带动贫困户 20 户；全村养猪专业合作社年出栏生猪 6000 头以上，带动贫困户 32 户。同时，对核桃基地实施科学管理，嫁接、改良品种，目前已经完成 1500 亩核桃基地补植、防虫、施肥工作。

依托生态资源优势，村集体鼓励引导贫困户和贫困边缘户养猪、羊、鸡，共发展 30 多户，其中贫困户和边缘户 16 户。全县流转 300 亩土地建成中药材基地，带领群众增收。LSW 村始终把增加农民收入作为主要动力，建立流转土地收"租金"、务工挣"薪金"、入股分"红金"、创业赚"资金"、兑补得"现金"这种"一地五金"带贫机制，2018 年累计为群众兑现土地租金 44.96 万元；发放劳务酬金 19 万元；分红股金 11.2 万元；为群众办理开通"一卡通"短信服务，通过"一卡通"兑付惠农补贴资金 8 万元。

3. J 镇 TZP 村基本情况

TZP 村位于 J 镇政府东南 9 公里处，辖 20 个村民小组，现有 885 户 3115 人，2018 年农民人均纯收入 10006 元。全村呈七沟一河分布，自然资源较为丰富，主要发展农家乐、休闲观光农业、旅游商品等特色产业，逐步走出了"旅游 + 扶贫"的发展新路。全村有建档立卡贫困户 268 户 957 人，2014 年至 2019 年底累计脱贫 252 户 909 人，2019 年底贫困发生率为 1.54%。全村现有低保户 60 户，五保户 29 户，易地扶贫搬迁户 43 户，危房改造户 34 户，在校大学生 106 人。目前，TZP 村非建档立卡贫困户中有低保户 2 户、大病户 1 户、危改户 15 户、残疾户 35 户、独居老年户 5 户。

TZP 村在脱贫攻坚工作中存在很多亮点。

全村旅游资源比较丰富，主要发展农家乐、休闲观光农业、旅游商品等产业，村集体经济有三个经济实体。一是通过"村集体 + 合作社 + 贫困户"模式，发展林果药源基地 200 亩，带动贫困户 80 户，养殖中华蜂 300 箱，辐射贫困户 210 户；二是通过"村集体 + 企业 + 农户"模式，流转王家坡房屋，带动 33 户农户实现户均增收 1 万元；三是创办村集体经济股份合作社，开办豆腐坊、冷水鱼养殖，带动村集体和贫困户增收，每年集体可收益 10 万元以上。

依托 5A 级景区品牌，大力推行"旅游 + 扶贫"发展模式。一是搭建"就业平台"，整合镇内酒店、漂流、金丝峡景区等一批企业，组织开展技能培训，400 名群众实现就近就业。二是搭建"创业平台"，成立农家乐协会，鼓励开办农家乐和苞谷酒坊、豆腐坊等农特产品店。发

展农家乐 278 户，特色农产品门店 20 家，年均收入 2 万元以上。三是
搭建"产业平台"，按照"支部 + '三变' + 村集体经济 + 贫困户"
总体模式，让老百姓的"死资源"变成"活资产"，发展特色农业带动
贫困户 470 户，在王家坡、卧龙谷流转房屋 77 户，建成了高端民宿和
乡村酒店，实现户均增收 1.5 万元。

近年来，TZP 村以成立新时代文明实践站为抓手，紧扣"评、
讲、兑、帮、践、乐"六字诀，通过"讲"政策拓宽致富路，"评"
先进树立好榜样，"兑"商品激发新动能，"帮"邻里引领新风尚，
"践"承诺带动新发展，"乐"家园提升精气神等方式，大力推动扶
志扶智工作。在全村范围内评选出脱贫示范户、创业示范户、道德示
范户、敬业示范岗 12 户（人），组织志愿者服务队开展关爱空巢老
人、慰问困难老人、救助尘肺患者、资助困难学子、整治庭院环境等
义务活动，先后建成了 TZP 村百米文化长廊、乡贤长廊、美丽乡村文
明家园等文化活动场所，多途径不断凝聚群众、引导群众，着力激发
贫困群众内生动力，形成以文化人、成风化俗的良好社会新风，为决
战决胜脱贫攻坚注入新活力。

二 案例县健康扶贫工作情况

2018 年，S 县共有建档立卡贫困户 14220 户 45835 人，其中因病致
贫、返贫人口 3802 户 12450 人，占总贫困人口的 27.2%。健康扶贫是
该县扶贫工作的主要着力点，该县健康扶贫主要工作如下。

（一）扎实安排部署，层层落实责任

S 县研究制订了全县健康扶贫年度工作计划，进一步明确了目标任
务，细化工作步骤，压实工作责任。坚持实行局班子成员包抓镇办卫生
院、镇办卫生院包抓辖区各村、基层责任医师包抓贫困户的"三包"
责任制，形成了健康扶贫工作由主要领导总抓、分管领导主抓、各卫计

第六章　罹患职业病型边缘农户的致贫风险与规避对策

单位主干的工作机制。同时，县卫计局各股室和县直卫计单位立足自身业务职能，定期开展镇、村健康扶贫工作指导，进一步夯实基础，提升全县健康扶贫工作质量。

（二）注重宣传引导，营造浓厚氛围

在县域内主要公路沿线、人口密集场所、镇村广场、干道路口等地点设置健康扶贫大型宣传牌，张贴内容新颖的宣传标语，通过宣传栏、电视、广播、微信公众号等途径，大力普及传播健康扶贫优惠政策；各医疗卫计单位积极开展健康扶贫义诊宣传活动，采取进社区送政策、进农村送医药、进农户送温暖、进病房送健康"四进四送"的方式，面向贫困人口开展健康扶贫政策宣教；加强对"四支队伍"、基层医务人员健康扶贫政策的学习培训，通过他们一对一向贫困人口讲解健康扶贫知识。通过形式多样的宣传模式，广泛宣传健康扶贫政策，大大提高了贫困人口政策知晓率。

（三）强化医保措施，全面落实政策

2018年全县贫困人口新农合筹资个人缴费部分全部由县财政涉农整合资金代缴，全县贫困人口参加新合参保率达到100%，完成了全县建档立卡贫困人口100%参合参保。严格落实"三免两提一降"政策，完善了新农合、大病保险、民政救助、政府补助四重保障"一站式"即时结算服务机制，将补充医疗保险和政府补助作为第四重保障并轨运行，全县贫困人口住院四重医疗保障"一站式"即时结算率达100%。严格执行分级诊疗制度，从严控制贫困人口住院非合规费用占比，有效降低贫困人口就医负担。2018年1~10月，全县贫困人口共住院19249人次，住院总费用7822.74万元，合规费用7376.04万元，四重医疗保障合计报销6432.65万元，贫困人口住院合规费用报销比例达到87%。

（四）开展分类救治，精准帮扶施策

对全县因病致贫人口分批进行体检筛查，摸清健康状况和疾病分类，根据"三个一批"的要求，将罹患 11 种大病的贫困人口在 S 县医院集中进行救治，组建救治专家团队，按照"四定两加强"的原则，统一临床路径，制订诊疗方案，建立救治台账，实行"一人一档、一病一策"管理。目前，全县 279 名大病患者，治愈 23 人，长期住院治疗 74 人，治疗后康复期 134 人，治疗后死亡 48 人。采取"1＋1＋1＋X"家庭医生服务团队形式，抽调县、镇、村三级共 395 名医护人员组建 120 个责任医师团队，全面实施贫困人口家庭医生签约服务，重点对 6761 名患有高血压、糖尿病、重型精神障碍和结核病等 4 类贫困慢病患者实行规范化服务管理，每年开展一次免费体检，定期随访不少于 4 次。对重特大疾病贫困患者住院医疗费用经过新农合、大病保险、民政救助报销后仍未达到国家规定要求的，通过政府补助（补充医疗保险）实施兜底保障，确保住院合规医疗费用报销比例不低于 80％。

（五）深化对口帮扶，提升服务能力

持续加强对口协作，组建了全县健康扶贫考察团，赴溧水区学习交流，安排一名后备干部到溧水区卫计局挂职学习，筹集 160 万元村卫生室建设资金，为全县 69 个贫困村标准化卫生室统一配备价值 2000 元的基本医疗器械。溧水区选派 6 名医疗专家常驻 S 县开展对口支援，常州市第一人民医院先后派驻多名专家到 S 县医院开展"传帮带"活动，在医院管理、学科建设、人才培养等方面取得了实效。陕西省中医药大学附属医院、西北妇女儿童医院分别对口帮扶县中医院、县妇计中心，3 家县级公立医院持续向各镇（办）卫生院派驻骨干力量，制订帮扶计划，签订支援协议，落实帮扶措施，切实提升了帮扶成效。

（六）强化基层基础，筑牢网底建设

积极筹措资金，全力推进标准化村卫生室建设，严格按照建筑面积不少于 60 平方米，诊断室、治疗室、公卫室、药房"四室分设"，配备一名有资质的乡村医生的标准，完成了 69 个贫困村卫生室建设的任务，县卫计局联合县扶贫局、财政局、发改局等对全县 2018 年计划退出的 40 个贫困村标准化卫生室进行了验收认定，同时实施了全县 55 个非贫困村标准化卫生室的改造提升，实现了全县村卫生室同步发展。制订了人才引进计划，通过多种渠道，为基层招录了 41 名医学本科毕业生、12 名特岗医生和 4 名乡村医生，积极开展医务人员业务培训，基层卫生人才队伍和服务能力全面提升。

（七）推进"八大行动"，控制疾病增量

研究制订了疾病预防控制"八大行动"各项工作实施方案，明确了工作任务，落实了单位工作职责，统一印制了"八大行动"系列宣传折页，加强疾病预防控制"八大行动"宣传普及。深入推进健康知识普及、妇幼保健行动，扎实推进"厕所革命"，积极开展国家、省级卫生镇创建工作。同时，在全县范围内扎实开展了卫生单位、卫生示范户创建活动，有效改善农村人居环境，提高群众卫生健康意识，减少疾病发生，助推脱贫攻坚。积极配合水务部门，按要求完成了全县 120 个村的 169 个检测点的水质检测，并及时出具水质检测报告。

（八）狠抓问题整改，全面提升质量

针对 2018 年以来中央、省、市各级反馈的问题和县级自查发现的问题，S 县卫计局逐项制订问题整改方案，列出责任清单，细化整改任务，强化整改措施，夯实整改责任，全力抓好整改。为确保整改实效，研究制定了《健康扶贫工作督查方案》《健康扶贫监督执纪问责工作方案》，进一步加大督查考核力度，强化监督执纪问责，聚焦健康扶贫工

作中存在的突出问题和作风问题，卫计局纪检组全程介入，对县直医疗机构主要负责人、镇卫生院院长及卫计局相关股室长进行了集体约谈，确保全县健康扶贫领域风清气正，整改工作扎实有序推进。同时，建立了问题防控机制，杜绝同类问题重复出现。目前，各级反馈的健康扶贫问题已全部整改到位，全县健康扶贫工作质量得到显著提升。

三　边缘农户的生计模式

（一）S县贫困边缘农户的生计模式

农户的生计资本大致包括以下几个方面：自然资本、人力资本、物质资本、社会资本和金融资本。自然资本指可以利用的自然资源；人力资本包括边缘户所拥有的健康、知识、技能和工作能力；物质资本指用于生产和生活的物质基础和设施；社会资本指农村"人情往来"的社会关系；金融资本是可支配和可筹措的现金收入。

通过对帮扶干部、边缘户的入户访谈资料以及相关文献资料，我们将S县边缘农户的生计模式概括为以下几种类型。

1. **纯农户**

S县目前完全以农业种植业为家庭经济主业的农户已经非常少见了。该县地形起伏较大，土壤蓄肥保水能力较差，且土地细碎分散，大多数农户的农地人均不到1亩，每块地块面积极小，且非常分散，难以推广利用现代化农业机械。

2. **特色种植养殖的农户**

从事特色种植养殖项目的农户占比不高。主要为香菇种植、生猪养殖、油料牡丹等特色种植养殖项目，这些项目对于农户资金、技术、劳动力等方面均有较高要求，并且这类项目投资周期较长，市场价格波动幅度较大，参与农户承担着较高的投资经营风险。如油料牡丹是该县近年新引入的品种，此类作物的培育期长达3年，目前推广应用的项目还在培育期内，牡丹精油是高端的保健食品原料，每斤的市场价格近千元，但是未来市场价格会怎么变化，市场销售渠道是否能够保障，现在都无法准确预期。而且目前还没有相应的农业保险项目覆盖这些高风险、高收益的特色种植养殖项目。

此外，当地合作社组织采取较为松散的组织架构，在规模化、品牌化运营方面还有较大的空间。农户如果想进一步扩大经营规模，面临资金、劳动力、技术等多方面的瓶颈。

案例1 J镇TZP村邬老汉，67岁，身体硬朗，年轻时是附近有名的能人，会打铁，做得一手好木匠活。妻子患胃癌，多次住院治疗。现在老两口自营香菇种植产业刚一年。2018年香菇经营收入约为3万元，但是第一年要投资建设香菇棚，投资烘干机，刚好够本钱。预期后面的年份香菇收益会有一定增长。老汉会养蜜蜂，有十余箱。蜂蜜年收入约为2000元，可以补贴家用。老汉唯一的儿子今年49岁，前几年在县城跑客车运输，但是经营情况不佳，已经把车卖了，现在赋闲在家没有工作。儿子家三个小孩需要抚养，儿媳照顾家庭，抚养三个孩子，主要在家操持家务。老人说儿子家庭负担重，每年还要他给儿子家贴补。儿子家居住的是生态移民搬迁政策性住房，仅60多平方米，自身居住条件都比较拥挤，无法接纳老两口过去共同居住。

老人现居住于80多年前建的土坯房，屋顶木结构的梁柱已氧化发黑，部分承重柱开裂，不得不另外增加支撑柱。每逢刮风下雨，外面下大雨，屋里下小雨，房屋土坯墙面有轻微扭曲变形的情况，可能存在安全隐患。

老两口住在山沟里，没有手机信号，喝的水是从山上引下来的山泉水，门口面积不大的地里种了一些芋头。在通往家门口的土路上只垫了一些石块，只有米把宽，离村里最近的硬化水泥路还有1000多米的距离，老人希望村上能帮助他把到家门口的道路做成

水泥硬化路。从老人家往山上走，还有其他几家住户，也是同样的路况。（访谈资料，J镇TZP村邬老汉）

像邬老汉这样的情况，村里还有几户。因未对非建档立卡贫困户做出拆除老宅的强制要求和措施，老人仍居住在老宅，存在安全隐患和交通闭塞等问题。

3. 经营型农户

部门农户脱离农业，从事本地特色农副产品的互联网电商营销，目前经营状况均比较良好，本次调查走访了3户经营户。一家经营茶叶，户主是茶叶合作社的负责人，自己有茶场、茶叶加工厂、茶叶销售门店，基本构建起了茶叶产业完整的产业链，具有较强的经营能力和抗风险能力，对周边从事茶叶产业的农户增收具有很强的带动作用。一家从事当地特色农副产品经营，在淘宝平台上已经颇具规模。主要的目标客户是分散在全国各地的S县的老乡，利用乡土情结，在朋友圈进行推广，营业收入、经营利润等指标均良性增长。一家经营电商物流，主营业务是从本地的农户手中收发包裹，已经投资购买了3台运输车辆。另外还投资了一台工程车，在闲暇的时候，可以获得一定创收。

经营户需要较高的资本门槛，对于农户的经营管理能力，特别是人脉资源、开拓市场的能力有较高的要求。

4. 务工型农户

S县务工型农户分为两种类型：一种在本地以打短工为主，另外一种以长期外出务工为主。

S县本地大型企业较少，能够提供的就业机会少，本地农户打零散工的形式比较普遍。平均日工资为120～150元，每个月平均收入为1200～2500元，整体收入不高，且不稳定。这类工作机会对于工作技能的要求不算高，但是一般要求拥有小三轮、农用机械，主要从事拖运建材、货物等工作。

S县地处陕西、湖北、河南三省交会处，有劳务输出的传统。有些早期外出的工人变成了包工头,很多农工就是通过亲朋好友、同乡等关系,加入外出务工群体的。

长期外出务工的农户,在工作期间的月平均收入较高,一般可以达到5000~7000元。但是长期居留于务工地,平时难以和家人团聚,存在留守老人、留守儿童、留守妇女问题。情感孤独,不利于家庭和谐稳定。

务工型农户在身体健康时,一般不存在致贫风险。如果工作环境恶劣,缺乏必要的劳动保护条件,可能出现工伤,甚至罹患职业病,丧失劳动能力,具有较高的因病因残致贫的风险。

5. 子女供养型农户

这类农户主要是老年人群体,子女已经成年,在外地有比较正式且稳定的工作。这些老年户的主要收入来源是子女给钱。子女供养型老年户的主要致贫风险在于慢性病。由于农村基础医疗条件比较差,农村老年户大多有三高、心脑血管、呼吸系统疾病,平时需要吃药,很多老人每月吃药的开支在数百元。此外,如果老年户家庭中的成年子女不孝敬老人,不尽赡养义务,这些老人群体有致贫的风险。

调查中发现有些老年户住房条件比较破旧,有几种原因:子女享受生态移民搬迁政策,在镇上或县城的集中安置点购置了新房,但是原住房并没有强制拆除,老房需要人看护,所以老人依然居住于其中;调查中很多老年户的住房都是几十年的老宅,并且年久失修,存在安全隐患。有些老人是不习惯城市生活方式,选择居留于农村旧宅;有些老人虽然有经济能力对老旧住房进行修缮,但认为农村房产没有升值空间,不值得投资改善,留着老宅,可能还有机会向政府申请获取补偿。

6. 政策兜底型

政策兜底型主要是针对年龄超过60岁、没有儿女奉养、自身没有自理能力的老人,对他们采取居家分散养老和社会集中统一养老的模式。在S县的脱贫攻坚政策覆盖下,政策兜底型生计模式的农户基本上不存在致贫返贫风险。

（二）边缘农户的识别和帮扶

目前脱贫攻坚已进入决胜阶段，为切实做到在脱贫道路上不让一个贫困群众掉队，S县人民政府不断强化措施，在做好建档立卡贫困户精准扶贫工作的同时，未雨绸缪，把徘徊在贫困线以上的贫困边缘户也纳入帮扶范围之内，防止因意外陷入贫困。

在贫困边缘户的识别问题上，S县对于人均纯收入高于建档立卡贫困户标准、未达到4000元、实际生活水平与建档立卡贫困户较为接近的农户，未纳入建档立卡贫困户的低保户、残疾户、唯一住房的危房户、家庭无劳力等特殊群体，家庭年人均可支配收入在上年贫困线1.5倍以下的低收入户，因病、因学等大额支出造成家庭实际生活水平接近建档立卡贫困户的经济困难农户，以及其他应纳入的农户，确定为贫困边缘户。各村、各小组对贫困边缘户数量和基本情况都进行了相关摸查，严格进行贫困边缘户认定，确保公开、公平、公正。

对贫困边缘户的帮扶，以解决存在的突出问题和困难为手段，帮助其发展生产和就业，提高自主发展能力。对贫困边缘户的帮扶，不搞"大水漫灌"，要因户施策，激发内生动力，原则上每户每年享受一项扶持政策。坚持产业扶持、精准帮扶原则，准确掌握每户贫困边缘户的情况，采取与建档立卡贫困户相同的产业扶持政策，合理安排资金，实现精准帮扶。充分尊重贫困边缘户的发展意愿，在政策扶持的同时，主要依靠自身努力实现增收。

（三）贫困边缘农户的典型特征

1. 边缘户的生活生产条件较差，自身造血能力不足

S县贫困边缘人口生活水平低、自身发展动力弱、劳动力缺失，很容易因灾、因病陷入贫困。调查发现，绝大多数贫困边缘人口居住在交通条件差、基础设施落后、产业发展滞后的边远地区，与建档立卡贫困人口相比，享受不到相关特惠政策。

在农村住房相关政策上，一方面，村干部要落实好政策的宣传和实施工作，做到上情下达，农户也要提高对农房搬迁、改造等事务的参与度，配合村干部积极响应国家政策；另一方面，地方政府也要贯彻落实精准扶贫的相关政策，依据当地的实际状况制定切实可行的措施。

随着脱贫攻坚向纵深推进，建档立卡贫困户享受的政策越来越好，虽然惠农政策也会对贫困边缘人口形成一定程度的帮扶，但受困于财力有限，投入不足，贫困边缘人口的贫困现状难有实质性改变，极易造成新一轮贫富差别，存在潜在风险。①

从走访的情况来看，还存在一个普遍现象，家庭主妇劳动参与率极低。S县农村家庭妇女普遍的生活状态是：居家照顾老人和未成年孩子，大都脱离生产经营活动，社会劳动参与率极低。一方面，她们对家庭经济收入几乎没有贡献；另一方面，常年脱离生产经营，使得尚处于中壮年的女性劳动力逐步丧失了经济自主能力。尤其是在家庭遭遇巨大变故、经济条件恶化时，很多家庭主妇不能够站出来顶起家庭一片天。家庭主妇的劳动参与率低，使得农户家庭风险承受能力大幅下降。

此外，我们还发现部分新生劳动力对职场持消极态度。在调查中发现，有些贫困边缘户家中的新生劳动力，年满18周岁，身体健康，已经完成义务阶段教育，有些甚至完整地接受了职业教育或正规大中专学历教育。这个群体受过较好的教育，在知识和技能储备上，和他们的父辈相比，已经具备较强的劳动能力和家庭增收创收能力，可以为家庭经济做出贡献。但是调查中发现，部分新生劳动力以工作环境艰苦、工资收入低、缺乏足够的就业信息等理由，选择了在家待业，期待政策帮扶。父母也因为心疼孩子，纵容孩子的这种主动失业状态。有些到城市工作的孩子，尽管自己已经有了收入，可以做到在经济上自立，但是城市生活成本较高，尤其是面临婚恋购房等大项开支的压力，很多人对身

---

① 达久木甲：《关注"边缘人口"脱贫　破解政策"悬崖效应"》，《凉山日报》（汉）2018年6月28日，第2版。

处农村的父母在经济上的支持力度非常有限。

案例2　G镇LSW村赵××，丈夫是运输专业户，2018年之前，家里贷款20万元左右，买了一辆货车运营，收入相对稳定可观。但2018年丈夫确诊为肺癌晚期，因治疗费用高昂，选择在家保守治疗，患病期间，仍为偿还汽车贷款和医药费用坚持外出工作，由于未得到有效治疗，病情持续恶化，于2019年5月不治去世，家中丧失主要劳动力。赵××本人无技术，无工作，在家待业，基本没有收入来源。目前患有心脏病、高血压、胃病，长期吃药。目前家中共三口人，大女儿远嫁外地，家庭经济状况也较为拮据。小儿子中专毕业，学的是汽修专业，觉得汽修专业工作辛苦，未从事本行，转行卖手机，每月收入2000元左右，仅能满足自己的生活开支，无法补贴家用。（访谈资料，G镇LSW村村民赵××）

2. 边缘户教育攻坚成效显著，医疗保障有待加强

在教育方面，S县紧紧围绕全县脱贫攻坚工作大局，按照"扶贫先扶智、治贫先治愚、脱贫抓教育"的思路，把教育扶贫作为阻断贫困代际传递、彻底斩断贫困链条、保障改善民生、促进教育公平的重要抓手，强化措施，狠抓落实，教育脱贫攻坚工作取得了较好成效。2018年以来，S县对贫困学生资助、教育政策宣传、镇村教育扶贫台账建设等工作落实到位，对家庭经济贫困学生、留守儿童、单亲家庭儿童、残疾学生的关爱教育、心理辅导和结对帮扶工作重点关注，在学习上、生活上、心理上都给予他们关注、关心和关爱。

在健康扶贫工作方面，S县紧紧围绕让群众"看得起病、看得好病、方便看病、少生病"的工作目标，坚持"一手抓精准施治减存量，一手抓疾病预防控增量"的总体思路，不断优化举措，强化宣传引导，全面落实政策，狠抓问题整改，提升工作质量，各项工作均取得了阶段性成效。

尽管相关工作取得了一定的成效，但是针对边缘户的健康和教育扶持方面还有很多问题，还有很多工作需要进一步改进。健康扶贫资金不足、基层工作任务繁重、村级服务能力有待提升、技术人才力量薄弱等问题都制约了村级医疗卫生工作的开展。需要进一步明确责任，强化措施，扎实开展贫困大病患者集中专项救治，借助上级医院的支援力量，努力提高大病患者县域内救治率和救治水平；规范开展贫困人口慢性病签约服务，并逐步扩大签约范围，有效提高贫困人口获得感；对贫困重症患者住院医疗费用报销比例未达到国家规定要求的，通过政府补助实施兜底保障；等等。

3. 边缘户收入来源单一且收支不均衡，抗风险能力不足

XL 村地理位置偏僻，主要地貌为山地丘陵，土地利用率很低，人均耕地面积有限、规模小且分散、集约化程度不高，加上抗自然灾害能力差，农业收入相对较低，只能够自给自足。特殊的地貌特征导致农业生产条件受限，再加上地理位置偏僻，基础设施建设成本较高，基础设施建设落后导致村民谋生渠道有限。大部分农户选择外出务工，但是因自身文化水平和技术能力有限，自身发展能力弱，收入水平不高，这在一定程度上也造成边缘户陷入贫困。

始于 2010 年的陕南生态移民搬迁政策，大大改善了当地农户的居住状态。很多农户家庭搬离了原先偏僻的山村，居住在生态移民搬迁点，在交通设施、公共教育、医疗卫生等方面享受到了极大的政策红利。但是我们在调查中也发现了一个突出的问题。由于各种历史原因，享受生态移民搬迁政策的农户，迄今均未办理房屋产权证明。购买的住房，由于没有产权证，不能抵押，难以交易变现，不能有效地转变为家庭财产。当家庭遭遇重大变故时，住房不能成为抵抗风险的重要家庭资产。

在支出方面，农村人情往来的经济压力不可忽视。尽管经济并不宽裕，但是人情往来的标准不断水涨船高，很多农户就是借钱欠账也要给人上礼，否则在面子上过不去，感觉在当地没法做人。调查发现，过去农村只有在婚丧嫁娶等重大事件时才会请客随份子，但是近几年来，农民需要随份子的名目明显增多，导致农民每年需要支付的人情费用非常高，农村居民的压力巨大。以 XL 村为例，除了婚丧嫁娶等重大事件外，亲朋好友生孩子、孩子满月、升学等，根据关系亲疏远近的不同，这笔费用少则几千元，高则上万元，是除去家庭成员看病就医外的第二大开销。因农村是典型的人情社会，如果拒绝随礼相当于断裂了农村的社会关系网络，以后无法在农村中生活。所以虽然大多数村民并不愿意这样做，但都无法拒绝，只能依照"行情"随礼。尽管地方上有红白理事会之类的民间监管机构，但是长期形成的地方传统观念和文化的影响根深蒂固，这种局面很难得到根本的扭转。

> 人情往来那是肯定要有的，十里八乡都是自己的邻居或者亲戚，平时也都关系不错。村里谁家结了婚，哪家老人走了，谁家又添了孩子，这都是要去送礼的，别人送 100 元，你拿 50 元，你就不好看，面子上挂不住，有时候就算拿不出来，找亲戚朋友先借也是要先送礼的。（访谈资料，G 镇 LSW 村村民赵××）

总体而言，此次调研走访的贫困边缘户的主要收入来源为家中主要劳动力外出务工的工资收入，部分农户家里养殖有少量的猪、羊、鸡等，但极少有农户成规模养殖。在支出方面，看病、孩子上学的费用以及人情往来等占家庭总支出的大部分。

4. 因罹患大病，贫困边缘户生计资本处于不稳定的低水平状态

对于贫困边缘户来说，一场大病的背后，等待他们的也许就是生活上的贫困，因此，有病不敢治、治不起成了许多贫困边缘户的"心病"。

在所走访的贫困边缘户家庭中，主要劳动力患重病、大病的家庭户数占走访总户数的1/4，除了维持家庭基本生计开支外，高昂的治疗费用以及后续的医药费用致使他们的各种生计资本都处于低水平的状态。

很多原本生活不错的贫困边缘户在患上大病后，由于医保报销比例较低，他们往往会背上沉重的债务负担从而出现"一夜返贫"的现象，每一个家庭只要有一个人病了，不仅他自己丧失劳动能力，没有办法使家庭增加收入、改善条件，反而全家的人财物都要围绕病人治病。如果是无望痊愈的疾病，病没治好，家庭经济状况却每况愈下。

案例3　G镇LSW村雷××家中共五口人，户主雷××是县里公办中学退休教师，每月退休金3800元。身患糖尿病，并伴随有眼疾等并发症。在医院治疗数次后，疗效不显著，现服用保健品，每月花费1000元左右。其妻患有心肌、心梗，常年吃药。雷某与老伴属于近亲结婚，育有两子。长子存在间歇性精神障碍，现于村里公路养护队工作，每月工资700元。次子常年患有胃病和高血压，无工作能力，每年花费6000余元医药费。小儿媳存在智力缺陷。（访谈资料，G镇LSW村村民雷××）

四　外出务工罹患职业病的致贫风险

在调查中，我们发现S县外出务工罹患职业病的群体在具有致贫风险的边缘农户中显得特别突出。在50户受访农户中，患有尘肺病①及并发症的农户高达8户之多。在该县卫生局统计的尘肺病患者中，高达数百人。这些农户普遍具有近年到周边省份的煤矿、金矿工作的经历，在患病前年收入可以达到6万～8万元的水平，但是患病后，多年辛苦工作的积蓄消耗一空，并且根本不够治疗费用，负债累累。家庭财务状况快速向贫困滑落。罹患职业病的农户家庭具有很多共性特征，存在极高的致贫风险。地方政府要高度重视外出务工型生计模式的边缘农户罹患职业病的致贫风险。

---

① 尘肺病是法定职业病种类之一，该病是由于在职业活动中长期吸入生产性粉尘，并在肺内储留而引起组织弥漫性纤维化为主的全身性疾病。据调查，尘肺病已经成为我国职业病中占比大、数量多、危害严重的病种。

（一）工作环境恶劣，缺乏健康保护措施

由于职业健康卫生宣传教育不够，很多外出务工的人缺乏必要的职业病危害及防范的基本认知。职业卫生相关知识缺乏，自我防护意识薄弱，未能做好防护措施，进而导致患病。例如，矿井下作业充满生产性粉尘、有毒有害气体、噪声及振动，一些矿场企业对劳动防护用品发放数量不足，防护用品质量也无法保证，一些劳动者在作业时根本不使用防尘口罩、耳塞等防护措施，长期在这样的环境下工作容易诱发他们患上尘肺病甚至肺癌等职业病。

雇主和用工单位重效益轻投入、重发展轻健康，不重视职业病防范和救治工作。据了解，这些企业的法人法制观念较为淡薄，产生职业病危害的作业项目大多没有进行过职业病危害评价，没有申报过职业病危害种类；作业场所日常监测制度未落实，不能及时掌握有毒有害因素指数，预警能力十分低下；危害严重的作业场所醒目位置无警示标识及说明；不向劳动者告知职业病危害因素、后果、应急措施及方法；职业防护设施不齐全或不达标；不按规定组织劳动者进行职业健康体检。企业的这些不规范生产经营行为造成员工职业病患病率居高不下。

有些管理极不规范的用工单位，不与员工签署正式的劳动合同，工资结算采取现金支付，员工因无法取得相关证明材料，难以享受到相关的工伤保险待遇。即使能找到相关用人单位，这些企业也因变更公司名称、更换法人、未参加工伤保险等，难以进行追责，造成员工无法依据《中华人民共和国劳动法》等相关法律维护自己的合法权益。

案例 4　我家现在有五口人，我和老伴儿、儿子儿媳还有一个一岁的孙子。去年我被确诊为乙肝、肺结核，尘肺病还在确诊当中，过几个月要去西安医院复查确诊。老伴儿现在在家照顾孙子，儿媳在 2017 年生完娃就得了尿毒症。因为我和儿媳都有重病在身，老伴儿又要照顾一岁的孙子，我儿子就一边给人修理汽车挣钱，一

边照顾病重的妻子，提供一家人的开销。2017 年之前，我在山西的煤矿务工，大约做了 8 年的工，那时简直是拿命换钱，每年可以挣到 6 万元。患病之前，我儿子已经有了十多年在外地做汽车修理的经历，一年也可以挣 6 万块钱，可以说当时像我这样的家庭在农村是四邻八乡都很羡慕的富裕家庭，但是 2017 年至今，我在家里养病，儿媳也于同年被确诊为尿毒症，患病以来一直在西安治疗，每个月均需做血液透析治疗，单是这一项每年就需花费 5 万元，加上我每年吃药，全家的花销都需要 6 万元左右。因为家里病人需要照料，2017 年以后儿子基本没有再从事汽车修理的业务，为了我和儿媳治病，整个家庭基本上是坐吃山空，家里多年的积蓄已经消耗一空，还向亲戚朋友借债数万元。（访谈资料，J 镇 TZP 村村民李××）

（二）缺少维权意识，权益得不到保障

就目前来看，大多数职业病高危、高发群体不是正式企业工作的职工，而是以农民工为主的弱势群体，相比正式员工拥有的五险一金，他们缺少相应的权益保障。

调研发现，大多数职业病患者不了解如何采取合法手段维护自身利益，他们普遍受教育程度低，没有接受过系统的法律法规教育，不了解相关劳动法律法规，即使知道自己的权益受到了侵害，也不清楚相关投诉渠道和具体的投诉操作，无法及时主动拿起法律武器维权。

案例 5 我认识的矿场工友，连续工作 5 年以上的，罹患尘肺病的概率几乎是 100%。部分尘肺病患者因为害怕被解雇，患病初期仍然隐瞒病情坚持工作，直到病情恶化，丧失了劳动能力，才无奈悄悄离开。很多人甚至期望痊愈之后可以重新回来工作。待到医院检查的时候，很多病人的病情已经发展到了很严重的程度，给家庭造成了非常大的经济负担。（访谈资料，J 镇 XL

村村民刘××）

（三）城乡医疗资源分配不均，异地就医成本过高

农民在罹患尘肺病后一般会去本地卫生室就诊，但由于村卫生室缺乏相应的医疗器械和具备专业资质的从医人员，往往检查不出来，贻误病情，使得小病发展成了大病。

按照现有的新型农村合作医疗报销政策，患者需要先在当地就近的诊所就医诊治，如果就医后病情仍未改善，可转至乡、镇以及县指定医院。

患者在得病之后为了节省就医成本越来越倾向于直接选择大城市的知名医院就诊。城市医院过于拥堵，乡镇医院则过于冷清，加剧了医疗资源的分配不均现状。对于患者而言，去城市的大医院就医虽可以享受到优秀的医疗服务，但是无形中会增加交通、住宿等成本，还面临异地报销比例偏低的困境。

案例6　我家共四口人，我丈夫在当地做瓦匠，平时活儿不多，有哪一家修房子、修水井就会叫上他，有时有，有时没，收入不稳定，一年也就挣两三万元。家里没多少土地，种点玉米、花生，自己还不够吃，卖不了什么钱。山区自然条件恶劣，收成不好。女儿专科刚毕业，现在西安当幼儿园老师，每月收入也就能顾得上自己的生活开销，偶尔能给家里拿千把块钱，但自己在外面还要生活，都不容易。我二女儿初三毕业，高中杂七杂八加起来一年得花一两万元。我自己身体不好，2017年感觉身体不适，去医院检查，医生说是卵巢癌，到现在为止花了30多万元，家里积蓄早就花光，借遍了亲戚朋友，到现在还欠20多万元没还清。目前主要吃中药保守治疗，但中药不属于指定报销类别，无法报销。因本地医院医疗水平有限，只能去西安大医院诊治，大医院收费较高，加上来回路费、住宿费，去西安看一次病花费约为8000元。最近

因经济困难，无力去西安复查诊治。（访谈资料，G 镇 LSW 村村民汪××）

（四）法律救助体系不完善，患者处于弱势地位

《中华人民共和国职业病防治法》和《工伤保险条例》等法规赋予了劳动者各项权利，但由于外在和内在的各种因素的制约，部分权利在实现过程中往往大打折扣。

首先，职业病患者大多与雇主之间的劳动关系确认困难。矿场务工人员的工作普遍具有临时性、与雇主劳动关系不固定、流动性大等特点，基本都没有与雇主签订正式劳动合同，工资大多数也是由工头代发，劳动雇佣关系的确认和举证困难。

其次，他们在务工过程中缺乏必要的工伤保险。工伤保险属于雇主责任险，但是很多矿场地处偏远的矿区，在政府和行业主管部门管理不够精细的情况下，可能存在很多管理盲区。有些雇主仅对雇员支付工资，根本没有为员工投保工伤险。

最后，职业病患者维权途径少，只有工会、劳动保障部门以及法院等部门受理此类维权问题。工会维权多数通过协调方法，力度不够，很多时候根本无法取得理想的效果；矿场甚至没有面向农民工的工会组织。向劳动保障部门及法院申诉，维权的成本高、时间长，普通家庭根本负担不起先行支付的律师费、伤残鉴定费等，除了金钱成本，还有更为高昂的时间成本和精神成本，维权"无疾而终"的情况屡见不鲜。

五　结论与思考

（一）主要结论

在自然资源禀赋较差的农村，外出务工可能是最主要的生计模式。但由于缺乏专业技能，很多农民工只能进入辛苦劳累的工作领域，用工

也不够规范，很多农民工和雇主单位甚至不能签订正式劳动合同。如果劳动环境恶劣，特别是缺乏必要的劳动保护设施和自我保护意识，这个群体罹患职业病的风险远远高于有正式劳动合同的员工。他们在丧失劳动能力的同时，还将面临未来医疗的沉重负担，并且难以根据相关法律法规维护自身的合法权益。这个群体在贫困地区广泛存在，已经发病的群体具有非常高的致贫风险。这个群体的问题，单靠当地扶贫部门的工作，是难以完全解决的。

（二）思考与对策

对于已经出现了大量罹患职业病的务工农户的地区，要切实注意加强对这个群体的帮扶，同时在各项相关政策的落实上，要多部门合作，切实斩断职业病扩散的风险，避免在脱贫攻坚战中产生新的致贫返贫人口。

1. 规范企业生产经营，在源头上防控职业病

对已经有大量尘肺病人及其他职业病的矿场地区以及相关雇主企业进行全面的摸排，规范矿场经营生产，从源头上防控尘肺病等职业病发生。

加强对尘肺病的源头治理和预防遏制，规范相关企业的生产经营；关停生产条件恶劣、技术落后、严重损害劳动者健康的私人矿企。号召企业承担起相应的社会责任，切实保障劳动者的合法权益。督促并协助用人单位做好职业病防治工作，协调并解决用人单位与劳动者的矛盾。

政府部门也要提高重视程度，监督检查到位，从严执法。只有执法主体明确，执法效果明显，才能确实起到防范职业病发生的作用。政府监管方面应该做到：建立职业病评价体系，对职业病危害评价不达标的项目，坚决不予审批；进一步修改相关法律法规，从严执法，提高企业违法成本；重点监督生产性粉尘高危岗位的用工状况、防尘降尘措施落实情况、健康监护状况，特别是临时工、农民工的健康监护状况以及岗前职业卫生知识培训状况。

2. 加强职业卫生宣传教育，做好自我防御

对于外出务工的农民工，充分利用岗前培训，对可能会受到职业病危害的作业人员进行职业卫生知识宣传教育，提高他们的自我保护意识。

首先，提高干部与职工职业卫生防护意识，这是从根本上落实职业卫生与职业病防治的关键。必须加强职业病防治知识及相关内容的教育，如邀请专家举办讲座，通过电视、网络等多种形式，对干部与职工进行职业卫生与职业病防范意识的灌输，提高职工的职业卫生与职业病防治意识和防护能力。

其次，开展职业卫生培训，使职工认识到职业病危害与防治的重要性。此外，开展职业病危害告知工作，在与接触职业病危害因素职工签订劳动合同时，应注明职工所在岗位的职业危害因素种类、危害程度和后果，且注明劳动过程中所需提供的职业病防护设施和个人防护用品。

3. 加大职业病医疗救助强度

现阶段，我国职业病医疗救助的方式主要有医疗减免、专项医疗补助、医疗救济基金、团体互助医疗等。

在医疗救助方面，相关部门需要通过科学分析，加强职业病的预警，及时准确地评估职业病防治效果，为职业病防治决策提供科学依据。对已经患有相关病症的患者，通过建立健全职业病诊断渠道，探索建立职业病救助基金，加强对职业病患者的救助。一方面要加强对常见职业病相关专业医生的培训，提高职业病的防治救治水平；另一方面要通过提高医保报销水平，加强疾病防治知识宣传、提高患者的安全防范意识。

对于职业病高发领域的作业人员，应该加大工伤保险的参保力度，扩大参保范围，尽快从法律上完善职业病的保险保障制度，充分利用工伤保险为主、雇主责任保险为辅的风险控制手段，切实解决劳动者职业病保障的相关问题。

调整存在职业危害的用人单位的工伤保险参保费率，将职业健康体检及疑似职业病患者的治疗费用纳入工伤保险基金统筹；在企业层面，建议加强职业病危害项目的申报，加大对用人单位有毒有害工作场所的监督力度，依法对违反《中华人民共和国职业病防治法》相关规定的用人单位进行处罚。

在执法监督层面，加强对职业卫生监督的经费投入，特别应加强对基层职业卫生监督人员和经费的投入，确保能正常开展各项职业卫生监督执法工作。

4. 完善职业病法律保障体系

加快制定与《中华人民共和国劳动法》相配套的相关法律法规，为农民工的职业健康权利提供全面的法律保证。对劳动仲裁制度、诉讼制度进行改革，如简化现行职业病诊断、工伤认定和劳动能力鉴定程序以及审理程序，延长劳动申诉的时效期，政府出资提供仲裁或诉讼代理，降低仲裁或诉讼成本，可缓缴仲裁或诉讼费用，等等。对农民工提供必要的法律援助，切实帮助这个群体维护正当合法的劳动者权益。

第七章　多因素叠加型边缘农户的
致贫风险与规避对策

导　言

随着我国精准扶贫战略的开展，绝对贫困问题即将消除，未来将主要表现为边缘人口的相对贫困问题。边缘人口和被地方政府列入精准扶贫的贫困户家庭总体上经济收入和生活水平差异不大，却不能享受到相同的精准扶贫政策红利。

随着 2020 年区域性整体脱贫目标的实现，精准扶贫的战略重点也将从绝对贫困转向对相对贫困的治理。边缘人口较高的入贫和返贫率，一方面，不利于我国区域性整体脱贫目标的实现和巩固，导致绝对贫困卷土重来；另一方面，不利于我国全面建成小康社会战略目标的实现。在这样的背景下，边缘人口的生计稳定和发展就成了治理相对贫困、巩固绝对贫困的治理成果和实现全面小康社会的关键环节。

为了解边缘人口生计模式、致贫风险及规避对策，调研组深入江西省 GC 县 YQ 镇 TX 村进行问卷调查和走访调研，采用事件—问题分析策略、个案分析法和多案例比较分析法，探讨边缘人口稳定发展的思路、方法和政策。

一　案例村基本情况

（一）案例村概况

GC 县地处江西省东南部、武夷山西麓，全县总面积 1612 平方公里，辖 6 镇 5 乡 1 场 129 个行政村和 1 个省级工业园，总人口 25 万，绝大多数为汉族，还有畲族、蒙古族、壮族、回族、满族、瑶族、苗族、土族等少数民族。截至 2019 年 7 月，建档立卡贫困户 6766 户 22063人。GC 县是著名的中国白莲之乡、中国物流第一县。目前，全县还有建档立卡未脱贫户 388 户 1095 人，综合贫困发生率由 2014 年初的12.3% 下降至 2018 年底的 0.57%。

YQ 镇位于 GC 县南部，全镇总面积 202 平方公里，辖 18 个村 172 个村小组和 1 个居委会，总人口 2.3 万。YQ 镇拥有丰富的资源，交通便利，招商环境优越。这里有 23 万余亩的森林资源（其中大部分是毛竹、杉木），适宜搞木竹制品加工；水域面积 1.5 万余亩，水利资源丰富，适宜搞小水电开发；因土壤肥沃、气候适宜，特色农业资源突出，经过长期的发展，这里形成了以白莲、烟叶、泽泻三大传统特色主导产业。

TX 村位于 YQ 镇中部，距镇政府 1.5 公里，下辖 26 个自然村，全村 611 户 2273 人。TX 村系"十二五""十三五"贫困村，2016 年经市第三方评估验收达到退出贫困村指标。现有建档立卡贫困户 30 户 98人，2015～2018 年先后脱贫 27 户 88 人，2019 年计划脱贫 3 户 10 人。

（二）自然资源禀赋

白莲产业是 GC 县的特色产业。GC 县白莲种植始于唐朝仪凤年间，距今已有 1300 多年历史，是全国最大的白莲科研生产中心、集散中心和价格形成中心，被誉为"中国白莲之乡"。多年来，GC 县采取了一系列有效的措施，不断提高白莲的产量和品质。

TX 村有耕地 2682.9 亩，山林面积 13256 亩，自然资源丰富，土地肥沃。受 GC 县白莲产业发展的影响，白莲和泽泻成了 TX 村村民的主要经济作物。

（三）基础设施概况

2017 年在全镇率先实施高标准农田改造，新建农田机耕道 10870

米，水渠加固 9600 米，水陂维修及加固 24 座、山塘加固 2 座，新建农耕桥梁 7 座、排灌站 2 座，使 TX 村交通、水利设施得到较大的改善。

（四）收入来源

村民家庭收入以务农及务工收入为主，主要产业有种植白莲、泽泻、烟叶、水稻。2018 年全村种植白莲 1250 亩，实现收入 456 万元；种植烟叶 186 亩，实现收入 67 万元；种植泽泻 550 亩，实现收入 110 万元；种植水稻 820 亩，实现收入 103 万元。全村务工人数 996 人，实现务工收入 1700 万元。2014 年贫困户人均收入 2544.93 元，2015 年贫困户人均收入 3063.1 元，2016 年贫困户人均收入 6814.9 元，2017 年贫困户人均收入 10501.9 元，2018 年贫困户人均收入 12064 元，实现稳定脱贫。

（五）乡风情况

乡风文明是十九大提出的乡村振兴战略的一个要求。TX 村以脱贫攻坚为契机，深入开展"道德红黑榜"评比活动，以"道德红黑榜"为抓手，通过村里公告、镇里展示、自媒体平台登载等多种形式，充分发挥"道德红黑榜"的震慑力，劝导独居老人与子女同吃共住，破解农村老人无人赡养难题，村民道德下滑的不良现象得到了有效遏制，弘扬了孝老敬亲优良传统，村民家庭关系更加和谐，构建了乡风文明新格局。随后，YQ 镇的 13 个村也纷纷发布榜单，市、县文明办也及时跟进，总结梳理完善"道德红黑榜"评议机制，并逐步在全县乃至全市推广这一经验做法。目前，GC 县 11 个乡镇全部设立了"道德红黑榜"，发布 292 人，其中红榜 187 人，黑榜 105 人。"道德红黑榜"以"榜"立规矩，以"榜"塑人心，以"榜"扶正气，以"榜"聚人气，对农村移风易俗工作起到了良好的示范带动作用。县财政统一安排每村 2000 元的工作经费，按发布"红黑榜"次数，对各村移风易俗理事会给予补贴，对每季度评选的"红榜"典型，进行表彰且给予一定的物质奖励。

二 案例村脱贫攻坚工作情况

（一）脱贫攻坚的具体措施

2018 年 GC 县紧紧围绕"加快发展、提质升级、绿色崛起、同步小康"工作思路，顺利通过了脱贫验收考核。为全面推进脱贫成效巩固提升，2019 年 GC 县制定了"坚持力度不减、政策不变，巩固提升脱贫成效"[①] 的工作思路，"着力提升脱贫质量"，"以全面提高就业、医疗、教育、住房、社保等为重点，深入推进城镇困难群众脱贫解困工作"。TX 村认真贯彻落实打赢脱贫攻坚战的决策部署，根据中央、省、市关于坚决打赢脱贫攻坚战相关文件精神，在县委县政府的坚强领导下和 YQ 镇党委的直接领导、在县直相关部门的大力支持下，继续落实各项扶贫措施，确保所有扶贫政策持续到 2020 年；通过社会保障倾斜政策、大病救助报销和村级集体经济扶助，防止村内新贫困户的发生；确保2020 年全面步入小康，小康路上不落下一人。

1. 产业扶贫

GC 县的产业扶贫政策主要包括造林补贴、油茶补贴、毛竹低产林改造补贴、农业补贴、产业合作社（基地）入股分红、贫困户自主经营产业奖补政策（蔬菜种植、烤烟种植、白莲种植、中药材种植、西瓜种植、茶树菇种植、肉/母牛养殖、羊养殖、鸡鸭养殖、鹅养殖、肉兔养殖、鱼养殖、水稻种植）、光伏扶贫、金融扶贫和就业补助等。2019 年，TX 村对 10 户贫困户实施了产业直补，其中 1 户为经认定的低保贫困户。这些产业直补政策主要包括耕地地力保护补贴、水稻保险和白莲保险。

---

① 2019 年 GC 县政府工作报告。

2. 就业扶贫方面

2019 年 TX 村的就业扶贫主要体现在就业补贴。一共对 14 户进行了就业补贴，每户补助就业资金 3000 元。这 14 户的家庭情况如下：按照务工情况，4 户在乡镇内务工，6 户务农或打零工，2 户在县内务工，2 户在省外务工。按照身体状况，2 户（户主）残疾，3 户（户主）大病，1 户（户主）慢性病。

虽然 GC 县的就业扶贫政策多样，但是 TX 村实施的就业扶贫政策仅限于就业补贴政策。从原因上来看，主要是未脱贫的农户并不适合除就业补贴之外的其他就业扶贫政策。以未脱贫的 3 户 10 人为例——未脱贫户 A（户主李某），夫妻二人 83 岁，无劳动能力，儿子 42 岁，残疾人，在省外务工，年均务工时间为 10 个月。未脱贫户 B（户主赖某），户主 43 岁，在本乡镇务工，妻子 32 岁，残疾人，丧失劳动能力，两人育有一女，10 岁，正在读小学，其母 72 岁，无劳动能力。未脱贫户 C（户主巫某），户主 40 岁，残疾人，省外务工，其父 67 岁，患慢性病，无劳动能力，其弟 37 岁，省外务工。

上述未脱贫农户致贫的原因为因残或因病，因此 GC 县的就业扶贫政策虽然多样，但是适合的并不多。

3. 光伏扶贫

《GC 县实施巩固提升脱贫攻坚成效三年行动计划（2018～2020年）》中指出：切实加强在 84 个贫困村实施的村级光伏扶贫电站和"棚光互补"工程的运营、维护和管理，建立健全长期可靠的运营管理体系，确保光伏扶贫电站稳定运行、长远受益，确保村级集体经济收入的稳定和可持续。在此基础上，TX 村确立了光伏扶贫的政策：对已纳入第一批光伏扶贫建档立卡贫困户，确保每年每户增收 3000 元，具体按照《GC 县光伏扶贫实施方案》执行；已实施光伏扶贫扩面工程的全县 84 个贫困村，确保每年每村增加村集体收入 5 万元以上。

4. 社会保障扶贫

社会保障扶贫主要集中在两类：一是农村低保补贴。保障标准为每人每月 340 元，月人均补差水平在省民生工程要求的 255 元基础上，由县财政补贴 15 元，达到 270 元。二是农村特困人员供养。农村特困人员集中供养标准为每人每月 520 元，分散供养标准在省民生工程要求的每人每月 350 元基础上，由县财政补贴 10 元，达到 360 元。

5. 健康扶贫

TX 村进一步完善和规范对支出型贫困家庭大病患者和因病致贫家庭大病患者的医疗救助，加大对非建档立卡贫困人口的医疗救助力度，购买商业补充保险。

TX 村健康扶贫的政策具体包括：应急救助、免费代缴（县财政出资为建档立卡贫困人口免费参保城乡居民基本医疗保险和重大疾病医疗补充保险）、城乡居民基本医疗、大病保险（城乡居民大病保险、城乡居民重特大疾病保险）、重大疾病医疗补充保险、民政医疗救助、"一站式"服务（在县、乡医疗机构住院治疗的建档立卡贫困患者实行"一卡一窗一站"式结算）、报销代办制（针对部分群众尤其是老人、智障及残疾人员）、健康服务（对所有建档立卡贫困对象免费提供家庭医生签约服务）和计划生育补助。

6. 其他扶贫政策

除了上述主要的扶贫政策之外，TX 村享受的扶贫政策还包括电力扶贫和村庄整治扶贫。

电力扶贫包括：建档立卡贫困户可享受每户每月减免电费 10 度的政策，由扶贫和移民局以补贴的形式发放。如月用电量不到 10 度，按实际用电量减免。对集中供养"五保户"的社会福利机构，按供养"五保户"人数，每人每月免费用电 10 度。

村庄整治扶贫包含的项目较多，TX 村享受的项目主要包括：外墙粉刷补助：粉刷石灰面奖补价为 35 元/平方米；水冲厕：挖土方、砖砌化粪池、水管等，奖补价为 2000 元/户。

（二）脱贫攻坚取得的成效

GC 县依托产业扶贫和特色产业，形成脱贫的长效动力。结合本村的资源禀赋和扶贫实践，TX 村依托传统特色产业的优势，引进白莲新品种，推广白莲种植新技术，实施泽泻套种白莲、泽泻与白莲轮作、水稻及烟叶与白莲轮作，从而提高白莲产量。引进莲子机械加工及泽泻机械烘烤，扩大种植面积，提升品质，拓宽销售渠道。支持贫困户发展电商、"互联网＋"等新兴产业。目前 TX 村已经筹措多方资金，筹建莲子机械加工及泽泻机械烘烤基地，目前正在建设中。

在光伏扶贫方面，TX 村的光伏扶贫采用了光伏分红的形式，一共有 6 户领取了光伏分红，每户领取 3000 元，共领取 18000 元。这 6 户均为因病、因残或年迈而丧失劳动能力的人员，其中 1 户为未脱贫户，其余为已脱贫的建档立卡贫困户。

在发展特色产业的同时，TX 村依托新农村建设和基础设施建设，奠定脱贫的稳定基础。重点安排交通、饮水、新农村建设、排水排污、水利、电力通信、学校、文化活动室、文化活动广场、村级卫生服务室、环境卫生等项目建设，基础设施及公共服务设施得到了进一步完善。已实施项目包括：交通项目 10 个，225.9 万元，实现每个村小组通 3.5 米宽的硬化道路，入户道路硬化率达到 98%；水利及排水排污项目 4 个，117.5 万元；安全饮水项目 5 个，59.8 万元，全村安全饮水率达 100%；新农村建设点 21 个，460 万元，水冲厕达到 80% 以上；投入 160 万元重建学校一所；投入 24 万元建文化休闲活动广场 2100 平方米，投入 10 万元建文化活动室一个。此外，环境整治中以奖代补立面改造及平改坡投入资金 548.5 万元；集中清理陈旧垃圾及淤泥等人工及运输费 9.6 万元；拆除土坯危房 6.9 万平方米，每个村小组配备保洁员。

在健康扶贫方面，2018 年以来，健康扶贫 30 户，代缴医保金 25480 元、重大疾病补充保险 19600 元，家庭医生签约服务达到 100%，先诊疗后结算，住院报销自付费用控制在 10% 以内。

2018 年 TX 村有 8 户贫困户享受到住院报销 43846.67 元，有 2 户贫困户享受特色病种住院报销 33042.26 元，有 1 户贫困户享受慢性病报销 70636 元，未脱贫和已脱贫但享受政策的农户全部参加了大病医疗保险。此外，该村设有卫生室，位于村委会办公楼右侧，室内有 YQ 镇乡村医生 1 名，有 65 种药品。平时能做到小病不出村就可以得到治疗。

三 边缘农户的生计模式

（一）生计模式与致贫的逻辑

生计资本理论认为农村贫困与农户脆弱性紧密相关，互为因果。1995 年，世界粮食计划署（WFP）提出关于农户脆弱性的分析框架，将风险因素、抵御风险能力和社会服务体系三个维度综合起来以反映农户脆弱性。Bebbington 以资本和能力为核心来构建农户生计资本、脆弱性以及贫困的研究框架，勾画出农户生计风险、生计资本、生计策略、生计结果相互作用的研究范式。[①] 当前以农村为研究对象的脆弱性研究主要体现在反贫困及可持续性生计上。

农民生计风险大、生计资本存量较小、生计策略单一或缺乏，这些都可以归纳为农户的生计脆弱，这种脆弱性很容易导致农户生计结果较差[②]，使农户坠入"贫困陷阱"[③]，也就是说，农户的生计脆弱和贫困是互为因果的[④]，而这种互为因果又会形成一种向下的恶性循环。

不同的生计资本导致不同的生计策略，在脆弱性生计的环境中，农

① Bebbington A. , Thomas Perreault, "Social Capital, Development, and Access to Resources in Highland Ecuador," *Economic Geography*, 1999, 75 (4): 395 – 418.

② Boukhatem, J. , "Assessing the Direct Effect of Financial Developmenton Poverty Reduction in a Panel of Low and Middle-Incomecountries," *Research in International Business and Finance*, 2016, 37 (5): 214 – 230.

③ Carney D. , Implementing a Sustainable Livelihood Approach, Department for International Development, 1998, 52 – 69.

④ Tsaurai K. , "Is the Complementarity between Education and Financial Development – A Panacea for Poverty Reduction?" *Journal of Developing Areas*, 2018, 52 (4): 228 – 248; Ellis F. , *Rural Livelihoods and Diversity in Development Countries*, Oxford University Press, 2000, 26 – 78.

户会根据自己拥有的资产采用相应的生计策略，以优化自己的生存环境。[①] 农户生计策略不是自由的，而是受经济、社会和资产的约束，金融资产、自然资产、物质资产、人力资产和社会资产的获得需要受到制度和社会关系的调节。[②] 生计策略有不同的分类方法，目前公认的分类方法将生计策略分为农业生产策略、非农业生产策略（多样化战略）和移民策略。[③]

为了解边缘人口的生计模式，我们按照前文介绍的调研对象选择的标准，深入 TX 村对 50 户边缘户进行了问卷调查和深入访谈，以期再现边缘人口生计模式的真实图景。

边缘人口的概念最早由盘锦市总工会在 2004 年提出。随着边缘人口关注度的提升，部分城市已经比照低保标准对此群体给出了明确的界定。边缘户的界定主要有两种方法：比例法和绝对值法。比例法是指按低保线比例确定，如广州市、南京市、天津市、沈阳市和绍兴市等；绝对值法是指按低保群体实际收益水平确定，如北京市、上海市、东莞市和丹东市等。

GC 县对边缘人口的认定缺乏统一的标准。我们在 GC 县扶贫办公室看到一份 GC 县"建档立卡边缘户"情况摸底调查表，其中 YQ 镇建档立卡边缘户一共 32 户，分布在 12 个村中，最少的，如 TX 村为 0 户，最多的，如桐斜村为 5 户，而 YQ 镇所公布的 TX 村部分人员花名册中标准的边缘户为 18 户，其中 13 户为收入边缘户，5 户为因学边缘户（2 户高中，3 户大学）。

对于边缘户的认定不但要考虑收入因素，还要考虑支出因素，特别

① Bebbington A., "Thomas Perreault Social Capital, Development, and Access to Resources in Highland Ecuador," *Economic Geography*, 1999, 75 (4): 395-418.

② Ellis F., *Rural Livelihoods and Diversity in Development Countries*, Oxford University Press, 2000, 26-78.

③ Scoones I., "Sustainable Rural Livelihoods: A Framework for Analysis," Institute of Development Studies, 1998.

是必须支出的因素，由此来看，YQ 镇 TX 村将边缘户划分为收入边缘户和因学边缘户是可取的。在调研中，我们按照如下方法确定调研对象：第一，YQ 镇 TX 村已经确定的 18 户边缘户；第二，收入略高于低保标准，因各种原因导致家中生活困难的农户。

（二）生计资本存在短板

农户生计资本的定量测度是计算生计资本存量、分析致贫原因、探讨生计策略选择、设计扶贫措施的基础。英国国际发展部（DFID）提出的可持续生计分析框架在学术界最为权威。[①] DFID 提出自然资本、物质资本、人力资本、金融资本、社会资本是生计资本的五大构成，对农户生计策略的选择、生计结果的确定具有决定性作用。[②] 本章按照 DFID 的分类来探讨 TX 村生计资本情况。

1. 自然资本

由于调研地可利用的自然资源有限，因此，此处所说的自然资源主要是耕地（水田）。GC 县地处江南丘陵地带，山地丘陵约占 90%，平原仅为 10%，全县耕地面积约 29.6 万亩，人均拥有耕地面积 1.18 亩。TX 村人均耕地为 1.1 亩，绝大部分是水田，虽然土地的位置、贫瘠情况有差异，但这种差异和农户的贫困属性无关，也就是说，调研中的边缘户在自然资本存量上并没有特殊之处。

2. 物质资本

物质资本主要包括住房质量、牲畜数量、生产经营性工具数量、交通工具、是否解决了饮用水安全等。从住房质量来看，由于经过了危房改造，目前全村没有一间危房，所调查边缘户的房屋皆为钢筋混凝土结构。从牲畜数量来看，由于地理位置、气候、风俗习惯等因素，TX 村

[①] 张焱、罗雁、冯璐：《滇南跨境山区农户生计资本的量表开发及因子分析》，《经济问题探索》2017 年第 8 期，第 134～143 页。

[②] 宁泽逵：《农户可持续生计资本与精准扶贫》，《华南农业大学学报》（社会科学版）2017 年第 1 期。

没有养牛、马、羊和猪等牲畜的习惯，牲畜以家禽特别是鸡鸭为主，且大部分为自家食用，少数家庭出售。从生产经营性工具数量来看，35%的边缘户家中有农用小型拖拉机[①]，其他农用机械则较为少见。从交通工具来看，虽然 GC 县属于丘陵地形，但是村庄所在地较为平坦，经过近几年基础设施大发展，特别是在新农村建设项目中加大了对农村道路建设的奖补，农村道路有了较大的改观。目前 TX 村出行的主要交通工具是摩托车，在所调查的边缘户中，80% 以上的农户家中都有摩托车。从饮用水情况来看，每家每户饮用水方便、安全。

3. 人力资本

人力资本主要包括家庭劳动力占家庭总人口比重、家庭劳动力健康情况、家庭劳动力平均文化程度、家庭劳动力参加就业技能培训情况、家庭劳动力是否能从事基本的电商操作等指标。

从家庭劳动力占家庭总人口比重来看，劳动力占 58%，无劳动力占 33%（主要是老人和孩子），丧失劳动力占 9%（因残、因病等原因）。

从家庭劳动力健康情况来看，健康人数占 74%，残疾人数占 13%，患有大病人数占 7%，患有长期慢性病人数占 6%。

从家庭劳动力平均文化程度来看，在读学生占 25%，文盲或半文盲占 14%，小学文化程度占 34%，初中文化程度占 25%，高中文化程度占 2%（见图 7-1）。如果不考虑在读学生，顺利完成九年义务教育的人数共占 35.9%。

从家庭劳动力参加就业技能培训情况来看，参加技能培训的人数较少，约占 5%。

从家庭劳动力是否能从事基本的电商操作等指标来看，虽然 GC 县大力推广电商扶贫，也有少部分人参加了电商培训，但是能熟练操作并投入电商运营的人很少。

---

① 以某品牌小型农用拖拉机为例，新机售价 2139 元，兼具运输、耕地和除草等功能。

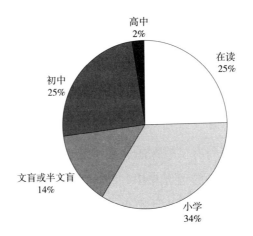

图 7 - 1　TX 村受调查边缘户文化程度情况

4. 金融资本

金融资本包括家庭人均年收入、有无借贷行为、银行贷款的便利性等。从家庭人均收入来看，年现金收入均值为 13672.58 元、最小值为 7579.36 元、最大值为 22600 元。从借贷行为来看，TX 村农户借贷行为较多，但借贷的频率较小。从原因来看，多数家庭这几年都进行过危房改造，虽有危房改造的补贴，但大多数家庭为建房都向亲戚朋友借过款，很多家庭出于面子、攀比等原因，建房的时候尽量往大了建，这样就加重了家里的经济负担，没有突发性困难的家庭几年后就能还清借款，但是有些家庭的家庭成员突发疾病，造成借款无法还清。

5. 社会资本

社会资本是指农户为了实施生计策略而利用的社会网络，其作用在于增强人们的信任和合作，降低交易成本。社会资本包括家庭或近亲中能人的情况、农户之间的相互信任情况、新型农业经营主体带动情况。

能人是指懂经营、善管理，在经济发展中具有超凡能力的人士。从家庭或近亲中能人的情况来看，传统中国是一个熟人社会，农户的社交圈子比较狭小，家庭或近亲中能人较少，一些农户家里的大学生毕业后往往选择在大城市工作，这些人虽然也可以称为能人，但是他们游离于农户社会网络之外，形成网络的孤立点。从农户之间的相互信任情况来看，在村民小组内部、农户之间相互信任程度较高，但是对外部的信任程度较低。从新型农业经营主体带动情况来看，TX 村新型农业经营主体带动农户致富的现象不明显。

从上述对生计资本的分析来看，所调查的边缘户的生计资本存在明显的短板，这主要体现在农户的金融资本和社会资本。企业的生命线是资金链，资金链的维持需要完善的金融体系，而 TX 村边缘户的金融资本缺乏，金融资本的缺乏又直接制约了农户创业的热情。社会资本的缺乏使村庄形成一个相对封闭的系统，贫困系统具有特殊的均衡状态（贫困代际传递），即贫困既不是终极现象也不可能轻易打破或跃升均衡状态。纳尔逊的低收入水平陷阱理论、舒尔茨的传统农业理论、纳克斯的贫困恶性循环理论，均论证了这种均衡状态的形成过程和机制。若从贫困系统外部输入刺激因子，贫困系统将发生变化，成为一个复杂自适应系统：既有农户率先脱贫致富，也有农户仍在贫困中挣扎，意味着贫困系统中贫困与非贫困现象长期共存。因此，要突破贫困系统的均衡状态，必须有外界刺激打破均衡状态，但是 TX 村边缘户社会资本缺乏，熟人社会的传统又强化了这种贫困系统的均衡状态，成为稳定脱贫的障碍。

（三）生计策略单一

TX 村以外出务工和务农为主要生计策略。文化程度普遍不高，多数为初中学历，年轻人外出务工，老人留在家里务农，孩子往往留在家里由老人照顾，每个月寄一些钱回来给孩子。有一些老人年龄较大或者有重病、孩子又比较多的家庭，年轻人无法走开，只得留在家里照看，会种少量的田，农闲时会去镇上或县里打一些零工，收入不稳定。而且村里面没有学校，孩子必须去镇上读书，这就需要家里有一个人每天定时接送，所以 80% 以上的农户都配有摩托车，但这制约了家庭的劳动力。TX 村村支书介绍说：

我们这里的村民，只要不懒，没有大病，都不会太穷。现在"等、靠、要"思想在个别群众中还是存在的，但绝大多数还是勤劳肯干的人。村里现在的年轻人一般都是外出打工，多半都是去广东、福建这两个地方的工厂里面，等到四五十岁了，再回家务农。我们这里的土地质量很好，只要种下去，就能有收获。我们这里每年在白莲收获之后，就直接种泽泻。以务农为主的家庭都有十几年的种植经验，产量不错。（访谈资料，TX村村支书）

经济作物种植也是一个重要的生计策略。TX村的经济作物主要是白莲，白莲收获之后少数家庭会继续种植泽泻。在调研的边缘户中，大部分农户都种植白莲和泽泻。虽然TX村种植白莲和泽泻的历史悠久，但是仍然存在诸多问题，具体体现在如下方面。

绝大部分农户不重视白莲和泽泻种植的技术。在调研中，当问及是否参加了白莲和泽泻种植的培训时，农户纷纷表示惊讶，因为在他们看来，多年种植白莲和泽泻，经验充足，自己是行家里手，根本不需要参加什么培训，而对于不同的地块白莲产量的差异以及不同年份白莲质量的差异，均认为是天气和运气的原因。这种观念也制约了白莲和泽泻产业的发展。

不能实现规模化种植。TX村的白莲和泽泻种植处于分散经营的状态，这种分散种植存在抗风险能力较弱、种植成本较高、难以提升种植技术等弊端，因此规模化种植是未来发展的方向。规模化种植的前提是实现土地的合理有效流转。到目前为止，TX村的土地流转还没有广泛推行。

产业链条较短，集中在初级生产和加工阶段。目前TX村的白莲和泽泻产业仍以初级生产为主，而且没有形成品牌，没有高附加值产业，产业链条较短。由于缺乏资金，烘烤厂建设接近停滞状态。

由于分散种植，而且人均耕地面积仅为1.1亩，导致白莲和泽泻种植收入占家庭总收入比重不高，因此，白莲和泽泻种植只能算是特色的生计策略，而不是主要的生计策略。

从上述描述可以看出，TX 村边缘户的生计策略较为单一，务农的策略满足了基本的生存需求，务工的策略形成了家庭收入的主要来源，经济作物种植的策略形成了家庭收入重要的补充。在调研中我们发现，不仅仅是 TX 村的边缘户，包括 TX 村的其他农户，甚至是 YQ 镇的其他村庄也是同样的生计策略。

（四）生计风险较大

第一，务工的生计策略存在潜在的风险。在调查的边缘户中，近一半以上的外出务工者从事的是简单体力劳动或低技术体力劳动，他们通常没有签订劳务合同，出现工伤的可能性也比较大。由于从事的是简单体力劳动或低技术体力劳动，那么随着年龄的增长、体力的下降，失业或工资减少的可能性也在增加。另外，由于没有签订劳务合同，失业的可能性以及被侵犯劳动者权益的可能性也较大，这些都是务工生计策略的风险。

第二，经济作物种植存在潜在风险。白莲和泽泻种植的风险体现在以下几个方面：其一，白莲和泽泻的产量容易受到天气的影响，而天气的影响是不可预测的；其二，市场风险，由于分散经营的特征，单个农户无法应对市场价格涨落和市场供求变化所带来的风险；其三，泽泻产业在不断萎缩。泽泻是六味地黄丸的主要原料之一，每年的需求量都在6000～8000吨。GC 县的泽泻品种为建泽泻，近年来受川泽泻和广泽泻的大量冲击，建泽泻的行情一年不如一年，目前建泽泻市场占有量不足5%，发展空间已经严重萎缩。

（五）乡风文化影响生计状况

单一的生计策略和较大的生计风险导致生计困难。除此之外，其他因素例如乡风文化等也会影响农户的生计情况，表现在以下几个方面。

第一，一些农户不履行赡养老人的义务，导致老人生计困难。以下为两个典型的案例。

案例1 管××，女，72岁，2018年去GC县拍胃镜，花了1000多元，平时有时候会帮做房子的人挑砖，2018年一年赚了6000元，今年减少很多，没有种植农作物，养了13只小鸡。患有高血压，平时胃药加高血压药花费250元。没有低保，只有每月老龄补贴105元。儿子家虽然就在附近，但平时吃住都与儿子分开，经济独立，生活困难。

案例2 赖××，男，73岁，家有5口人，患有高血压，办有慢病卡，一年花费1500元，能报销30%，种有4亩白莲、3亩泽泻，有500元的耕地补贴，参加合作社收入450元，一年烟酒花费7000元，红白喜事花费1500元。小儿子44岁，儿媳妇43岁，孙子5岁，有两个孙女，分别是10岁和7岁。虽然与儿子在同一个户口本上，但儿子不履行老人的赡养义务，反而需要老人补贴儿子建房。

通过"道德红黑榜"抓手，TX村村民道德下滑的不良现象得到有效遏制，但是仅靠道德的力量无法彻底解决部分农户不赡养老人的情况。

第二，不合理的消费观念影响农户的生计状况。传统中国是一个熟人社会，农户都比较看重宗族内部或者村庄内部别人对自己的评价，这就导致了农户都比较好"面子"，家庭一旦有了多余收入首先想到的不是怎样继续发展，而是扩建房屋，让别人高看一眼，觉得自己很有"面子"。这种情况突出表现在前几年的危房改造项目中，在GC县的扶贫政策中，有一项是危房改造的补贴，在政策的影响和周围农户的鼓动下，许多农户通过借贷的方式扩建房屋，不少农户建造三层楼房，即便自己只住一楼，二楼和三楼不住人，也要把房屋建得气派。结果，不少农户生计困难，一旦借款无法偿还，就会持续地拉低农户的生活水平。

四 边缘农户的致贫风险

边缘人口的贫困问题从根本上来说是相对贫困的问题，随着精准扶贫工作的深入开展，相对贫困的问题将成为未来学界和政府持续关注的话题。通过在 GC 县的问卷调查和深度访谈，我们发现边缘人口的致贫风险主要体现在以下四个方面。

（一）教育支出大幅提高导致贫困

1. 乡村小学凋敝导致教育支出增加

随着城镇化的推进和农村空心化的加剧，"撤校并点"成了一种潮流，乡村学校逐渐走向凋敝，其原因主要包括以下几个方面：首先，计划生育等原因造成适龄儿童减少，乡村学校因为人数较少自然关闭或合并；其次，大量学生向城镇涌去，使得乡村学校难以为继；最后，国家出于优化教育资源的目的，主动"撤校并点"。

随着乡村学校的凋敝，大量学生就需要离开自己的村庄到乡镇学校去读书，这样就会产生两个方面的问题：一方面，交通费和住宿费增加；另一方面，高中生可以住校，但是低年级小学生很多是不住校的，这就需要一个家庭有一个人要专门负责接送孩子，这样对劳动力造成牵制，间接影响农户的收入。

2. 学前教育和高中教育增加了边缘户的刚性开支

就 TX 村的情况来看，小学和初中教育属于义务教育的范畴，但是，学前教育每学期的学费在 1500 元左右，高中教育的学费和杂费在 2000~3000 元，这些都构成了刚性的开支。近年来，农户普遍认识到了教育的作用，特别是身边一些大中专毕业生的工作生活情况给了农户正向激励，导致农户纷纷不遗余力地供孩子读书，相应的教育开支也不断加大，很容易导致边缘户的贫困。

案例3　赖××，男，43岁，我们小的时候，没有幼儿园，只是有一年的学前班，父母对我们学习一点儿都不重视，有些家长就是觉得只要孩子懂得算加减法、认识男女厕所就行了。现在不一样了，大家都很重视教育了。哪家要是出了一个大学生，都是奔走相告，全村庆祝。过去不重视学前教育，现在都普遍重视了，"不让孩子输在起跑线上"这句话，连我们农村人也不停地念叨。结果就是教育方面的开支不断加大，只要是说学生上学需要钱，砸锅卖铁借钱都要凑上。

教育的刚性支出还表现在高中生开支较大。GC县的高中教育质量不均衡，导致非重点高中教育质量持续滑坡，教育质量的滑坡又会导致优秀教师一心向重点高中流动，由此形成一个恶性循环。这种情况不仅仅存在于GC县，全国大部分县城均不同程度存在教育质量不均衡的情况。另外，虽然教育部近年不断强调职业教育的重要性，但是大部分高中生一旦没有考上本科院校，通常会选择复读而不去就读职业院校和专科院校，而复读的费用又是一笔较大的开支。

案例4　许××，男，54岁，家里有个高中生，邻居们都会很关注，我的孩子今年刚高考了，考得不好，虽然上个职业院校没有任何问题，但是他还是打算复读，要是复读的话，学费就是3000多元一个学期，而且平时还有很多试卷费、补课费这样的额外开支，住宿费一个月是150元，压力大啊！

（二）因病因残导致贫困

在调研中，我们发现TX村患有长期慢性病、大病和残疾的农户占35%，其原因有以下几点。

1. 物流产业和出行方式导致发病或致残

GC县是中国物流第一县，全县有5万多人分布在全国100多个大中城市从事物流行业，交通、疾病风险较大，在家务农人员，大多以摩托车、三轮车为主要出行工具，致残时有发生，容易因高额医疗费用和丧失劳动能力返贫致贫。在 TX 村，因为物流产业或出行方式导致发病或致残的案例并不多，但是从周边的乡镇和整个 GC 县的情况来看，因为物流产业或出行方式导致发病或致残的案例相对来说远高于全国平均水平。GC 县政府一位工作人员告诉我们——

> GC 是物流大县，在许多大中城市，只要说是做物流的，很多都是我们 GC 人。物流这个行业是典型的粗放式发展行业，不太重视对员工的劳动保护，发生交通事故的风险很大，再加上饮食和作息不规律、劳动强度大等原因，很容易导致疾病。出现病残后只好回到老家，这就导致了农村老弱病残的很多。（访谈资料，GC 县政府工作人员）

2. 不健康的生活方式导致疾病发病率较高

2010~2014 年江西省肺癌发病率高于 WHO 全球癌症报告的肺癌病世标率（23.10/10 万）[1]，肺癌成了江西省和 GC 县发病率第一的恶性疾病，肺癌发病率呈现随年龄增长而上升的趋势，男性肺癌发病率上升幅度大于女性。从生活习惯来看，TX 村广大男性村民有抽烟的习惯，而且食物中熏肉、腌菜较多。吸烟是肺癌的重要危险因素，工作环境被动吸烟是男性非吸烟者的主要危险因素。[2]。对于女性村民而言，大气

---

[1] Ferlay J., Soerjomataram I., Dikshit R., et al., "Cancer Incidence and Mortality Worldwide: Sources, Methods and Major Patterns in GLOBOCAN 2012," *Int J Cancer*, 2015, 136 (5): E359 – E386.

[2] 刘建波、姚华、张丽等：《新疆维吾尔族膳食模式与代谢综合征及其各组分的关联性研究》，《卫生研究》2016 年第 5 期；黄萌、陈星、邱月锋等：《肺癌危险因素及交互作用研究》，《中华疾病控制杂志》2011 年第 2 期；昌盛、代敏、任建松等：《中国 2008 年肺癌发病、死亡和患病情况的估计及预测》，《中华流行病学杂志》2012 年第 4 期。

污染、二手烟、烹饪油烟的污染等均增加了肺癌发病的危险。[①]

此外，村民往往不重视健康体检，许多大病在初期往往并没有任何症状，等到出现症状就医时往往就已经很严重了。这些慢性病特别是大病往往会显著地降低农户的生活水平，最终导致农户入贫。在 GC 县健康扶贫项目中，大多数项目是针对建档立卡贫困户，边缘户所能享受到的健康扶贫项目较少。

3. 疾病导致的额外开支

GC 县农村虽然实现了医保全覆盖，但是疾病的额外开支（例如交通费等）无法报销，导致农户负担过重。以下典型案例。

> 案例5　温××，44 岁，初中学历，家有 4 口人。妻子 34 岁，小学学历，一只眼高度近视（2000 多度），青光眼，近乎失明，另外一只眼视力 0.2，无劳动能力，需经常去检查，去一次 GC 县的医院要花费 300 多元，去一次南昌的医院要花费 1000 多元，女儿 13 岁，初中在读，身体健康。儿子 11 岁，小学三年级在读，左眼弱视。温××在家务农，种植有 3 亩白莲，2 亩水稻供自食，闲时帮忙开车拉货一年能赚 2 万元，家有小型拖拉车 1 辆，价值 1 万多元。2018 年带孩子去南昌治疗眼睛，医疗费用加交通费、住宿费一共花了几万元，由于有医保，医疗支出不大，但住宿费和交通费花费很大。

（三）风险叠加导致贫困

教育支出和医疗支出均为刚性支出，因学和因病风险叠加导致贫困。在前文关于各种致贫风险的分析中，TX 村边缘户中存在不同程度

[①]　刘志强、何斐、蔡琳：《吸烟、被动吸烟与肺癌发病风险的病例对照研究》，《中华疾病控制杂志》2015 年第 2 期；冬梅、陈勃江、李为民等：《肺癌危险因素的 Meta 分析》，《中国循证医学杂志》2010 年第 12 期。

慢性病、大病和残疾的农户占35%，家中有学生的农户占了25%，收入策略单一的农户占了96%。不同致贫风险叠加在一起，很容易导致农户家庭陷入贫困。

案例6　许××，54岁，家有5口人，偶尔做泥工，一年能出去工作80天，一天160元。妻子53岁，身体健康，平时夫妻两个在家种白莲，2018年种了6亩。小女儿21岁，现在上饶师范学院读法学，大一，有申请助学贷款，每年学费5500元，有勤工俭学，但是影响学习。二女儿23岁，有精神病，其婚姻因病受较大影响，每个月吃药花费400元。儿子20岁，2019年参加高考，但准备复读，学费3000元一学期，住宿费每月150元。另外，每年家里需要支付新农合1040元，负担较重，并且未来三年会持续上升。

从许某的情况来看：首先，其生计策略单一，主要依靠种植白莲的收入和务工收入，但是由于种植白莲不多，抗击自然灾害、市场波动的能力较弱；其次，二女儿患病；最后，小女儿和儿子正在读书。三种致贫风险叠加，导致该农户致贫风险较大。

案例7　郑××，45岁，身体健康。2018年郑××在江西某公司工作，是家里的主要劳动力，务工收入一年约4万元。2019年在家种植白莲10亩。其妻子患有腰椎间盘突出，无劳动能力，2017年去南昌做手术花费3万元，2018年去厦门做手术花费1万多元，由于异地治疗，此次费用医保不能报销。女儿今年16岁，即将进入高中学习，学费2000多元。儿子今年13岁，即将进入初中。家庭教育支出在未来三年会显著上升。

从郑××的情况来看，主要是大病叠加教育开支。该农户生计策略类似于许某，不过由于收入较高，其抗风险能力强于许××，但是其大病开支远超许××。大病叠加教育开支导致该农户致贫风险较大。

（四）收入单一和保障意识缺乏导致贫困

从 TX 村乃至整个 GC 县的扶贫政策中，我们可以发现，扶贫政策还是集中在各种"奖补"中，各种"奖补"可以提高边缘户的绝对收入，但是无法改变边缘户生计资本存量的变化。在这样的背景下，边缘户收入策略的相对单一就很难在短期内得以解决。

TX 村边缘户的生计风险主要表现为两类：其一是务工生计策略存在潜在风险；其二是经济作物种植存在潜在风险。由于收入来源单一，当生计的潜在风险演变为现实风险时，由于抗风险能力较弱，生计风险就很容易演变为致贫风险。

由于生计策略单一且高度同质，生计风险容易导致现实的贫困，同时由于农户缺乏保障意识，在生计风险和非生计风险交织的情况下，致贫风险在一定程度上被加大。

五 结论与思考

（一）主要结论

1. 亟待统一边缘户的认定标准，认定标准应同时考虑收入和支出情况

随着精准扶贫工作的推进和脱贫攻坚的阶段性胜利，需要更加重视相对贫困的边缘户的生计问题。要研究边缘户的致贫风险，首先要面对的问题就是边缘户的认定。GC 县目前没有边缘户认定的明确统一标准，这种明确统一标准的缺失直接导致基层政府对于边缘户认定的混乱。

目前，国内部分地区已经确定了边缘户的认定标准，但是这些标准往往仅考虑了收入标准。在调研中我们发现，农户的生活水平不仅取决于收入水平，还取决于支出情况，特别是医疗和教育等刚性支出。因

此，边缘户的认定应同时考虑收入和支出（不包括生活不必要的开支）情况，并考虑就业情况、天灾人祸等因素，同时建立边缘户认定的动态管理。

边缘户的认定还可以建立负面清单制度，例如，2008 年东莞市万江街道社会事务办出台的《万江区低保和低保边缘家庭收入核实办法》规定，不能享受低保户和低保边缘户待遇的家庭，共包括 19 种情况。例如，有劳动能力但无正当理由在家待业的，拥有、购买非维持家庭最低生活需要的汽车、摩托车、手机、空调、电脑、钢琴等高档消费品，有证券投资行为，等等。

2. 边缘户不同的生计资本导致不同的生计策略和生计风险

结合 TX 村的调研和对 GC 县其他村镇人员的访谈可以发现：当地边缘贫困户生计资本存在短板，表现在金融资本和社会资本缺乏；生计策略单一，务农满足基本生存，务工形成收入主要来源，经济作物种植形成收入的重要补充；生计风险较大，务农和务工的生计策略存在潜在的风险；乡风文化影响生计结果，表现为一些农户不履行赡养老人的义务，导致老人生计困难；不合理的消费观念影响农户的生计状况。

3. 解决边缘人口致贫问题是实现小康社会的重要保障

生计风险并不必然带来致贫风险，但在收入来源单一的情况下，当生计的潜在风险演变为现实风险时，由于抗风险能力的脆弱，生计风险就很容易演变为致贫风险。在收入来源多元化的情况下，当生计的潜在风险演变为现实风险时，由于抗风险能力增强，生计风险就并不必然演变为致贫风险。

非生计风险也有可能带来致贫风险，非生计风险种类较多，但主要和支出有关，特别是医疗和教育等刚性的支出。

总的来说，GC 县边缘人口致贫的风险主要是因学因病，由于教育和医疗支出是刚性支出，在刚性支出加大而产业基础薄弱的情况下，致贫风险极易形成现实的贫困。

（二）思考与对策

在绝对贫困逐步降低，并有望在 2020 年彻底消灭绝对贫困的情况下，相对贫困人口的生计稳定就显得尤为重要。边缘人口生计稳定的路径可以从以下几个方面入手。

1. 完善对边缘人口的保障政策

在完善的精准扶贫政策体系下，建档立卡贫困户享受到诸多政策优惠，社会保障的兜底政策尤为瞩目。GC 县针对建档立卡贫困户的社会保障扶贫政策包括农村低保、农村特困人员供养、孤儿基本生活保障、临时（特别）救助、残疾人生活补贴补助、重度残疾人护理补贴、残疾人辅助器材和代缴新农保等诸多方面。

建档立卡贫困户有较为完善的兜底保障政策，但边缘户往往不享受或很少享受①这些政策。由于边缘户享受到的扶贫政策较少，收入仅仅稍高于贫困户，再加上开支的差别，导致许多边缘户希望自己能认定为贫困户，这一方面导致边缘户增收的内生动力减弱，另一方面又形成了新的社会不公。在这样的背景下，需要建立针对边缘人口的兜底保障政策，具体可以从以下几个方面入手。

（1）应统一边缘户的认定标准，认定标准应兼顾收入和支出情况。我国各地在边缘人口的认定中存在较大的差别。例如：上海市边缘人口的认定标准是"同时符合城镇居民家庭月人均可支配收入低于 1420 元、人均货币财产低于 5 万元等"②；广州市、天津市的认定标准是"人均月收入高于城乡低保标准但低于城乡低保标准的 1.5 倍"③；北京市的认定标准是"2 人以下户家庭，人均不超过上年度本市居民人均消费支

---

① 北京市对边缘户的兜底政策为"增加临时补贴"。

② 《上海市低收入困难家庭申请专项救助经济状况认定标准（试行）》。

③ 《广州市民政局、广州市财政局关于提高低收入困难家庭认定等社会救助标准的通知》（穗民规〔2016〕1 号）；《天津市民政局、天津市财政局关于提高低收入家庭救助政策的通知》（2016 年 4 月起执行）。

出的 1.2 倍；3 人以上户家庭，人均不超过上年度本市居民人均消费支出"[①]。

（2）针对因学因病的致贫风险，建立边缘人口的兜底保障政策。因学和因病因残致贫是边缘人口致贫的主要风险，建档立卡贫困户建立了完善的兜底保障政策，边缘人口的兜底保障政策却不完善甚至缺乏，这种情况下容易造成"断崖效应"，并形成新的社会不公。为此，需要建立针对边缘人口的兜底保障政策，其重点应该放在医疗和教育等刚性开支上。从 GC 县 2019 年对边缘人口的扶持政策来看，教育扶持得到了相应的重视，但是医疗救助仅仅惠及了 0.43% 的边缘户。

（3）完善临时救助制度，抵御生计风险导致的致贫风险。生计风险主要表现为两类：其一是务工生计策略存在潜在风险，其二是经济作物种植存在潜在风险。生计风险的特点体现在其产生往往是临时性的，通常情况下不会持续太长时间。例如，当农户突然失业，生计风险转化为致贫的现实，但是失业总是暂时的，如果农户能及时找到新的就业岗位，就会使生计状况得到改善。再比如，当经济作物由于天气等原因歉收时，农户的生活水平会显著下降，但是某一地区天气虽然多变，但是气候特征是稳定的，当来年天气状况变好时，同样会使生计状况得到改善。

当生计风险转化为致贫的现实时，如果能够完善临时救助制度，使农户的生计状况不致下降太多，当带来生计风险的因素消失后，农户生活就能回到原来的均衡状态。

为保障全县广大莲农利益，预防由于暴雨、洪水、风灾、冰雹、旱灾、毁灭性的腐败病、斜纹夜蛾等原因造成的白莲产业收益损失，《GC 县贫困户产业帮扶到户资金奖补办法》（广办字〔2016〕94 号）规定从 2017 年起开展白莲种植保险试点工作。在保险期间，保险公司按照

[①] 《北京市城乡居民最低生活保障及低收入家庭救助制度实施细则》（2019 年 1 月 1 日起实行）。

保险合同的约定负责赔偿。每亩保费 42 元，各级财政全部兜底保费。如果在白莲生长期内因发生自然灾害及病虫害等造成损失，根据不同生长期的赔偿标准和损失率，最高可获 700 元/亩的赔偿。

GC 县的白莲保险从政策设计初衷来看，主要是为了扶持本县白莲这一特色产业的发展，但是从政策结果来看，实现了临时救助的效果。不过，GC 县的白莲保险并未区分边缘户和一般农户，使白莲保险并不能很好地抵御边缘人口由于生计风险导致的致贫风险。此外，GC 县还没有建立起抵御务工所导致的生计风险的政策。

综上，我们建议完善临时救助制度，抵御生计风险导致的致贫风险。对于白莲保险，由于白莲的种植损失对边缘户和普通农户的影响不同，需要针对边缘户和普通农户建立不同的白莲保险政策。对于务工所带来的生计风险，要建立动态的识别政策，确保生计风险不持续影响农户的生计结果。由于生计风险带来的致贫风险往往是暂时的，为了防止扶贫资金的滥用和维护社会公平，要建立起临时救助的及时退出机制。

（4）完善医疗救助，建立医疗杂费定额补助制度。在当前的医疗保险制度中，医疗杂费（诸如交通费、住宿费等）不属于医保报销的范围，由于中国当前的县域医疗资源比较匮乏，而且存在资源分配不均的现象，许多大病需要到县城或者省城治疗，这样势必就会产生大量的杂费，在某些情况下，这些杂费甚至超过了医疗费用本身，这给边缘人口的生计带来了较大的影响。

在这样的背景下，有必要建立医疗杂费的补助制度，补助制度不仅要惠及边缘人口，还要惠及建档立卡贫困人口。但是医疗杂费很多时候难以区分是否为必须，如果通过制度的方式来鉴别医疗杂费是否为必须，则很可能带来行政效能的低下和资源的浪费。考虑到县政府财力，医疗杂费不适合采用按比例报销的方式，可以按照疾病类型（如长期慢性病、大病等）采取定额补助。

2. 加强教育扶持

高中阶段教育的学费及杂费开支构成边缘人口一项较大的刚性开

支，而且和生计风险带来致贫不同的是，高中阶段教育的开支往往要持续三年，在需要复读的情况下，甚至时间更长。在调研中，农户对于高中阶段教育纳入义务教育的呼声较高，我们认为，高中阶段教育纳入义务教育需要考虑下列问题。

一方面，民间对高中阶段教育纳入义务教育的呼声较高在很大程度上是因为不了解义务教育的性质，一旦实施高中阶段教育纳入义务教育，很可能引起民意的反弹，造成社会的不稳定因素。义务教育是强制性免费教育，适龄儿童和青少年必须接受，是国家、社会、家庭必须予以保证的国民教育。其实质是国家依照法律的规定对适龄儿童和青少年实施的一定年限的强迫教育的制度。

我国目前采用的是九年义务教育。小学六年和初中三年为免费义务教育阶段，按规定，家长如无充分理由而不送子女入学，须入狱3个月，并罚款5000元。学校不得以任何理由劝退、开除学生。对违纪又屡教不改的学生，视其情节轻重，学校只能根据中小学生处分规定分别给予警告、严重警告、记过处分。

从GC县以及全国的情况来看，初中毕业后即外出务工的人数占了较大的比重，一旦把高中阶段纳入义务教育，意味着初中毕业后必须进入高中学习，必然会对中国的劳动力市场和家庭的生计带来较大的影响。

另一方面，目前九年义务教育都还未完全普及，进城务工人员越来越多，外来子弟还有相当大比例未能进入公办学校，只能就读于民办小学、初中，在那里，他们仍然要缴学杂费；在局部偏远、落后的农村地区，"普九"任务仍很艰巨，若进行十二年义务教育，势必会加剧本来就已经存在的教育不公平。

鉴于此，可以分阶段实施高中阶段教育纳入义务教育。

地方政府可以先逐步加大对高中阶段学生学费和杂费的减免或补贴，并根据本地财力，逐步实现高中阶段学生学费和杂费的免费，同时做好高中教育资源的均衡发展。

3. 边缘人口生计稳定的根本：产业兴旺

产业兴旺是乡村振兴的基石。从 GC 县扶贫政策的内容来看，大多体现在"补贴"二字上，也就是说，当前的扶贫政策还是集中在"输血"而不是"造血"上。尽管当前扶贫已经取得了决定性的胜利，GC 县和 TX 村已经摘掉了"贫困"的帽子①，但乡村发展和农户致富的内生动力仍未形成。

结合 GC 县和 TX 村的资源禀赋和生计状况，产业兴旺的重点在于白莲和泽泻产业。通过和 GC 县和 TX 村政府工作人员的交流，经过对相关专家的咨询，我们认为，产业兴旺的重点在以下几个方面。

1. 要素市场的完善

产业兴旺的基础是要素市场的完善，目前 GC 县的白莲和泽泻产业要素投入机制还不完善，多元化的投资体制还未形成。以 TX 村为例，虽然 TX 村也意识到了产业兴旺的重要性，并积极投资建设白莲和泽泻的烘烤基地，但是由于资金问题，该项目被不断地搁置，目前仍处于暂停的状态。

对于要素市场来说，重点在于多元化的资金投入机制的完善。要坚持市场化导向，积极引进社会资本参与创业载体建设，降低创业成本，增强承载能力。对于 GC 县来说，重点在于鼓励农户创业，在完善创业补贴的同时，完善各种创业支持政策，积极吸引社会资本参与白莲和泽泻产业的发展。GC 县目前仅有针对贫困户的创业补贴政策，只要是对贫困劳动力在 GC 县行政区域内初次创办企业且稳定经营 6 个月以上的，可享受 5000 元的一次性创业补贴；对符合条件的贫困家庭创业大学生（在校及毕业五年内），可按规定给予每户 5000 元的一次性创业补贴。但这些政策并没有惠及边缘户和普通农户。

从国家层面上来看，党的十九大报告提出要实施乡村振兴战略，着力打破城乡之间的资本要素流动限制，构建城乡一体的要素市场。只有

---

① TX 村 2016 年退出贫困村，GC 县 2018 年退出贫困县。

促进要素下乡，才能解决农村有资源、缺要素的窘境，解决乡村振兴的动力机制问题，确保乡村振兴可持续。

2. 依靠特色产业集群驱动产业兴旺

在区域发展理论基础上形成特色产业集群驱动理论是一种具有代表性的发展理论，该理论强调了特色产业集群在区域经济发展上的作用和影响。特色产业集群驱动县域经济增长的机理体现在以下几个方面。

第一，产业集群能有效地提高县域经济的规模化发展。产业集群通过生产要素在空间的聚集，能够形成联系紧密的产业链条，在各产业相互影响的过程中优化县域经济结构。通常情况下，县域通过壮大县域范围内特色企业和优势企业的发展，逐步形成主导优势产业和特色产业，通过产业链条的延伸和分工的细化，裂变、衍生出新的企业，吸引竞争者纷至沓来，形成新的行业。行业增加，竞争日益激烈，规模化生产和专业化分工出现，二者进一步促成县域内产业集群的形成，进而形成产业集聚区，使县域产生明显的竞争优势。

第二，产业集群有助于提升县域创新力。在产业集群形成以后，由于交易成本的降低和信息流动的通畅，集群内外市场交流开始增强，与此同时，县域内经营者与劳动者的观念、创新意识和创新能力不断提高，这些可以有效地提高县域产业竞争力。集群内企业通过彼此间的竞争与合作，共同成长，优胜劣汰。

第三，特色产业集群能提高区域的开放竞争力和科技竞争力。产业集群是由大量产业联系密切的企业及相关服务性组织在空间上聚集而形成的，竞争优势明显，能够产生持久竞争能力，其成员企业呈专业化体系分布。具体包括：上游的投入供应商，如机械设备、原材料、零部件以及生产服务组织等；下游的销售商；左、右链延伸的相关产品，配套产品的厂家，技术、技能培训机构和行业中介等相关企业。此外，还包括为产业集群提供各类有偿或无偿服务的组织与机构，如金融企业、相关行业协会、各级地方政府与各类教育培训机构等。

3. 通过土地流转促进产业链条的延伸

农村改革四十多年来，我国农业农村发展取得了举世瞩目的成就，但与此同时，农业农村发展也面临诸多新的矛盾和挑战。专业化和规模化农业经营，被认为是中国农业生产所面临问题的解决之道。但中国的农户数量庞大且非常分散，普遍被认为组织化程度太低。

党的十八大报告明确提出，要坚持和完善农村基本经营制度，依法维护农民土地承包经营权、宅基地使用权、集体收益分配权，壮大集体经济实力，发展农民专业合作和股份合作，培育新型经营主体，发展多种形式规模经营，构建集约化、专业化、组织化、社会化相结合的新型农业经营体系。之后，十八届三中全会在土地流转方面又做出了明确的规定：在符合规划和用途管制前提下，允许农村集体经营性建设用地出让、租赁、入股，实行与国有土地同等入市、同权同价。

加大和完善土地流转需要农民个体和整个农村政治、经济、文化环境做出改变。促进土地流转，可以从以下几个方面入手。

第一，加强土地流转科学认知。农民个体的心理会直接影响到其土地流转的行为，从农民个体解决土地流转的阻碍，首先要解放思想，形成对土地流转的科学认知。我国农民尤其是贫困地区的农民仍然没有摆脱小生产者的习惯和心理，对土地流转没有完整和系统的认识，其心理和思想还停留在传统意识之中，阻碍了有效的土地流转和规模化经营。

第二，健全农村土地流转机制。农户土地流转中权益的维护与保障至关重要，纠纷的产生是影响农民土地转入和转出态度与心理行为的一大因素，农村土地流转必须把农民利益放在首位，健全土地流转机制，消除土地流转中不必要的纠纷。土地流转机制的健全需要政府优化服务，落实政策。首先，确保落实农村土地产权登记；其次，制定可行的法律法规；最后，合理确定流转价格。

第三，探索土地流转新模式。在传统的转让、转包、互换、代耕、租赁、土地股份合作等流转模式之外，各地可以因地制宜地创新土地流转的新模式。

4. 完善新型农业经营主体

党的十八大提出要加快构建集约化、专业化、组织化、社会化相结合的新型农业经营体系，逐步形成以家庭承包经营为基础，专业大户、家庭农场、农民合作社、农业产业化龙头企业为骨干，其他组织形式为补充的新型农业经营体系。老一辈的农民逐渐退出了农业，而新一代的农村居民少有人从事农业生产，这就需要培育农业经营主体，实行专门化、组织化、规模化的农业生产。

一是扶持建立农业龙头企业，引导建立农业企业实验基地，以企业带动农业产业化，促进土地规模种植带动土地集中高效流转；二是多种形式培育种植大户和养殖大户，建立农业合作社，用科学方式，辅之以优惠政策，引导农业经营主体由家庭经营向采用先进科技和生产手段方向转变，形成专业化、市场化的规模经营。

第八章　政策保障型边缘人口的
致贫风险与规避对策

导　言

国家通过财政政策可以促进社会公平、改善人民生活，促进资源合理配置，促进国民经济平稳运行。财政农业补贴是支持我国农业发展的重要手段，当前我国正在实施的补贴主要有四种，即粮食直接补贴、农资综合补贴、良种补贴和农机具购置补贴，前两者为收入类直接补贴，后两者属于生产投入类补贴。[①] 东北地区农地多，土地肥沃，人均耕地面积广，农户每年所领取的收入类直接补贴对他们而言是一笔不菲的收入。同时，中国的人口结构已发生明显变化，呈高龄少子特征[②]，受人类预期寿命延长和人口出生率降低的影响，中国人口的老龄化程度正在加深，许多农户家庭出现缺少劳动力的情况。这部分农户陷入贫困的恶性循环。在此情况下，他们往往多依赖于国家的政策补贴以及亲友的转移性支付，后续内生性发展动力不足，对国家的补贴政策具有强烈的依赖性，对未来社会保障的进一步完善提出了新的要求。

建设以基本权利公平为基础的社会保障体系是 2020 年后扶贫战略的核心内容[③]，对于这些主要靠国家农业补贴和社会保障补贴来生活的

---

① 何雯：《我国农业补贴政策效果的审视与思考》，《农业经济》2019 年第 9 期。

② 蔡昉：《劳动力短缺：我们是否应该未雨绸缪》，《中国人口科学》2005 年第 6 期。

③ 陈志钢、毕洁颖、吴国宝、何晓军、王子妹一：《中国扶贫现状与演进以及 2020 年后的扶贫愿景和战略重点》，《中国农村经济》2019 年第 1 期，第 12 页。

农户，如何摆脱"政策依赖症"，激发其发展的内生动力，是我们下个阶段建设全面小康社会的重点之一。探索这些政策依赖性农户的致贫风险，落实好相关政策，是实现全面建成小康社会，实现共同富裕和促进国民经济健康发展的要求所在。只有摸清潜在贫困人口的规模和程度，以便因地制宜、因贫困原因和贫困深度而实施相应的扶贫政策和措施，才能真正兑现"决不让一个困难群众在全面小康路上掉队"的承诺。

一　案例村基本情况

（一）数据来源及调查方法

调研组通过问卷调查和深入访谈的形式走访 A 县 L 镇，对村内边缘农户进行了走访调查，发现他们在收入上对政策的依赖程度较高。本章选取 A 县农村地区政策保障型贫困边缘人口，对其生计模式和致贫风险展开研究。在村的抽样原则上，调研组抽取贫困发生率由高至低排序前30%的村，再从排名靠前的村中抽取贫困户最多的村，然后请村干部协助随机抽出 50 户农户进行问卷调查。

（二）案例村基本情况

A 县地处长白山腹地，位于吉林省东部。全县 7444.19 平方公里，辖 7 镇 2 乡 180 个行政村，总人口 216932 人，其中，朝鲜族 41768 人，占 19.3%，农业人口 98566 人，占 45.4%。

2015 年，A 县农民人均纯收入排在全省后七位，人均生活消费 3621 元，比全省人均水平低 2122 元。全面脱贫攻坚面临贫困人口数量较多、农村经济总量和质量效益不高、自我脱贫能力差等困难，是一个集"老、少、边、穷"为一体的国家级扶贫开发重点县。截至 2015 年底，全县建档立卡贫困人口 21048 人，经过精准再识别，截至目前，剩余建档立卡贫困人口 10146 人。

从致贫原因上看，因病致贫 3613 户 6211 人，占贫困总人口的61.22%；因残致贫 1469 户 2705 人，占总贫困人口的 26.66%；因学致贫 85 户 280 人，占总贫困人口的 2.76%；因灾致贫 15 户 35 人，占总贫困人口的 0.34%；缺技术致贫 122 户 279 人，占总贫困人口的2.75%；缺劳力致贫 128 户 211 人，占总贫困人口的 2.08%；缺土地致贫 113 户 226 人，占总贫困人口的 2.23%；缺资金致贫 66 户 136 人，占总贫困人口的 1.34%；其他原因致贫 35 户 63 人，占总贫困人口的0.62%（见图 8−1）。

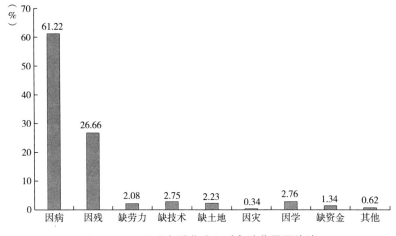

图 8−1　A 县现有脱贫攻坚对象致贫原因统计

L 镇位于 A 县东北部，距县城 15 公里，南北长 30 公里，东西宽 18公里，全镇面积 331.7 平方公里，占 A 县总面积的 4.5%。耕地面积2700 公顷，其中水田面积 319 公顷。L 镇是多民族的乡镇，辖 15 个行政村 27 个自然屯。镇内居住着汉族、朝鲜族、满族、蒙古族、哈尼族、土家族等多个民族。2003 年末，全镇有居民 2705 户 8846 人。其中，朝鲜族 2822 人，占总人口的 31.9%；满族 210 人，占总人口的 2.4%；其他少数民族 7 人，占总人口的 0.1%。在脱贫攻坚方面，全镇贫困户504 户 849 人，已脱贫 356 户 602 人，未脱贫 148 户 247 人。其中，2016 年已脱贫 128 户 225 人；2017 年已脱贫 107 户 183 人；2018 年脱贫 121 户 194 人；2019 年计划脱贫 148 户 247 人。2016～2018 年，实施各类扶贫项目 64 个，总投资 5684.9 万元。其中，产业项目 25 个，投资 1649.7 万元；基础设施项目 39 个，投资 4035.2 万元。2019 年，落实排水边沟建设、太阳能路灯等 5 个基础设施项目，总投资 292.6 万元。

D 村位于 L 镇西部，户籍人口 208 户 562 人，常住人口 133 户 277 人，60 岁及以上 121 人，男女比例为 1.3∶1，其中，朝鲜族 6 人，满族 9 人，汉族 262 人。低保户 70 户 101 人，五保户 1 户，残疾户 71 户 74 人。党员 31 人（含驻村工作队 3 人），积极分子 5 人。全村在册耕地面积 356 公顷，其中旱田 344 公顷、水田 12 公顷。农民收入主要以种植业和养殖业为主。种植土地在 10 公顷以上的有 13 户，养牛在 15 头以上的有 4 户。2018 年人均收入 11921.85 元。2018 年村集体经济收入 12.1 万元。

D 村有建档立卡贫困户 26 户 47 人，已脱贫 13 户 22 人，未脱贫 13 户 25 人，贫困发生率为 4.4%。贫困户中 60 岁及以上 33 人，占总贫困人口的 70.2%；子女上学 2 人，占总贫困人口的 4.3%。贫困户中低保户 20 户 34 人，占总贫困人口的 72.3%；残疾户 14 户 16 人，占总贫困人口的 34%。享受"一张网"兜底保障政策 27 人，危房改造户 3 户，其中，2 户已改造完毕，1 户正在施工，预计 8 月末建设完毕。因病致贫 22 户 37 人，因残致贫 2 户 5 人，缺少土地致贫 1 户 4 人，缺技术致贫 1 户 1 人。

D 村呈现五个方面的特点：一是村领导班子战斗力较强，团结一心、服务为民的作风比较突出，村级组织阵地建设进一步加强，无职党员作用得到发挥；二是基础设施建设比较完善，水、电、路、广播、电视、通信等全部实现户户通，村庄房屋布局比较整齐，街路干净整洁，四面环山，生态环境良好；三是村风民风家风向上向好，爱党敬党、勤劳致富、邻里和睦、孝老爱亲的氛围比较浓厚；四是特色产业发展步伐加快，初步形成了以庭院饲养绿皮蛋鸡为主，东北春麦种植为辅，林下猪、蜜蜂养殖、果树种植和辣椒种植协调发展的产业格局；五是贫困户有了稳定收益，投入资金 50 万元委托企业经营，按每年 5 万元收取分红，另外还有县光伏和食用菌收益补助，贫困户劳务补贴，从根本上保证贫困户稳定经济来源。

在取得一系列成绩的同时，D 村在经济社会的发展中还存在一定的困难和问题，制约了其扶贫开发工作的进一步开展和扶贫脱贫效果的可持续性。一是综合实力不强，地方财政收入低。近年来，D 村的经济发展呈现总量增大、速度增快、效益增高的良好态势，但由于底子薄、总量小、实力弱，集体经济收益不高，地方财政对扶贫投入有限。二是居民受教育程度低，劳动力流失严重。贫困地区劳动力文化程度偏低，接受农技知识的能力有限，还有部分贫困群众思想落后，不思进取。大量劳动力外流，一定程度上阻碍了扶贫开发步伐。三是农业生产水平低。D 村农业产业化一直处于低水平发展阶段，农业生产仍以传统经营方式为主，自给自足的自然经济成分较重，农村二、三产业发展缓慢。农产品生产、加工、流通的产业链短，难以支撑农村经济发展。合作社目前经营状况尚可，但对于帮助非贫困户增收发挥的作用并不明显。

二　案例村脱贫攻坚工作情况

（一）脱贫攻坚所采取的措施

1. 大力发展资产收益扶贫

针对自主创收能力受限制的贫困人口，积极探索资产收益扶贫，通过将细碎、分散、沉睡的各种资源要素转化为资产，整合到优势产业平台上，扩展贫困人口生产生存空间，让其享受到优质资源，实现脱贫致富。通过对有经营意愿但经营能力不足的贫困人口开展搭帮联营，引导经营不了承包地和经营效率低的贫困户以土地经营承包权、生产工具、农业设施等资源参股种养大户、专业合作社、龙头企业或农业项目。创新资产收益扶贫方式，积极探索将县域财政扶贫资金、集体自有资源、社会帮扶资金等折股量化到贫困户并投入专业合作社、龙头企业，实行按股优先分红，以保证其能够通过资产收益获得稳定的财产性收入，实现增收和脱贫。

2. 强化职业技能培训，促进转移就业脱贫

积极推进城乡劳动力转移就业，发展劳务经济，成立就业技能实训基地，为贫困妇女提供职业技能培训，开展农业专业技术人员工艺培训，确保每个贫困家庭都有一个"明白人"，加强新型职业农民培育工作，增强新型经营主体的辐射带动能力。通过整合培训资源，开展订单培训，推进培训、鉴定、传输一体化，努力实现"就业一人，脱贫一户"。对目前高中及以上文化程度的贫困人口和新毕业的"两后生"（初、高中毕业后未就业的），通过实用职业技能培训，鼓励和支持发展就业创业项目。

3. 提升医疗卫生服务，落实医疗保障

对建档立卡贫困人口实施健康扶贫行动，保障贫困人口享有基本医疗卫生服务，实施"先诊疗后付费"和"一站式"就医模式，针对农村贫困人群构筑起基本医疗保险、大病保险、医疗救助、兜底保障、一事一议"五道防线"，防止因病致贫、因病返贫问题。落实"五提高、三减免、一降低、一增加"政策；开展巡回诊疗、分级诊疗、"一人一策"等工作；落实贫困人口持健康卡在县内的医疗单位门诊辅助检查减免20%的优惠政策，每年免费为贫困户开展一次健康体检。优先做好贫困人口基本医疗保障与大病保险工作，将贫困人口全部纳入重特大疾病救助范围，大幅提高贫困人口新农合住院费用报销比例和大病保险报销比例。

（二）脱贫攻坚取得的成效

1. 创立了自主品牌，带动农户脱贫致富

D 村在产业发展上确定了四个产业项目作为培育发展重点，以此带动贫困户和全体村民增收致富。一是发展庭院经济，养殖绿皮蛋鸡，并

充分利用庭院资源，种植李子、葡萄、枸杞等1400余棵。二是开展小麦种植，调整产业结构，探索实施"一年两茬、一地双收"的土地增收模式。三是持续推广有机水稻项目。2018年由驻村工作队自筹资金2.1万元，利用稻田1.3公顷，放养蟹苗400斤，探索出了"一水两用、一地双收"的稻蟹共生发展模式，水稻每亩增收100斤，每斤增收0.2元，初创了蟹稻十月香品牌。2019年持续推广种植养殖共生发展模式，利用稻田4亩，放养泥鳅3万余尾。四是辣椒示范种植项目。种植辣椒2公顷，每亩效益可达2500元。

2. 因户施策因户设岗，保障持续稳定的收入来源

D村根据贫困户家庭和身体情况，实施了庭院养鸡养鹅、党员带富、外出务工、养牛、手工编织、种植小麦等自主脱贫措施。同时，因户设立了垃圾场（箱）管护员、道路保洁员、河道保洁员、电力设施维护员、水源地保护员等公益岗位，政策宣传员每人每年800元，其余岗位每年每人1000元。据统计，不计算生产发展收入，仅通过自主脱贫奖励和因户设岗两项，2019年所有贫困人口人均增收1330元。

3. 培育良好乡风，坚持"志智双扶"

D村特别注重培育重德崇善的文明乡风。围绕培育"文明乡风民风家风"，激发内生动力，组织群众开展活动。一是从选树典型模范入手，开展了"最美D村人"评选活动。设置了"最美媳妇、最美婆婆、最美党员、最美创业者"等13个奖项，每个奖项表彰2人，在县城礼堂举行了表彰晚会，并在县电视台进行了转播。组织开展了"共产党员户""勤劳致富光荣户""勤俭持家荣誉户"挂牌活动，发挥党员先锋模范作用，激发村民勤劳致富、自主脱贫积极性，树立良好新风尚。二是从发挥妇女作用入手，开展了"妇女先锋行动"，提出了"争做六个先锋"的口号，即"国家有号召妇女先响应、村民有困难妇女先帮忙、村里有歪风妇女先刹车、环境卫生好妇女先动手、家庭要和睦妇女先表率、传统好美德妇女先弘扬"，更好发挥妇女在乡村治理中的重要作用。三是从涵养良好家风入手，开展"五好家庭"评选活动，即

"勤劳致富生活好、邻里和睦关系好、庭院干净卫生好、孝老爱亲家风好、爱国守法品德好";开展"干净人家"评选活动,即按照"庭院净、室内净、厨卫净、责任区净、院内物品摆放规范"五项标准评选"干净人家",并对其进行挂牌表彰,在全村积极营造踊跃参与环境整治、努力美化村容村貌的良好氛围。四是举办了两届夏季运动会和老人节文体活动,组建了老年协会、妇女舞蹈队,建设了老年门球场。

三　边缘人口的生计模式

本次调研一共走访了 50 户农户,包括边缘农户 46 户和一般农户 4户,总人数 103 人,对村内其他村民、村干部和第一书记,我们也进行了访谈。农户之间的经济状况不尽相同,存在一定差异。

(一)家庭基本状况

第一,从劳动力来看,边缘农户家中普遍存在劳动力不足的情况。在走访的农户中,仅有 9.7% 的受访农户在 50 岁以下,其中仅 4 人在 35岁以下。有 53.4% 的受访农户为 60~70 岁,24.3% 的受访农户为 51~59岁,12.6% 的受访农户在 70 岁以上。边缘农户大多为 60 岁以上的老年人,他们往往因为年纪和身体原因导致收入状况不佳。文化程度方面,边缘农户文化水平普遍偏低,小学及以下的人数最多,有 82 人,占比79.6%,其中文盲占 24%;初中的有 11 人,占比 10.7%;高中/中专学历的有 6 人,占比 5.8%,这些有高中学历的人往往在村委担任干部或曾经在村里担任过职务。大专及以上文化程度的共有 4 人,占比 3.9%,且多为年轻人。大多数人只能从事劳动强度大的体力劳动,这就导致他们的务工收入低。此外,被调查对象中,未婚的有 5 人,占比 4.9%,未婚人员以男性为主,多因年轻时家贫而未结婚;已婚的有 94 人,占比91.3%;离异的有 2 人,占比 1.9%;丧偶的有 2 人,占比 1.9%。未育有子女的农户有 6 人,占比 5.8%;育有 1 个孩子的有 12 人,占比

11.6%；育有 2 个孩子的有 36 人，占比 35%；有 3 个及以上孩子的有 49 人，占比 47.6%（见表 8 - 1）。这表明当前农村中的老人几乎都育有子女且多数老人有不止一个孩子，这可能与我国传统的养儿防老思想有关。

表 8 - 1　受访农户基本情况

项　目	分　类	人数（人）	占比（%）
年龄	50 岁以下	10	9.7
	50 ~ 59 岁	25	24.3
	60 ~ 70 岁	55	53.4
	70 岁以上	13	12.6
文化程度	小学及以下	82	79.6
	初中	11	10.7
	高中/中专	6	5.8
	大专及以上	4	3.9
性别	男	50	48.5
	女	53	51.5
婚姻状况	未婚	5	4.9
	离异	2	1.9
	丧偶	2	1.9
	已婚	94	91.3
子女数	0 个	6	5.8
	1 个	12	11.6
	2 个	36	35.0
	3 个及以上	49	47.6

我们村，除了收入比较高的农户，其余的农户家里条件其实都差不多，现在对边缘户的界定还没有确定。按收入来看的话，村里比较困难一点的就是这些年纪比较大的农户了。一般上了年纪的，病就比较多，也没办法务工，这样收入水平就下来了，现在农村基本上没有什么年轻人，都是一些留守老人。我来这儿三年了，好像就只出生了 2 个孩子，这可能是现在农村的一个普遍现象。（访谈资料，GR，D 村第一书记）

第二，从农户健康状况来看，这些受访农户大都常年从事农耕劳作，对身体的伤害随着时间推移显现出来，譬如骨质疏松症、关节痛和腰椎间盘突出等问题。在关于身体状况的问题中，有47位农户表示患有慢性疾病，占比46%；有16位农户身体有残疾，占15%；仅有40位农户表示身体健康状况良好，没有疾病困扰，占比39%（见表8-2）。值得注意的是，回答没有疾病困扰的农户多是相对比较年轻的群体，他们对目前的身体状况表示满意，但对未来也表示担忧。人体有其自身的发展规律，身体虚弱使老年人不能再从事高强度的体力劳动，不能外出务工的老人只能通过体力劳动获得收入，伴随着农村老人身体衰老的是收入的逐步下降，这是导致农村老年人贫困的普遍原因。

表8-2　D村受访农户健康状况

健康状况	人数（人）	占比（%）
健康	40	39
慢性病	47	46
残疾	16	15

在患有慢性病和残疾的63位农户中，有7位生活完全不能自理，已经完全丧失劳动能力，占比11%；有42位农户可以自理或基本可以自理，占比67%；有14位农户生活需要依靠他人，占比22%。家中若有人患病且生活无法自理，需要子女或配偶照料，家里的收入水平难以提升。

大多数农户就医的首选是村卫生室和乡镇医院，距离比较近、就医方便、花费较低且无路费等额外费用。但是村卫生室医疗水平有限，医生接触病例单一，主要以感冒和处理小外伤为主。乡镇医院也只有一些常规的检查仪器，无法治疗比较严重的疾病。面对常见的老年疾病，例如风湿和腰椎间盘突出等问题，农户们最常用的治疗手法是购买止疼片，维持自己的日常生活。

从个人资产来看，农户普遍储蓄不多，但基本的生活资料齐全，普遍拥有住房和基本的生活电器。农户家庭资产中床（当地为炕）和彩电的拥有率最高，均达到100%（见表8-3）。手机的拥有率达到98%，户均价值1850元，大多数农户使用的手机价格较低。冰箱/冰柜、洗衣机和空调的拥有率均较高，分别92%、82%、64%，基本可以满足日常生活需要。煤气/液化气炉具的拥有率相对较低，占比68%，当地农户做饭依然偏好于传统的柴火土灶。在出行工具上，摩托车拥有率达40%，这与受访农户的年龄不无关系，农户表示平时出行以走路和打车居多，拥有的摩托车大都有些年头，因为自身年龄和身体的问题，使用率并不高。

表8-3 D村受访农户家庭资产情况

资产类别	户均资产价值（元）	人数（人）	占比（%）
彩电	1216	50	100
手机	1850	49	98
摩托车	5344	20	40
空调	1657	32	64
洗衣机	995	42	82
煤气/液化气炉具	302	34	68
冰箱/冰柜	1200	46	92
床	800	50	100
农机具	17500	42	84
塑料大棚	0	0	0
耕牛	5000	1	2
生产用运输车	5000	10	20
猪圈	1800	3	6

（二）生产经营及就业情况

当地人均拥有的耕地面积较多，在受访的50户农户中，没有农机具的农户有8户，占比16%；拥有1台农机具的农户相对较多，共27户，占比54%；拥有2台农机具的农户有11户，占比22%；拥有3台及以上农机具的农户有4户，占8%，其中3户拥有3台，1户拥有5台。当地的水田耕整机及中耕、收割、运输基本实现了机械化，从事农业生产的农户家中普遍都拥有农机具，相对于其他地区，这里农业耕作的机械化水平较高，农民的劳动强度稍低。

A县的自然条件利于农业生产，土地平坦开阔，水资源丰富，土质较好，产量较高。人均耕地面积较多，适合机械耕作，在访问样本中，户均耕地面积约45亩，最多的达到75亩。人均耕地为0的有5人，占比5%；人均耕地面积在10亩以下（不包括0亩）的有7人，占比7%；人均耕地面积在10～15亩的有68人，占比66%；人均耕地面积在15～20亩的有15人，占比14%；人均耕地面积在20亩以上的有8人，占比8%。农户的种植业收入比较高，即使农户不从事农业生产，将土地流转出去，土地的租金收入也比较高。

> 现在农村不像你们想象得那么贫困了，农民的生活水平提高了，不存在没有房子或者住危房的情况了，村里家家户户基本上该有的家电都有了，就这种农机具，别说普通农户，就算是贫困户，很多家庭也拥有一两台，这是我们这边农业生产的特点决定的，我们这边虽然可能人均收入不高，但是农民的幸福指数还是不错的。
> （访谈资料，GR，D村第一书记）

当地农户主要还是以种植业和养殖业为主，主要种植物是水稻、玉米和黄豆，养殖业以庭院养鸡养鸭为主，部分农户家中养牛。我们将农户的生计模式分为纯务农、纯务工、以农业为主务工为辅和以务工为主农业为辅四种情况。据统计，在受访的50户农户中，纯务农农户有10户，占比20%；纯务工农户有5户，占比10%；以农业为主务工为辅的农户占大部分，有28户，占比56%；以务工为主农业为辅的农户有7户，占比14%（见表8-4）。此外，在受访农户中，拥有牲畜的农户有12家，占比24%。在这12户中，25%的农户只有1头牲畜，34%的农户有2头牲畜，38%的农户有4～5头牲畜。牲畜拥有量少，表明农户在养殖业上的投入并不多，这些农户的养殖业收入并不高，养殖业上的收入占家庭总收入的比重较低。村里的青壮年劳动力普遍常年在外务工，对于上年纪的农户来说，他们已经很难在外找到合适的工作岗位，他们只能在村里或镇上做零工来弥补开支，例如在农忙季节帮忙除草、打药或去镇上的饭店帮忙等。除此之外，村内有食用菌产业，食用菌的采摘具有很强的时效性，出菇期间往往需要 20～30 个人进行集中采摘，这些工作一般由村内的老年人来承担，务工费在 80～100 元/天，务工时间也较为灵活。这些产业项目有效地吸纳了农村的闲置劳动力，也为村里的弱势群体带来了一定的收入。

表 8-4　D 村受访农户工作情况

工作情况	户数（户）	占比（%）
纯务农	10	20
纯务工	5	10
务农为主务工为辅	28	56
务工为主务农为辅	7	14

（三）收入和支出情况

在受访的 50 户农户中，人均年纯收入为 12571.5 元。政府补贴、亲友给钱等转移性收入占 37%，务工、上班等工资性收入占 30.5%，种植、养殖、经商等经营性收入占 25.7%，土地租金、征地、分红等财产性收入仅占 6.8%。由此可见，劳动力转移就业和政府补贴占了农户收入的大头，财产性收入和经营性收入在农户的收入构成中比重较低（见表 8-5）。当地农户收入中政府的补贴占据很大的部分，这是由于当地政府对土地补贴的支持力度很大。据农户介绍，他们的土地有直接补贴和作物补贴，土地直补为 100 元/亩，如果种植了大豆或者玉米，还可以拿到作物补贴，大豆的种植补贴是 200 元/亩，玉米的种植补贴是 40 元/亩，少数农户家中还有退耕还林补贴，不过该补贴正在慢慢退出，预计两年之后这项补贴就会完全退出。此外，村里患有慢性病或者有残疾的农户大部分都申请了低保，据统计，在 50 个样本户里，低保户有 16 户，占比 32%。

表 8 - 5　D 村受访农户收入结构

收入来源	占比（%）	最高值（元）	均值（元）
种植、养殖、经商等经营性收入	25.7	170000	6189.6
务工、上班等工资性收入	30.5	150000	7355.6
土地租金、征地、分红等财产性收入	6.8	12600	1645.5
政府补贴、亲友给钱等转移性收入	37.0	193500	8910.7

　　以其中一家农户为例。该农户家有两口人且年龄都在 65 岁以上，户主的妻子有四级残疾，丧失部分劳动力，两人均有低保，育有三个女儿，均已出嫁分户。家中约有 20 亩土地，两人因身体原因不再务农，将土地以 200 元每亩流转出去，土地收入每年 4000 元。两人每年养老金收入 2880 元，领取土地直补 2000 元，低保收入 4800 元，残疾补贴 1200 元，家庭年度总收入 14880 元，人均年收入 7440 元。其中，养老保险金和政府补贴收入达到 10880 元，养老保险金和政府补贴成为这些边缘农户的主要收入来源。

　　从支出结构来看，农户的主要消费支出为医疗保健支出、食品支出和衣着支出，这几部分是和生活息息相关的部分，其中医疗保健支出占比很高，2015 年占比 41%，到 2018 年时占比 49%，有明显的增加（见表 8 - 6），对于未来的医疗支出预期，农户均表示会大幅上升；文化教育支出占比较低，2015 年占比 6%，2018 年仅占比 3%，据介绍，村中正在受教育的学龄儿童并不多，在走访中，仅有 3 家农户家中有大学生就读，一年的教育支出在 15000 元左右；食品支出和衣着支出从 2015 年到 2018 年的增幅并不大，农户基本可以做到吃、穿、住自给自足；交通支出和通信支出从 2015 年到 2018 年有小额上涨，但在支出中的比例并不大；其他支出中，有 4 户农户提到了人情往来和娱乐消遣，人情支出在某些地区负担较重，构成了支出中相当大的一块。医疗支出占比如此之高值得我们关注，巨额的医疗支出无疑是一个沉重的负担，当农户家中有人患重病、大病时，极容易落入贫困。

表 8 - 6　D 村受访农户支出情况

支出类型	2015 年		2018 年	
	户均支出（元）	占比（%）	户均支出（元）	占比（%）
文化教育支出	800	6	568	3
医疗保健支出	5467	41	8947	49
衣着消费支出	1577	12	1854	10
食品消费支出	3200	24	3800	21
交通支出	821	6	1125	6
通信支出	500	3	658	3
服务性支出	50	1	60	1
其他支出	887	7	1209	7
合　　计	13302	100	18221	100

（四）基本公共服务情况

调查结果显示，所有的边缘农户都符合"两不愁三保障"，在吃饭和吃水上并不存在严重问题。绝大多数农户表示可以随时吃到肉，家中均通了自来水。在我们所走访的农户中，所有人均购买了医疗保险和养老保险，平时在诊所拿药有一定比例的报销，看病基本上有了保障。农户都表示养老金对提升自己的生活有一定的帮助；在教育方面，村内学龄儿童并不多，但均已得到教育保障，农户对教育的满意度也比较高。D 村在暑假时还在村委会开办了一个助学班，让村里的大学生带着村里的几个学龄儿童一起复习功课，获得了村内的一致赞赏。

（五）农户对帮扶政策的需求

在对帮扶政策的需求方面，农户对医疗保障和社会保障的要求迫切。在我们走访的 50 户农户中，需要健康保障政策的有 48 户，需要社会保障政策的有 47 户，需要产业支持政策的有 2 户，需要就业保障政策的有 2

户，需要干部帮扶政策的有5户，需要其他政策支持的有3户，需要金融政策支持的有2户，需要科技政策支持的有1户（见图8－2）。如此多的农户提到了健康保障政策和社会保障政策，这反映了农户迫切的需求。尽管某些农户在目前看来收入尚可，但是未来的风险较大，很多村民反映有些疾病村里医务室的医生看不了，而且药品不全，有些疗效较好的药品不在报销范围之内。再就是住院费用报销比例偏低，普通农户住院的报销比例只有30%，相较于贫困户住院的100%报销，这些农户在医疗上的支出相当高，医疗负担较重。除此之外，某些农户偏信于偏方、土方，花费大量精力去私人诊所看病，买草药来治疗，这反映了村民的科学意识不足，对当地的医疗水平不信任的问题。在社会保障问题上，农户往往关注的是养老保险金的问题。农户表示，每个月100元左右的养老保险金只够维持他最基本的吃喝，虽然对改善农村老年贫困人口的生活有所帮补，但作用不大。如果患有疾病和慢性病，这笔钱对改善生活所发挥的作用实在微乎其微。农户希望农村的养老保险金能随着时代的进步与发展而提高，缩小与城市养老保险金的差距，以弥补日益增长的医疗费用支出。此外，对产业以及就业政策的需求不多也从侧面反映出农户自身发展动力不强的问题，需要加以重视和引导。

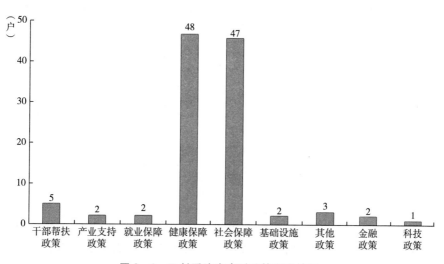

图8－2　D村受访农户对政策需求情况

对我们老年人来说，最希望有的就是医疗和养老方面的政策帮助，就像我们老两口吧，现在年纪也不小了，我老婆不能劳动了，我身体还可以，还能再种几年地，但是几年之后谁又能说得准呢？到时候我要是也不能种地了，就靠每个月那一百来块钱的养老金，我们吃饭可能都够不了。孩子们混得也不好，他们自己压力很大，怎么顾得上我们？国家给我们养老金，我们很感激，但是说实话，真的不够啊，像以前七八十年代，一个月给我七八十块钱，很知足了，但是现在时代在发展是不是，一百块钱真的不够用啊。像我老婆，她一个月吃药都要二三百块，这个药都是我在药店里买的，也没人告诉我能不能报销，我就怕啊，到时候我年纪大了，种不了地了，我们两个要怎么过。（访谈资料，SLH，D村村民）

四　边缘人口的致贫风险

（一）生产方式落后，易受灾害影响

查理斯·瓦伦丁、海曼·罗德曼等一批社会学家从地理角度研究因灾致贫问题并提出了贫困处境论：贫困地一般地处偏远山区，各种自然灾害频发，当地居民抵御自然灾害的能力较低。遇到各类自然灾害时，会造成收入锐减、引发生活困难。尽管目前我国的低保制度发展较快，但覆盖范围不够广，低保标准不统一，贫困地区往往无力面对灾害影响下的经济损失问题，从而陷入贫困境地。灾害造成的贫困往往是地区性的，给当地的社会经济生活带来了全面的影响。重大自然灾害一方面为区域受灾群众带来生命与财产损失，另一方面还会在一定程度上破坏公共服务设施、经济基础设施，影响区域发展环境，毁损发展根基，让扶贫的投入和扶贫效果大打折扣。旱、涝引发的水资源分配不均和气候原因带来的各种灾害，会严重影响粮食正常生产，致使依赖农业收入的农户承受巨大的风险。尽管近年来各地都在不遗余力地开发梯田、兴修水利，在不发生自然灾害的时候，这些基础设施还是发挥了一定的作用，但是当遇到大灾时，这些基础设施就显得很脆弱，不能承担起抵御灾害的责任，自然灾害的发生会导致贫困率随之上升。

D村地处长白山地区，水资源十分丰富，降水强度较大，局地性较强，极易引发洪水灾害①，洪涝、低温、霜冻等自然灾害频繁发生，有导致部分农户致贫的风险。另外，D村的农业生产仍以传统方式为主，自给自足的自然经济成分较重，农民观念比较落后，普遍以水稻、玉米、大豆的生产为主，经济作物种植比较少，村集体经济较少，干部带头发展的能力有限，村民观念保守不愿意配合，集体经济发展不起来。对于附加值高的产业，农民受教育程度低，技术不足，无法很好地进行经营生产，村里多采用简单粗放的农业生产方式。加之村里的二、三产业发展缓慢，农业产业化龙头企业少，规模偏小、效益不高、带动能力不强，农产品生产、加工、流通的产业链短。这就导致这些边缘农户农业基础薄弱，抵御灾害的能力差，特别是上年纪的农户，生产资料不足，家底薄，一旦发生自然灾害，极容易陷入贫困。

> 要说起灾害的话，2017年的洪水给我带来了不少损失，我2016年时花了30万元去平整土地和修水渠，结果洪水一来，我修的东西都白费了，我一下子亏了那么多钱，现在借了贷款去重新弄我的地，那一年村里种木耳的损失比较多，好多人的木耳都被冲走了。不过这个洪水百年一遇，所以我们也没有抱怨什么，村里的干部很及时地帮我们抢救财产。像平时的话，灾害倒是不多，去年我地里的黄豆遭了虫灾，收成很不好，这应该也算灾害吧。（访谈资料，SYG，D村村民）

（二）因病因残导致收入锐减

1. 老年慢性病：持续的医疗费用支出导致收入减少

因病致贫是我国农村地区突出存在的社会问题。② 2015年国务院扶

---

① 吉林省地方志编纂委员会：《长白山志》，吉林人民出版社，2002，第28~34页。

② 林闽钢：《在精准扶贫中构建"因病致贫返贫"治理体系》，《中国医疗保险》2016年第2期。

贫办摸底数据显示，全国现有的 7017 万贫困农民中，因病致贫的有 42%，因灾致贫的有 20%，因学致贫的有 10%，因劳动能力弱致贫的有 8%，其他原因致贫的有 20%。脱贫人口中因病返贫的占较大比例，据当地政府工作人员介绍，A 县农村贫困人口中因病致贫的比重高达 61.22%。老人常年的农事生产加上饮食上的不规律，使得农村老年人极易换上高血压、类风湿性关节炎等常见的老年慢性病，这些慢性病给他们的支出带来了不小的压力，甚至直接导致他们老年生活贫困。老年人慢性病患病率为全人群的 4.2 倍，且人均患有 2~3 种疾病。[①] "人老体衰，务工没法干，务农干不了"，对上年纪的农民来说，患上慢性病代表自己成了一个"废人"，自己没办法从事农业生产，也没有办法务工，还需要老伴或者儿女来照料，由于养老服务体系和医疗保障建设滞后，农民在患病后往往得不到好的治疗与照料，拖着病躯下地干活，病情越发严重。

慢性病患病周期比较长，一旦有农户患慢性病，首先消耗的就是家庭储蓄，紧接着就可能出现向周边亲戚或熟人借款的现象。医疗资源的不平衡使得农户在当地得不到很好的治疗，患病后砸锅卖铁也想挤进大城市看病，交通、住宿又是一笔不少的开支。

2. 意外残疾：劳动力受损导致收入损失

一个普通的农村家庭，家里一旦有人意外致残，感觉就是"天塌了"，意外残疾不仅意味着医疗费用的大笔支出，后续的相关治疗更是折磨着农户脆弱的神经。残疾会使农户的劳动能力大幅下降，甚至完全丧失劳动能力，如果完全丧失劳动能力，需要他人来专门照料，对一个家庭来说无疑是"灭顶之灾"，丧失主要的经济来源后，他们可能不得不卖掉生产工具或者借外债来维持生活，后续的生活会一直陷入苦难和困顿之中。另一个值得关注的群体是残疾儿童，他们往往是因为小时候的一些意外错过了最佳治疗时机而造成的残疾，对这些儿童来说，教育

---

① 邓晶、蒋事臻：《我国人口老龄化背景下卫生需求研究》，《医院管理论坛》2012 年第 3 期。

和心理疏导问题亟须解决。这些有残疾的儿童接受义务教育的难度较大，家附近往往没有合适的残疾人学校，如果送去专门的残疾人学校，家庭的看护成本将大大增大；如果送入普通的学校，学习跟不上只是一个方面，心理上的差距更值得我们去关注，在这样的情况下他们可能会有失学的风险。

联合国《残疾人权利公约》指出："确认残疾是一个演变中的概念，残疾是伤残者和阻碍他们在与其他人平等的基础上充分和切实地参与社会的各种态度和环境障碍相互作用所产生的结果。"[①] 对于身体残疾的农民来说，他们要忍受身体和心理上的双重折磨，极容易陷入自我否认、自卑的心理状态，可能在往后的生活之中陷入颓废、不思进取的状态，对生活丧失信心，只能拿着国家的补助勉强度日。

> 我的小叔子就是很典型的因为残疾导致生活水平下降的农民，他今年40岁了，单身一个人，之前他自己种了20亩地，每年的收入都还不错，后来还买了一辆小车，但是就在前两年，他去地里干活的时候，手被绞进了插秧的机器里，胳膊残疾了，整个人就变得很颓废，本来之前就不好成家，现在更不好弄了。因为残疾，他自己也没办法种那么多地，现在就只种了15亩，还都是请人种的。除去工钱、种子、农药、化肥等支出，就只够挣个口粮。最主要的是，他现在整个人精神上受了很大打击，没有什么积极性，整天就是吸烟喝酒，本来想给他申请一个低保，但是他属于政策上的"七不入"，所以没法申请下来，像在我们农村，经常有人像他一样，在地里干活时受了伤残疾了，这对我们务农的农民来说，打击很大，一个家庭可能就这样完了。（访谈资料，HJH，D村村妇联主任）

---

① 仇墨涵：《中国残疾群体受教育权保障研究》，《师道：教研》2016年第2期，第98~99页。

（三）后续补助政策的不确定性

社会性政策致贫主要体现在社会管理领域。基础设施建设方面，扶贫开发的进程中，政府对于农业用水、交通、电力、医疗卫生等基础设施建设的帮扶与补助较多，但这些帮扶在地区脱贫之后是否还能有持续的投入，这是农户较为关心的问题。对于 D 村的农户来说，他们对现有的政策十分欢迎，享受的政府补贴也比较多。一般的农户有养老保险金和土地上的补贴，低保户有低保金补贴，某些农户还有退伍老兵补贴或独生子女补贴。如果后续这些补贴不再持续，他们的生活质量可能会有明显下降；农户也表达了今后该地区的粮食直补和作物补贴可能不会一直持续，如果今后这些补贴逐渐退出，加上物价上涨会，可能会使这些农户致贫。对于那些拿低保的农户来说，低保不是稳定的收入，低保的动态监测使这一项收入充满了不确定性。他们对未来的收入预期并不乐观。

> 我们家三个人现在就我一个人种地，我老婆是三级残疾，干不了活，就在家里干干家务，我儿子还是个单身汉，没读什么书也没有什么技术，在镇上打零工，一年能挣 2 万元，勉强自己能养活自己，有时候还跟家里要钱。我自己种了 30 亩地，前年国家说鼓励我们种大豆，一亩补贴 200 元，我 30 亩地全种的大豆，土地直补加这个大豆补贴，我一年补贴差不多能有 1 万元，村里还给我老婆办了低保，一个月好像有 200 多元，但是这个大豆补贴现在是有，不知道以后还有没有，低保也不是说评到我就一直是了，我老婆还患有糖尿病，每个月都要打针，以后要是没有这些政策，我家里一下子就不行了，那就真的是天塌了。（访谈资料，YGX，D 村村民）

（四）子女不赡养带来老年人贫困风险

截至 2016 年底，我国大陆 13.8271 亿人中，60 岁和 65 岁及以上的人口分别为 2.409 亿和 1.5831 亿，占比分别为 17.3% 和 11.4%，比上一年度分别增长4.3%和5.5%。① 预计今后每年还将新增800万老年人，到2050年将达到4.3亿人。届时，我国大陆老年人将占总人口的1/3。同时，"未富先老"这一特点又决定了现阶段我国老年人的养老问题还是以家庭养老为主，而家庭养老就要依靠子女或者其他家庭成员。

改革开放以来，受到计划生育政策的影响，我国的家庭人口结构发生了急剧变化，农村家庭的子女数量锐减，家庭规模逐渐缩小。家庭规模的缩小使得现在的年轻人承受着巨大的压力，一对年轻的夫妇，往往要照料四个老人和一个小孩，老人能够获取的养老资源与之前相比大大减少。随着时代变迁，"养儿防老"的观念遭到严重冲击，传统的家庭养老功能正在急剧弱化。我国的老龄化进程发展迅速，人口年龄结构呈现倒"金字塔"形的结构。在农村地区，老龄化现象十分普遍。

伴随着农村人口老龄化的是农村年轻劳动力源源不断地向城市转移，"父母在，不远游"的传统观念正在被逐渐淡化，这样便催生出来一个特殊群体——农村留守老人。他们长期缺乏子女的生活照料与精神慰藉，晚年生活充斥着空虚感与失落感。子女的不赡养问题使得老年人的晚年生活惨淡，老人在70多岁的高龄仍要下地劳动来保障自己平日吃穿用度以及医疗费用，加之儿女和老人相隔甚远，一年到头回来不了一次，对老人的生活状况一无所知，而老人往往出于对儿女的爱护，一般不主动提及自己生活困难。如果儿女不主动赡养老人，老人的致贫风险很高。

> 其实要我来说的话，有些老人政府是不该给他兜底的，他自己有儿有女，儿女有这个义务赡养老人，但现在这些儿女该尽的义务没有尽到，反而把老人甩手给了国家，这给财政也造成了很大的压力，你说这些有儿有女的需要政府兜底，那些无儿无女的老人呢？

---

① 《中华人民共和国2017年国民经济和社会发展统计公报》，《中国统计》2018年第3期。

以后这些老人的养老问题，还是需要回归到他们的家庭中。（访谈资料，CKY，D村村主任）

五　结论与思考

（一）主要结论

消除贫困、改善民生、逐步实现共同富裕，是社会主义的本质要求，是中国共产党的重要使命。改革开放以来，党和政府实施大规模扶贫开发，经过不懈的努力，成功走出了一条中国特色的扶贫开发道路。党的十八大以来，党和政府把扶贫工作摆到更加突出的位置，大力度、宽领域、多层次向前推进。党的十八届五中全会从实现全面建成小康社会奋斗目标出发，明确到2020年我国现行标准下农村贫困人口实现脱贫，贫困县全部"摘帽"，解决区域性整体贫困。做好边缘农户的生计模式调查，分析其潜在致贫风险，是小康路上必须突破的难点。

经过对农户的走访，我们发现当地边缘农户收入构成中养老保险金和政府的政策补助占比很高，当地农户享受的政府政策较多，属于政策保障型农户，这些农户今后潜在的致贫风险主要来自四个方面：第一，当地灾害频发，可能会对以农业生产为主的农户造成损失；第二，后续政策的不确定性，有些补贴政策是不是能够持续，地方财政是不是还可以继续负担，还能负担多久，这些都还是未知数；第三，随着年纪增长，老年慢性病的发病率可能会增高，一旦遭遇大病或残疾，后续的生计模式堪忧；第四，现在农村的老龄化越发严重，子女不赡养可能带来致贫风险。上述风险的原因有两点：其一是这些农户的自我发展能力较弱，大都没有受过系统的教育，技能水平较差，只能从事简单的农业生产或者体力劳动；其二是当前农村中留守老人较多，劳动力流失严重，大多数老年人体弱多病，思想观念陈旧，生产经营能力较弱。这两点导致这些农户缺少致富的能力和门路，抵御风险的能力脆弱。

（二）思考与对策

1. 建立起完整的边缘农户数据库

贫困户作为脱贫攻坚战中最受关注的群体，近年来享受到了前所未有的关怀，政府不断地出台政策措施，帮助贫困农民脱贫致富，令他们倍感温暖，但那些处于贫困线边缘的农户，却感受不到这么多的阳光。近年以来，国家已经开始对这些边缘农户重视起来，但是没有一个系统的标准去衡量这些边缘户，相关部门应该加快建立农村边缘农户数据库。对每个农户的家庭人口、收入来源、劳动力状况、家庭支出情况都登记在册，一户一册。对边缘农户进行登记造册，建立起边缘人群数据库，以便及时、准确、动态地汇集农户信息，形成一个反映农户贫困状况的监测体系，为后续对其进行救助提供基本依据。

2. 增加医疗资源对农村地区的倾斜力度

农村的医疗条件相较于城市还是十分落后，建议将医疗资源向农村地区倾斜。增大城乡之间的医疗流动性，让城市的医疗人员向农村地区流动，提高这部分医疗人员的薪资待遇。乡村卫生服务一体化要落到实处，不能形同虚设，对于农村医疗卫生有投资意向的个人或群体，要进行政策上的鼓励和刺激。充分调动社会资源，缩小城乡医疗差距，让群众看病方便。对于政府拨付到农村的卫生医疗款项，应进行动态的评估和监测，提高卫生经费的使用效率。

3. 建立多层次的医疗保障体系

据村干部介绍，村里所有的农户都已经办理了新农合，贫困户和低保户办理新农合的钱由村里出，在我们入户走访的农户中，96%的农户表示有从新农合中受益，100%的农户表示在当地医院住院可以顺利报销。但农户表示看病的负担仍然不轻松。一般农户的报销比例比较低，部分群众大病医疗的负担仍然很重，大病保险、医疗救助等保险，亟须扎实推进。农户对大病医疗保险的认识不足，在看病问题上仍然焦头烂额，因此，必须加快推进农村大病保险工作，系统梳理各地的工作进展和问题，加强对各地大病保险工作的规范和指导，力争在不久的将来全面推开大病保险工作，加强基本医保、大病保险、医疗救助保险的有机衔接，通过政府、社会和个人的共同参与，推动建立多层次的医疗保障体系，使得农村居民能真正看得了病、看得起病。

在走访中我们发现，D村所有居民均已参加了农村养老保险，在我们进行问卷调查的农户中，养老金构成他们收入的相当大一部分。但有农户表示尽管他们现在开始领取养老金了，但养老金仍不能保障其基本生活需求。我国的养老保障制度已经实行了多年，农村符合条件的老人都可以免费领取，不需要缴纳养老保险，这对于上年纪的农民来说绝对是一件好事。农村基本养老金的金额是逐年上涨的，各年龄段领取的养老金数额有差别，80岁以上的老人每个月还有高龄补贴，但这一部分钱对现在的物价来说实在是太少了，农村老人想要依靠养老金来维持基本的生活根本不可能。不少农户健康状况欠佳，有些甚至每天靠药维持，所以养老金对解决农村人的养老问题是杯水车薪。要想改变农村养老难问题，国家还需要不断完善养老金制度，开辟新的帮扶路径。有一些农户提到儿女给自己购买了商业保险，每个月领取的金额比农村基本养老金高得多，在现行条件下，还不能做到商业保险全覆盖，但这也为我们解决后续问题提供了思路，例如，拓展农村商业保险种类，农户可以自行购买附加保险，有效分担后续可能产生的养老风险。

4. 加强对慢性病的干预、防治及政策支持力度

农村地区老年人慢性病的得病率实在令人震惊，这与农村地区人们的生活方式和生活习惯相关，加之长期不重视健康体检，农村地区老年人慢性病如此之多也就不奇怪了。为缓解这一现象，可以加大对老年人群和重点地区的扶贫工作力度，完善大病重病救助机制。村内要积极建立老年人健康档案，进行健康管理。通过周期性健康体检，建立个人的健康档案，根据个人健康信息进行疾病的风险性评估，制订健康计划并进行健康干预，通过纠正不良生活习惯、控制危险因素等来实现健康计

划。对发现的高血压、糖尿病等慢性疾病患者进行规范化管理，由社区卫生服务站责任医生对辖区内的慢性疾病患者实施分级管理、分类干预、定期随访、定期体检和个性化指导。定期开展老年保健咨询活动和老年保健讲座，对老年人进行慢性病防治、健康生活方式等培训。同时利用大众媒介传播手段，如电视、广播、报纸、宣传画等进行宣传教育，争取有效控制老年人的慢性病发病率。

5. 进一步推进农业保险的全覆盖

过去的几年中，在农业部、保监会及各省财政、农林和相关监管部门的大力指导推动下，各家保险机构全力推进农险市场"扩面、增品、提标"，中央政策性险种、地方政策性险种、地方特色农产品险种不断增加，财政支农体制机制创新和保险精准扶贫成效显著，但仍存在地方特色产品保险政策补贴较少、政策性农险风险保障程度不足、农险产品和技术创新成果升级转换较低等问题。[①] D 村农户表示在当地只有种植业大户才会购买农业保险，一般的农户家庭对农业保险的了解并不深，可供选择的农业保险种类并不多，效果也并不理想。为此，今后我们要扩大农业、林业保险保障覆盖面，全面铺开农业保险业务，提升农业保险市场份额。要逐步扩大农险大灾保险、完全成本保险和收入保险。同时要大力支持保险机构充分发挥保险产品的服务及技术优势，扩大各类农险产品创新试点范围，增强产品创新成果转化，以点带面，逐步实现全面推广覆盖，有效化解极端天气灾害为农户生产带来的风险，防止其因农业生产受灾陷入贫困。

6. 立足基础，做大做强特色产业

经过这些年的发展，D 村的特色产业已经初见成效，绿皮鸡蛋、蜂蜜、萝卜均已经小具规模，还创立了蟹稻十月香品牌，在今后的发展之中，要从实际出发，立足地方经济、环境优势，坚持走特色产业发展道

---

① 达潭枫：《改进和完善中央农补贴政策的几点建议》，《新疆财经》2007 年第 5 期，第 33～36 页。

路。一方面，积极组建龙头企业，发挥其带动作用，帮助农户脱贫致富；另一方面，要扩大特色产品的优势，建设特色基地，坚持以市场为导向，发展优势产品，重视品牌的作用。大力发展产业经济，使广大农民的收入重心从传统产业向新兴产业转移。整合优化原有的土地资源和人力资源，大力发展集体经济，吸引外出务工人员回流，改变传统的农业种植，根据土地情况优化农业产业结构，加强集体经济建设发展，改变粗放型的生产方式，提高本地区农业生产方式，依托山林和水体优势，创造性地发展致富。进一步建设蔬菜大棚，加强集约化养殖和食用菌栽培，推动农业产业化水平的进一步提高。积极引导农户调优农业产业结构，采取资金补助与群众自筹相结合的方式，做大做强现有产业，提升农户的生产经营类收入，保持其后续收入增长的稳定性。

7. 加强对子女的教育，督促其赡养孝敬老人

D村常住人口中60岁以上的农民近一半，他们的劳动能力逐年下降，更希望子女可以承担起赡养义务，让自己可以度过一个安稳幸福的晚年。人人都说多子多福，但在实际中，老人们却各有各的辛酸。在走访时我们发现，许多农民的子女已经搬入县城，有些甚至去了外省，一年到头可能都回不了一次家，老人对子女总是包容的，他们不愿意为子女增添负担，我们听到的最多的话语就是"他们自己的压力也很大，我们不给他们添麻烦"，但随着年龄的不断增大，在生活上的不便逐渐显露出来，医疗支出的增长也让他们越来越难以做到自给自足。对待这些因为缺少子女赡养而陷入贫困境地的农民，要加强对子女的教育，督促其赡养和孝敬老人。对于子女长期外出的，要帮助联系督促其子女尽赡养义务。要建立起帮扶调节机制，聘请经验丰富的当地干部开展"督孝"活动，让子女不仅在物质生活上关注老人，更要在精神上关心关爱老人，在全村形成孝顺老人的社会氛围。

8. 科学确定低保标准，构建满足多层级需求的阶梯形低保制度

在目前的低保体系中，低保制度的给付标准是使低保群体达到低保线，这就是说，如果受助者的收入水平提高，那么他得到的救助相应变

少。低保制度的初衷是要动态保障那些真正生活处于困顿的人群，却在一定程度上遏制了农户想要通过劳动致富的愿望。对农户来说，提高收入是不容易的，收入少量增加之后，他们得不到相应的鼓励，甚至还会被取消低保资格，在这样的对比下，农户的就业积极性很难提高，实现自我创收的意愿也很低，这使得农户陷入"贫困陷阱"。目前我国在低保制度的设计方面还不完善，仍然存在一些现实问题。再者，面对日益增长的医疗、养老需求，低保是不是真的可以保障农户的生活需求值得我们深思。要解决这些问题，需要我们建立起满足多层级需求的阶梯形低保制度，依照不同的梯度来调整基准。对于已经无劳动能力的人群来说，有必要进行政府兜底；对于那些尚有劳动力的低保户来说，有必要设计一种特殊的保障制度，针对农户的实际收入来进行补贴，激励其自主创造财富。

参考文献

[1] 边恕：《解决城市低保制度就业负激励问题的方案探讨——基于"补差制"与"负所得税制"的分析》，《中国软科学》2014年第10期。

[2] 蔡昉：《劳动力短缺：我们是否应该未雨绸缪》，《中国人口科学》2005年第6期。

[3] 蔡佳佳：《农村贫困老人养老保障问题研究》，河南大学硕士学位论文，2017。

[4] 陈梦根：《恩格尔系数与居民收入——拓展 Working-Leser 模型研究》，《中国人口科学》2019年第4期。

[5] 陈志钢、毕洁颖、吴国宝、何晓军、王子妹一：《中国扶贫现状与演进以及2020年后的扶贫愿景和战略重点》，《中国农村经济》2019年第1期。

[6] 仇墨涵：《中国残疾群体受教育权保障研究》，《师道：教研》2016年第2期。

[7] 慈勤英、宁雯雯：《家庭养老弱化下的贫困老年人口社会支持研究》，《中国人口科学》2018年第4期。

[8] 达久木甲：《关注"边缘人口"脱贫 破解政策"悬崖效应"》，《凉山日报》（汉）2018年6月28日，第2版。

[9] 达潭枫：《改进和完善中央农险补贴政策的几点建议》，《新疆财经》2007年第5期。

[10] 邓达胜、谢仙明、曾恒贵：《广昌：织牢贫困群众民政兜底"保障"网》，《抚州日报》2018年9月4日，第1版。

[11] 邓晶、蒋事臻：《我国人口老龄化背景下卫生需求研究》，《医院

管理论坛》2012 年第 3 期。

[12] 邓维杰：《贫困村分类与针对性扶贫开发》，《农村经济》2013 年第 5 期。

[13] 付玉联、谢来位：《健康中国战略背景下的健康扶贫政策研究》，《卫生经济研究》2019 年第 9 期。

[14] 葛庆军：《空巢老人心理健康状况及影响因素研究》，《心理月刊》2019 年第 13 期。

[15] 国家统计局：《2018 年农民工监测调查报告》，国家统计局网站，http://www.stats. gov. cn/tjsj/zxfb/201904/t20190429 _ 1662268. html，2019 年 4 月 29 日。

[16] 郝学峰：《关于林业扶贫工作的分析与研究》，《国家林业局管理干部学院学报》2015 年第 1 期。

[17] 何雯：《我国农业补贴政策效果的审视与思考》，《农业经济》2019 年第 9 期。

[18] 贺雪峰：《关于"中国式小农经济"的几点认识》，《南京农业大学学报》（社会科学版）2013 年第 13 期。

[19] 胡士华：《教育对中国农村劳动力流动影响研究》，《经济问题》2005 年第 12 期。

[20] 黄城煜：《广西壮族自治区德保县扶贫开发研究》，中央民族大学硕士学位论文，2015。

[21] 吉林省地方志编纂委员会：《长白山志》，吉林人民出版社，2002。

[22] 江锦烽：《广西集中连片特殊困难地区林业发展探讨》，《森林工程》2014 年第 5 期。

[23] 李芳、李志宏：《新型城镇化进程中农村空巢老年人权益的保障策略》，《人口与经济》2014 年第 5 期。

[24] 李慧泉、毛世平、李书峰：《中国基础设施建设对农民增收的空间特征研究》，《世界农业》2019 年第 9 期。

[25] 李丽莎、杨芳：《个人禀赋对云南少数民族地区农村劳动力外出

务工意愿的影响》，《贵州农业科学》2018 年第 12 期。

[26] 李迎生：《农村社会保障制度改革：现状与出路》，《中国特色社会主义研究》2013 年第 4 期。

[27] 林闽钢：《在精准扶贫中构建"因病致贫返贫"治理体系》，《中国医疗保险》2016 年第 2 期。

[28] 刘素梅：《城乡义务教育均衡发展中的政府责任研究》，《中国青年政治学院学报》2014 年第 6 期。

[29] 刘小珉：《民族视角下的农村居民贫困问题比较研究——以广西、贵州、湖南为例》，《民族研究》2013 年第 4 期。

[30] 〔美〕讷克斯：《不发达国家的资本形成问题》，谨斋译，商务印书，1966。

[31] 孟丽娟：《沈阳市城镇低保边缘户救助制度研究》，东北大学硕士学位论文，2009。

[32] 宁泽逵：《农户可持续生计资本与精准扶贫》，《华南农业大学学报》（社会科学版）2017 年第 1 期。

[33] 钱龙、陈会广、叶俊焘：《成员外出务工、家庭人口结构与农户土地流转参与——基于 CFPS 的微观实证》，《中国农业大学学报》2019 年第 1 期。

[34] 曲别金曲：《改革开放以来中国少数民族地区扶贫问题研究》，西南财经大学硕士学位论文，2013。

[35] 荣莉：《西南连片特困区的农村扶贫模式创新与思考》，《中国农业资源与区划》2015 年第 5 期。

[36] 石智雷、杨云彦：《外出务工对农村劳动力能力发展的影响及政策含义》，《管理世界》2011 年第 12 期。

[37] 孙岩：《中国农村老年人多维贫困状态及其致贫因素分析》，东北财经大学硕士学位论文，2017。

[38] 唐达：《关注没"低收入牌子"的"边缘户"》，《江门日报》2016 年 1 月 23 日，第 A02 版。

[39] 田先红：《家计模式、贫困性质与精准扶贫政策创新——来自西南少数民族地区 S 乡的扶贫开发经验》，《求索》2018 年第 1 期。

[40] 王惠颖：《农村贫困老年人口养老保障困境及对策》，河北师范大学硕士学位论文，2019。

[41] 王前强、董秋红、黄李凤等：《可行能力理论视域下的贫困人群医疗保障现状及健康扶贫对策——以广西壮族自治区为例》，《中国医疗保险》2017 年第 7 期。

[42] 王世杰：《喀斯特石漠化——中国西南最严重的生态地质环境问题》，《矿物岩石地球化学通报》2003 年第 2 期。

[43] 王行：《新时期农村教育扶贫与救助问题研究》，《产业与科技论坛》2018 年第 12 期。

[44] 魏传光：《中国农村家庭"恩往下流"现象的因果链条分析》，《内蒙古社会科学》（汉文版）2011 年第 6 期。

[45] 胥爱贵：《探索建立缓解相对贫困的长效机制》，《江苏农村经济》2017 年第 11 期。

[46] 严琼芳、吴猛猛、张珂珂：《我国农村居民家庭财产现状与结构分析》，《中南民族大学学报》（自然科学版）2013 年第 1 期。

[47] 颜世峰、李茂荣、任姗姗：《山东省城乡困难家庭生存状况及相关社会救助政策调查分析报告》，《中国民政》2014 年第 10 期。

[48] 杨园园、刘彦随、张紫雯：《基于典型调查的精准扶贫政策创新及建议》，《中国科学院院刊》2016 年第 3 期。

[49] 叶开杏：《广西农村贫困测度及扶贫开发研究》，广西大学硕士学位论文，2013。

[50] 于长永、刘二鹏、乐章：《农村地区养老脆弱性的省际差异及其影响因素研究》，《中国人口·资源与环境》2016 年第 10 期。

[51] 张珂珂、吴猛猛、李秋映、赵国栋、许二向、袁宇城：《我国农村居民家庭财产现状调查分析》，《现代农业科技》2013 年第 17 期。

［52］张伟、黄文清：《可持续生计资本对湖南省农户收入影响的实证分析》，《湖南农业科学》2018年第5期。

［53］张焱、罗雁、冯璐：《滇南跨境山区农户生计资本的量表开发及因子分析》，《经济问题探索》2017年第8期。

［54］浙江大学社会科学院：《大数据解读农村家庭结构——〈中国农村家庭发展调查报告〉发布》，《中国民政》2017年第11期。

［55］甄婧含：《我国农村居民生活消费支出的统计分析》，《农业经济与科技》2015年第8期。

［56］郑瑞强：《"支出型贫困"家庭社会救助模式设计与发展保障》，《农业经济》2016年第2期。

［57］《中华人民共和国2017年国民经济和社会发展统计公报》，《中国统计》2018年第3期。

［58］钟君：《西南地区贫困测度与益贫式增长研究——以贵、桂、川、渝为例》，华中师范大学博士学位论文，2016。

［59］朱冬亮：《贫困"边缘户"的相对贫困处境与施治》，《人民论坛》2019年第7期。

［60］邹桂秀：《关于农村居民消费结构分析与优化措施》，《现代经济信息》2019年第6期。

［61］邹薇、方迎风：《关于中国贫困的动态多维度研究》，《中国人口科学》2011年第6期。

［62］Bebbington A., Thomas Perreault, "Social Capital, Development, and Access to Resources in Highland Ecuador," *Economic Geography*, 1999, 75 (4): 395 – 418.

［63］Boukhatem, J., "Assessing the Direct Effect of Financial Developmenton Poverty Reduction in a Panel of Low and Middle-Incomecountries," *Research in International Business and Finance*, 2016, 37 (5): 214 – 230.

［64］Carney D., "Implementing a Sustainable Livelihood Approach," Department for International Development, 1998, 52 – 69.

[65] Ellis F. , *Rural Livelihoods and Diversity in Development Countries*, Oxford University Press, 2000, 26 – 78.

[66] Scoones I. , "Sustainable Rural Livelihoods: A Framework for Analysis," Institute of Development Studies, 1998.

[67] Tsaurai K. , "Is the Complementarity between Education and Financial Development—A Panacea for Poverty Reduction?" *Journal of Developing Areas*, 2018, 52 (4): 228 – 248.

后　记

　　《中国精准扶贫发展报告》由华中师范大学和国务院扶贫办全国扶贫宣传教育中心共同组织编撰，旨在刻画并展示至2020年实现全面建设小康社会目标背景下中国精准扶贫的宏伟历程。

　　《中国精准扶贫发展报告（2019）》的主题是"贫困边缘人口的致贫风险与规避对策"，报告的总体思路由陆汉文和黄承伟提出，各章节具体研究框架由胡继亮、吴磊、吴艳、王佑辉、谢家国和周维第等讨论确定，实地调研工作由周维第组织协调。各章初稿撰写者为：吴磊、欧阳春、石梦秋（第一章）；谢家国、陈嘉奇、朱传玉（第二章）；周维第、蔡培民（第三章）；胡继亮、吴静薇（第四章）；胡继、吴映锋（第五章）；王佑辉、徐涛、支殿桐（第六章）；吴艳、王睿田（第七章）；周维第、黄笛（第八章）。他们均为华中师范大学教师或研究生。各章初稿完成后，周维第进行了统稿工作，蔡志海、刘杰对书稿提出了不少宝贵意见和建议，刘晓山审阅了书稿，陆汉文、黄承伟最终审改、定稿。

　　整个报告的研究和出版得到华中师范大学中央高校基本科研业务经费（项目编号：CCNU19BG002）和全国扶贫宣传教育中心资助。实地调研工作得到了全国扶贫宣传教育中心和相关省、市、县扶贫办的大力协助，尤其是得到了所在乡（镇）领导和调研农户的积极支持与配合。华中师范大学社科处刘宏达处长、吴海涛副处长为研究工作顺利开展提供了有力帮助。社会科学文献出版社及该社刘荣副编审、单远举编辑为本报告的编辑出版付出了大量心血。借报告问世之际，谨向以上机构和个人致以衷心感谢和诚挚谢意！

报告中仍存在一些不足之处，恳请扶贫研究领域的专家、同仁及广大读者予以批准指正。

陆汉文　黄承伟

2019 年 10 月 8 日

图书在版编目（CIP）数据

中国精准扶贫发展报告.2019：贫困边缘人口的致
贫风险与规避对策／陆汉文，黄承伟主编.-- 北京：
社会科学文献出版社，2020.8
（中国减贫研究书系.智库报告）
ISBN 978 - 7 - 5201 - 6748 - 2

Ⅰ.①中…　Ⅱ.①陆…　②黄…　Ⅲ.①扶贫 - 研究报
告 - 中国 - 2019　Ⅳ.①F126

中国版本图书馆 CIP 数据核字（2020）第 092924 号

中国减贫研究书系·智库报告

中国精准扶贫发展报告（2019）
——贫困边缘人口的致贫风险与规避对策

主　　编／陆汉文　黄承伟
副 主 编／刘晓山　周维第

出 版 人／谢寿光
组稿编辑／刘　荣
责任编辑／单远举
文稿编辑／陈红玉

出　　版／社会科学文献出版社·联合出版中心（010）59367011
　　　　　地址：北京市北三环中路甲 29 号院华龙大厦　邮编：100029
　　　　　网址：www.ssap.com.cn
发　　行／市场营销中心（010）59367081　59367083
印　　装／三河市尚艺印装有限公司

规　　格／开本：787mm×1092mm　1/16
　　　　　印张：16　字数：226 千字
版　　次／2020 年 8 月第 1 版　2020 年 8 月第 1 次印刷
书　　号／ISBN 978 - 7 - 5201 - 6748 - 2
定　　价／89.00 元

本书如有印装质量问题，请与读者服务中心（010 - 59367028）联系